LES

PROBLÈMES

DU XIXe SIÈCLE

MICHEL LÉVY FRÈRES, ÉDITEURS

OUVRAGES

DE

PAUL JANET

MEMBRE DE L'INSTITUT

La Famille, leçons de Philosophie morale. Ouvrage couronné par l'Académie. 8e édition. Un vol. gr. in-18.

Philosophie du bonheur. 3e édition. Un vol. gr. in-18.

Études sur la dialectique dans Platon et dans Hegel. Un vol. in-8°.

Histoire de la science politique dans ses rapports avec la morale. 2e édition. Ouvrage couronné par l'Institut (Académie des Sciences morales et politiques et Académie française). Deux vol. in 8°.

Les Problèmes du xixe siècle. Un vol. in-8.

---

870 Paris. — Imprimerie Cusset et Cie, rue Racine, 26.

LES
PROBLÈMES
DU XIXᴱ SIÈCLE

LA POLITIQUE — LA LITTÉRATURE — LA SCIENCE
LA PHILOSOPHIE — LA RELIGION

PAR

PAUL JANET

MEMBRE DE L'INSTITUT
PROFESSEUR A LA FACULTÉ DES LETTRES DE PARIS

PARIS
MICHEL LÉVY FRÈRES, ÉDITEURS
RUE AUBER, 3, PLACE DE L'OPÉRA

LIBRAIRIE NOUVELLE
BOULEVARD DES ITALIENS, 15, AU COIN DE LA RUE DE GRAMMONT

1872

Droits de reproduction et de traduction réservés

Les divers chapitres qui composent ce volume ne sont autre chose que des travaux déjà publiés, à divers intervalles, par la *Revue des Deux Mondes*. Nous avons pensé qu'il était possible de les coordonner suivant un certain plan, et de leur donner ainsi une sorte d'unité. Ce sont en effet tous les grands problèmes de notre siècle que nous avons été amenés à traiter successivement sous forme d'examen critique. Nous n'avons nullement la présomption de croire que nous avons résolu de tels problèmes : ce n'était pas notre prétention; mais, en les étudiant avec liberté, nous avons essayé d'en préparer la solution.

Dans notre travail sur la *Liberté de penser*, nous avons essayé de réfuter l'opinion qui confond à *priori* cette liberté avec l'esprit de négation et de scepticisme. Il nous a semblé que l'esprit de liberté n'est pas de sa nature et nécessairement plutôt négatif qu'affirmatif, qu'il n'est autre chose que la volonté de ne décider qu'après examen : ce qui ne peut pas préjuger d'avance le résultat de cet examen.

Dans le livre sur la *Science politique* nous avons étudié avec Tocqueville le grand problème de la conciliation de la démocratie et de la liberté.

L'originalité de M. de Tocqueville en effet a été de voir avec pénétration que la démocratie était un danger non-seulement pour l'ordre, ce qui est banal, mais surtout pour la liberté. Tandis que le torrent des publicistes vulgaires ne voyait dans la démocratie que l'anarchie, qui ne peut jamais durer longtemps, Tocqueville y voyait une forme nouvelle de despotisme. Nous avons cherché si ces craintes n'étaient pas exagérées, et si les libertés générales que la démocratie amène généralement avec elle ne sont pas un contre-poids suffisant à ce que l'on peut craindre de despotisme de la part des majorités dominantes.

Dans notre étude sur la *Littérature* et la *Critique littéraire* au xixe siècle nous avons rencontré le problème si difficile, et d'un intérêt si général, de la conciliation de l'autorité et de la liberté, de la tradition et du changement, des lois du goût et des droits du génie ; et tout en restant fidèle à notre admiration pour les principes éternels de l'art classique, nous avons défendu la liberté de l'invention en littérature ; car ces lois éternelles elles-mêmes ne sont que l'expression des grandes inventions du génie.

La *Science* nous présente un autre ordre de problèmes.

La méthode expérimentale, en s'avançant de proche en proche depuis le domaine des éléments inorganiques, jusqu'à l'être organisé, et dans celui-ci même, jusqu'aux fonctions nerveuses les plus proches des facultés intellectuelles et morales, cette méthode partout accompagnée de l'infaillible nécessité, ne viendra-t-elle pas un moment mettre en péril la liberté de l'être moral? Nous avons pensé que les droits de la méthode expérimentale sont absolus, et que nul ne peut interdire au savant de la pousser aussi loin qu'il lui est possible. L'âme et la liberté morale sont d'un autre ordre, et quand même il s'en approcherait sans cesse par une sorte d'asymptote indéfinie, il ne les atteindra jamais.

La *Philosophie* et la *Religion*, ces deux pôles de la raison humaine, sont l'objet des deux dernières études. Dans l'un, nous exposons les principes de la philosophie spiritualiste de notre siècle; nous avons essayé d'établir en quoi elle se distingue du spiritualisme scolastique ou du spiritualisme cartésien, et aussi comment elle peut être susceptible de développement et de progrès sans contradiction. Dans la seconde, nous avons soumis à une respectueuse critique l'apologétique chrétienne de M. Guizot; et tout en signalant ce qui nous paraissait inacceptable dans l'ancienne orthodoxie, nous nous sommes demandé si le Christianisme transformé ne pourrait pas être l'issue de la crise religieuse dont souffre la société contemporaine.

En un mot, sous des formes très-diverses, nous avons presque partout rencontré le même problème : mment l'esprit de critique et d'examen, l'esprit de nouveauté et de changement peut-il se concilier avec les principes de l'éternelle vérité? S'il n'y a pas quelque chose qui ne change pas, comment apprécier la valeur de ce qui change? Et si le changement est nécessaire, comment distinguer ce qui change de ce qui reste éternellement vrai? La plupart des hommes ne voient que l'une ou l'autre des deux faces du problème : les uns sont les conservateurs, les autres sont les novateurs. La vérité n'est pas si simple; elle est, elle doit être dans l'union des deux termes. Telle est la pensée générale qui anime toutes ces études. Est-elle d'une application inopportune aujourd'hui? C'est au lecteur à en décider.

Paris, 19 mars 1872.

INTRODUCTION

LA LIBERTÉ DE PENSER

Le terme de libre penseur est généralement entendu dans un sens assez équivoque. Il semble convenu qu'il est synonyme de sceptique et d'incrédule. D'après cette signification, est libre penseur quiconque ne croit à rien, et moins l'on croit, plus on est réputé capable de penser librement. Ainsi, par exemple, le protestant serait plus libre penseur que le catholique, le rationaliste plus que le protestant, l'athée plus que le déiste, et le sceptique absolu plus encore que l'athée. Quelques-uns essayent d'arrêter cette progression aux questions métaphysiques et spéculatives, comme ils les appellent, et voudraient sauver la morale; mais c'est une contradiction, et d'après l'échelle précédente on sera forcé de dire que celui qui nie la morale est plus libre penseur que celui qui l'affirme; par la même raison, celui qui nie tout principe en politique sera plus libre penseur que celui qui en reconnaît quelques-uns, par exemple la liberté et la justice. Ce préjugé qui mesure la liberté à la négation pourrait donc aller jusqu'à cette conséquence, que le plus haut degré de liberté d'esprit consiste à ne pas même croire à la liberté. On voit dans quelle logomachie on tomberait, si l'on adoptait sans réserve l'échelle précédente; mais rien ne nous force d'admettre une telle échelle, ni même le principe sur lequel elle repose. Il y a des incrédules qui, bien loin de penser librement, ne pensent même pas du tout, et acceptent les objections aussi servilement que les autres les dogmes, et il y a eu au contraire des croyants qui ont eu la manière de penser la plus libre et la plus hardie. Ce n'est donc pas la chose même que l'on pense qui fait la liberté, mais la manière dont on la pense.

Grâce au malentendu que nous venons d'expli-

quer, la cause de la liberté de penser, quelques
progrès qu'elle ait faits dans la société moderne
depuis le xvi⁰ siècle, est loin d'être entièrement
gagnée, même auprès des esprits éclairés. Beaucoup d'objections, de défiances, de malentendus,
couvrent encore la solide et éclatante vérité que ce
principe exprime; on en subit la nécessité sans en
comprendre la justice, on en accepte les inconvénients sans en attendre beaucoup de bienfaits. On
est toujours porté à considérer comme des coupables ceux qui veulent user librement de leur
raison et ne se soumettre qu'après discussion à la
raison d'autrui. On dénonce sans cesse les libres
penseurs comme portant atteinte à toutes les lois
divines et humaines, comme menaçant les bases
mêmes de la société, comme effaçant la distinction
du bien et du mal au profit de l'anarchie et du
triomphe des passions. Il se trouve encore des
esprits qui, même dans l'ordre de la foi, voudraient
que l'État intervînt pour fixer ce qu'il faut croire
et ce qu'il est permis de ne pas croire. Le retour
au moyen âge serait la vraie conséquence de ces
déclamations, si elles se comprenaient elles-mêmes,
et quelques-uns ne reculeraient nullement devant
cette conséquence.

Il y a donc beaucoup à éclaircir encore en cette question, et nous sommes pour notre part d'autant plus disposé, et je dirai presque autorisé, à défendre dans toute sa latitude le principe de la liberté de penser, que nous n'appartenons pas en philosophie à ce que l'on peut appeler les partis extrêmes. De même qu'en politique le vrai libéral veut la liberté non-seulement pour lui-même, mais encore pour ses adversaires, de même dans l'ordre de la pensée et de la foi on ne peut être assuré de posséder la vérité qu'à la condition de lui avoir fait subir toutes les épreuves de la critique. Une vérité dont on n'a pas douté est une vérité problématique. Elle n'a passé à l'état définitif de vérité que lorsqu'elle a traversé saine et sauve le feu de la discussion. La liberté de penser est donc le droit commun de toutes les écoles philosophiques : elles ne sont philosophiques qu'à cette condition. C'est là pour nous le premier principe, et par rapport à cette condition fondamentale les dissidences ultérieures n'ont en quelque sorte qu'une importance secondaire.

Descartes a exprimé d'une manière définitive le principe de la liberté de penser lorsqu'il a déclaré « qu'on ne doit reconnaître pour vrai que ce qui paraît évidemment être tel, c'est-à-dire ce que l'esprit aperçoit si clairement et si distinctement qu'il est impossible de le révoquer en doute. » On a dit que cette méthode de Descartes, cet appel au libre examen, avait répandu dans le monde le scepticisme, qui en est le fruit naturel ; car si chacun est juge de la vérité, dit-on, rien n'est plus ni vrai, ni faux ; l'un juge d'une manière, l'autre juge d'une autre ; l'un trouve évident ce que l'autre trouve absurde ; tous se réfutent réciproquement. Qui décidera entre eux tous ? Qui servira de mesure et de règle ? C'est ainsi que l'anarchie des opinions a envahi la société, amenant à sa suite l'anarchie civile et politique, la ruine de toutes les grandes traditions, le renversement de toutes les autorités.

Voilà bien des crimes imputés à la liberté de penser, et les discuter tous nous entraînerait trop loin. Contentons-nous d'examiner le principe, laissant à chacun le droit de juger, comme il l'entend, des conséquences. A ceux qui combattent le principe de Descartes, je me contenterai de demander par quel principe ils prétendent le remplacer. Par l'autorité, disent-ils ; mais quelle autorité ? Est-ce l'autorité des maîtres ? lesquels ? Aristote ou Platon ? De l'Église ? mais quelle Église ? car il y en a plusieurs. De la tradition? mais il est de fausses traditions. De l'instinct naturel? du sentiment? mais il y a de bons et de mauvais sentiments, les uns qui nous guident et nous révèlent, les autres qui nous égarent et nous pervertissent. Serait-ce enfin le consentement universel, ce critérium cent fois réfuté? Encore faut-il savoir si un tel consentement existe, et l'on ne peut s'en assurer que par l'examen.

Si on a souvent attaqué la liberté de penser comme complice du scepticisme, on l'a quelquefois aussi défendue au nom même du scepticisme. La vérité, dit-on, n'est autre chose que le point de vue selon lequel chacun considère les choses : or le point de vue de l'un n'a pas plus d'autorité que celui de l'autre; chacun a le même droit de ressentir les choses telles que son organisation les lui présente, et de les concevoir en raison de ses impressions. Il n'y a donc ni vrai ni faux d'une manière absolue; il n'y a que ce qui paraît vrai ou ce qui paraît faux à chacun de nous. S'il en est ainsi, de quel droit l'un imposerait-il à l'autre sa manière de voir? de quel droit la majorité elle-même forcerait-elle la minorité à adopter ses propres opinions? Une majorité n'est encore qu'une réunion de jugements individuels, dont aucun en particulier n'a le droit de se préférer au mien, et le nombre ici ne fait rien à l'affaire. On va même jusqu'à soutenir que l'hypothèse d'une vérité absolue est radicalement opposée à la liberté de penser, car s'il y a une telle vérité, comment pourrait-il être légitime de penser autre chose que ce qu'elle proclame? comment l'homme aurait-il le droit de préférer le faux au vrai? Tous ceux qui croient à une vérité absolue, et qui par conséquent se persuadent qu'ils sont en possession de cette vérité, sont donc fatalement entraînés à une sorte d'intolérance; ils condament tous ceux qui ne pensent pas comme eux, les appellent des esprits faux ou pervers, des ennemis de l'ordre social, et si cette intolérance ne va pas jusqu'aux excès des anciens âges, c'est uniquement parce que nos mœurs sont plus douces, ou encore parce que les plus clairvoyants ont été eux-mêmes atteints sans s'en douter par le mal de l'indifférence [1].

Une telle apologie de la liberté de penser serait le meilleur moyen de la rendre odieuse : le di-

---

1. J'emprunte cette argumentation à un illustre écrivain anglais, M. Grote, qui l'a développée très-subtilement dans un livre récent et original sur *Platon et les disciples de Socrate*, Londres, 1865.

lemme qui nous forcerait à choisir entre la vérité et la liberté serait un cruel déchirement pour les âmes généreuses. Ce qui fait pour moi la dignité de la pensée, c'est que je la crois capable de s'élever jusqu'à quelque chose au-dessus de moi-même, en dehors de moi-même : si elle n'est qu'une impression individuelle, une pure manière de sentir, elle ne m'intéresse pas plus que les sensations de chaud ou de froid, de doux ou d'amer, par lesquelles je passe continuellement, et je ne vois même pas pourquoi je me donnerais alors la peine de penser. Mais nous n'avons pas ici à discuter le scepticisme. Qu'il nous suffise de montrer que la liberté de penser n'est nullement solidaire d'une telle théorie.

Si j'admets qu'il y a quelque vérité en dehors de moi, et que ma pensée est capable d'y atteindre, y a-t-il là rien qui soit incompatible en quoi que ce soit avec le droit de penser librement? Un tel droit suppose au contraire implicitement que ma pensée bien conduite est capable d'atteindre à la vérité, et qu'il n'y a qu'à la laisser faire pour qu'elle la rencontre naturellement. Sans doute ma pensée est susceptible d'erreur; mais l'erreur ne lui est pas essentielle, elle tient à de certaines conditions que l'expérience nous apprend à reconnaître, et l'exercice à éviter. S'il y a une vérité, quel autre moyen de la découvrir que de la chercher, que d'examiner si c'est bien elle, la dégager des nuages qui la couvrent, et pour cela écarter les illusions de l'imagination, de la passion, de la routine, en un mot penser librement? Nulle contradiction par conséquent chez ceux qui soutiennent d'une part qu'il y a une distinction nécessaire et objective entre le vrai et le faux, et d'autre part que l'homme est libre de penser, d'examiner, et de ne se décider qu'après examen. Ces deux doctrines sont au contraire intimement liées l'une à l'autre.

Prétendre d'ailleurs qu'il y a une vérité absolue, ce n'est pas dire que cette vérité soit en la possession de certains hommes au détriment des autres hommes : il n'y a pas de privilége de ce genre, et c'est ce qui fait que nul n'a droit d'imposer aux autres sa manière de penser. La lumière luit pour tout le monde, et elle éclaire tout homme venant en ce monde; de là vient que chacun a le droit d'atteindre à cette vérité par ses forces individuelles, par ses propres lumières, à la condition en même temps de ne point négliger les lumières des autres, ce qui est implicitement contenu dans l'idée que tous les hommes ont une seule et même raison. Chacun ne peut juger qu'avec son jugement, ne peut penser qu'avec sa pensée, cela est évident; mais il ne suit point de là que la vérité soit individuelle et qu'il n'y ait pas en soi une vérité absolue que chacun atteint dans la mesure où il le peut, et qu'il transmet aux autres dans la mesure où ils sont capables de la recevoir. Le champ de la vérité est immense, et nul ne peut l'embrasser tout entière; nous n'en atteignons que quelques degrés, nous n'en saisissons que quelques parcelles. L'un voit un côté des choses, l'autre en voit un autre; l'un découvre un fait, l'autre une loi, un autre un sentiment : c'est pourquoi il est bon que tout le monde puisse dire son avis; c'est de tous ces avis particuliers contrôlés les uns par les autres, c'est de tous ces laborieux efforts des raisons individuelles, que se forme la raison commune. Ainsi grandit et s'éclaire le génie de l'humanité.

On est tout étonné d'entendre soutenir le droit de l'erreur; mais l'erreur n'est souvent qu'un moyen d'arriver à la vérité : ce n'est que par des erreurs successives, chaque jour amoindries, que se font le progrès des lumières et le perfectionnement des esprits. Le système de Ptolémée était peut-être nécessaire pour préparer celui de Copernic. Parmi les adversaires de la liberté de penser, il en est beaucoup qui soutiennent l'utilité même des préjugés, bien qu'ils les reconnaissent comme tels. N'est-ce pas admettre le droit de l'erreur et reconnaître que la vérité n'est souvent accessible aux hommes qu'en se mêlant à certaines illusions? Cependant il ne faut pas asservir les hommes éternellement aux mêmes préjugés, et quand le moment est venu de séparer la vérité de l'erreur, il faut bien en prendre son parti. Dans ce triage, de nouvelles erreurs se glisseront encore comme conditions préparatoires d'une vérité supérieure; c'est à la discussion de faire tomber successivement les erreurs contraires : de ce conflit se dégagent certains principes qui vont en se multipliant avec le temps. C'est ce qui a eu lieu incontestablement dans l'ordre des sciences physiques et mathématiques; il faut espérer qu'il finira par en être de même dans l'ordre moral.

Il y a, dit-on, certaines vérités naturelles, instinctives, qui sont plus sûrement garanties par la foi que par l'examen, que la discussion au contraire obscurcit et confond bien loin de les affermir, et pour ces vérités au moins il faut écouter la nature plus que la raison. Je n'en disconviens pas; mais je fais remarquer que pour retrouver ces vérités primitives, mêlées à tant de chimères, de superstitions et de préjugés, il faut une analyse éclairée qui sépare le vrai du faux, et les vérités vraiment naturelles des illusions de l'ignorance et de l'habitude. Par exemple, la croyance à une distinction primitive du bien et du mal est bien une de ces vérités élémentaires au delà de laquelle il est difficile de remonter; cependant combien de fausses croyances morales se sont présentées, se présentent encore parmi les hommes avec le même caractère apparent d'une autorité sacrée et d'une irrésistible certitude! Est-ce volontairement que les enfants nés dans les États-Unis du Sud apprenaient dès le plus bas âge que l'esclavage était une institution divine, nécessaire à l'ordre de la société et au bonheur des esclaves eux-mêmes? Non, sans doute; cette croyance leur paraissait aussi légitime et aussi nécessaire que la distinction du bien et du mal; il en a été de même de tous les grands préjugés. Dans chaque société, dans chaque contrée, dans chaque classe, il est des préjugés sucés avec le lait et que nous portons avec nous comme des principes innés.

Comment donc distinguer ici l'habitude de la nature, le conventionnel du primitif, si ce n'est par l'examen et la discussion, qui nous apprennent que parmi ces affirmations spontanées il en est de nécessaires et d'indispensables? La discussion seule peut guérir les maux causés par la discussion.

Je ne veux pas dire non plus que l'homme ne doive jamais obéir qu'à la raison seule, et étouffer en lui, comme des instincts inférieurs, le cœur, l'enthousiasme, la sensibilité. En beaucoup de circonstances, il vaudra mieux écouter le cri du cœur et du sentiment que d'attendre les lumières lentes et douteuses de la démonstration rationnelle. Celui qui demanderait à sa raison s'il doit aimer son père, ses enfants, sa patrie, glacerait par là même les meilleurs et les plus naturels sentiments du cœur humain; il ne serait plus qu'un automate pensant. Je vais plus loin : non-seulement dans la pratique, mais dans la spéculation même, je crois qu'il faut faire une large part au sentiment. La spéculation philosophique ne peut résoudre tous les problèmes; elle laisse bien des vides et bien des fissures que le sentiment remplit. Enfin les sentiments humains sont des faits qui doivent avoir leur raison d'être et leur destination : le philosophe est tenu de les expliquer et par conséquent d'en tenir compte. Celui qui les dédaigne et les supprime comme indignes de lui, montre par là même qu'il est bien peu philosophe. Pour tout dire, s'il fallait absolument choisir entre la raison et le cœur, c'est encore le cœur que je choisirais, et je dirais avec l'Écriture : « Là où est votre cœur, là est votre trésor. »

Mais il n'est pas nécessaire de choisir entre la raison et le cœur : l'une n'exclut point l'autre; au contraire elle le guide, l'éclaire et le juge. Si vous donnez au cœur la suprême autorité, comment distinguerez-vous les bonnes et légitimes affections de la nature des inspirations malfaisantes d'un enthousiasme aveuglé et des superstitions misérables d'un enthousiasme ignorant? Le cri de la nature, dit-on, est irrésistible, et la raison elle-même n'a qu'à le suivre. Cependant, à quoi reconnaître ce cri de la nature, qui a été si souvent invoqué dans l'intérêt du crime et qui a servi tant de fois à la satisfaction des passions brutales? Donner au cœur le droit de juger entre le vrai et le faux, le bien et le mal, c'est dire que le cœur est le juge du cœur, ce qui implique une sorte de pétition de principe. Ainsi c'est toujours à la raison qu'il faut en appeler en dernier lieu, et pour chacun cette raison, c'est sa propre raison, car de quel droit lui imposerait-on de se soumettre à la raison d'autrui plutôt qu'à la sienne, à la raison de celui-ci plutôt qu'à celle de celui-là?

On objectera encore que dans beaucoup de circonstances nous ne jugeons pas par nous-mêmes, mais que nous nous en rapportons au jugement d'autrui. Dans ce cas-là, c'est que le jugement d'autrui nous paraît une bonne raison d'affirmer, et en définitive ce que nous affirmons alors, ce n'est pas la chose elle-même, c'est la véracité et la compétence du témoin qui nous la transmet. Affirmer un fait sur un témoignage quelconque, sans critique et sans examen, est contraire à toutes les lois de la logique. Ainsi c'est toujours la raison individuelle qui demeure juge de la valeur du témoignage et de l'autorité du témoin. Insiste-t-on et va-t-on jusqu'à dire que souvent c'est l'opinion publique qui juge le témoin? Nous répondons que c'est l'individu qui juge l'opinion publique et qui décide si pour lui-même elle est un bon témoignage en faveur du témoignage contesté. En un mot, si loin qu'on nous presse, on peut bien nous faire reconnaître qu'il y a souvent beaucoup d'intermédiaires entre la vérité et moi; mais il restera toujours vrai que le dernier juge, c'est moi-même, j'entends pour moi-même, et il est impossible qu'il en soit autrement.

La diversité et la contradiction des opinions ne sont nullement une objection contre la liberté de penser, car ce n'est point cette liberté qui a créé ces contradictions. Est-ce en vertu de la liberté d'examen qu'il y a eu dans le monde tant de religions différentes, tant de lois contradictoires, tant de préjugés barbares et fanatiques, qui séparaient les hommes en troupes féroces et ennemies? On voit bien à la vérité que dans telle société particulière, où règne l'autorité d'une foi non discutée, il y a une sorte d'unité de croyances, une paix apparente qui vient à se dissiper lorsque s'élèvent l'examen et à sa suite le doute; mais ce à quoi on ne pense pas, c'est que grâce à des croyances contraires, également intolérantes, les hommes étaient partagés en mille camps ennemis, et que le genre humain, vu dans son ensemble, offrait un spectacle d'anarchie au moins égal à celui qui résulte, dit-on, de la libre discussion.

Au reste, si l'on affirme avec Descartes que l'homme a le droit d'examiner ce qu'on lui propose de croire et de ne se décider que sur l'évidence, ce n'est point à dire pour cela que l'homme ait le droit de penser, selon sa fantaisie et selon son caprice, tout ce qui peut lui passer par la tête, qu'il puisse à son gré déclarer vrai ce qui est faux et faux ce qui est vrai, prendre sa passion pour souverain arbitre et faire de son bon plaisir la règle de tous ses jugements : ce serait confondre la liberté avec l'arbitraire, et je ne sache pas qu'aucun philosophe ait jamais réclamé ce droit extravagant. Les sceptiques eux-mêmes ne l'ont point entendu ainsi. Quelques poëtes seuls ont quelquefois réclamé pour toutes les fantaisies de leur imagination cette sorte de droit divin, mais personne ne leur a donné raison; c'était d'ailleurs dans le royaume des chimères et des rêves. Quant au royaume de la vérité, nul n'y est libre qu'à la condition de se soumettre au joug de la vérité seule. Tout droit suppose un devoir, le devoir d'écarter toutes les causes d'erreur et d'illusion qui nous captivent et nous égarent, les passions, l'imagination, les affections mêmes, de dégager en un mot de tous les nuages qui la couvrent la pure lumière de l'évidence.

Il est très-singulier que l'on conteste l'examen comme un droit, tandis qu'en même temps on l'impose comme un devoir. Lorsque les autres hommes ne sont pas de notre avis, que leur répondons-nous d'ordinaire? C'est qu'ils parlent sans avoir étudié ni examiné la question. Considérez la chose de plus près, leur disons-nous, et vous serez de notre avis. Écoutez les prédicateurs dans les chaires, ils vous diront que, si on ne croit pas à la religion, c'est qu'on ne l'a pas étudiée, qu'on n'y a pas appliqué son examen. Ils vous invitent à cet examen et vous garantissent que, si vous vous y mettez de bonne foi, vous serez convaincu ; ils parlent contre les préjugés qui éloignent de la religion et vous recommandent de vous en affranchir ; ils tonnent contre le respect humain et font appel à la libre fierté de l'homme, qui doit s'élever contre un joug servile, humiliant. Fort bien jusqu'ici, voilà l'examen qui a passé à l'état de devoir, et tous nous parlons ainsi quand nous voulons persuader et convertir les hommes. Comment se fait-il donc que ce même examen, s'il tourne contre vous, devienne tout à coup une méthode criminelle et folle, née de l'orgueil, ennemie de la société et de la morale? Il m'est permis, il m'est ordonné d'examiner, mais à la condition que je sois de votre avis. Dites-moi tout de suite qu'il faut que je sois de votre avis sans examen, cela est plus simple.

Cette singulière contradiction n'est pas propre aux religions; elle est très-ordinaire en philosophie; elle se rencontre même, ce qui est très-piquant, chez les plus hardis libres penseurs. Ceux-là critiquent tout le monde, mais ils ne veulent pas qu'on les critique. Si l'on n'est pas de leur avis, ils vous dénoncent comme des ennemis de la libre pensée : la vraie liberté consiste à penser comme eux. Ils se placent dans une citadelle inviolable en arborant le drapeau de la belle indépendance. Grâce à cette spécieuse précaution, ils ont résolu le problème que les catholiques eux-mêmes ont eu tant de peine à résoudre : ils sont devenus infaillibles. En philosophie comme en politique, la liberté réclamée n'est souvent qu'un ingénieux moyen de devenir le maître. La liberté de penser, telle que je l'entends, n'est donc ni l'affirmation, ni la négation; elle n'est ni catholique, ni protestante, ni philosophique, ni croyante, ni incrédule : elle est au-dessus de tout cela, elle est le droit d'examiner et de n'affirmer qu'après examen. A ce titre, elle est le droit de toutes les écoles, de toutes les opinions, de toutes les sectes, elle est le *postulat* fondamental de la société.

Rien n'est moins contesté aujourd'hui que la liberté de penser dans les sciences physiques et naturelles et dans les sciences mathématiques. Combattre un calcul ou une expérience par un nom, par un texte, par une autorité, n'est plus dans nos mœurs, et l'on ne serait guère accueilli à l'Académie des sciences en invoquant l'autorité d'Aristote ou de saint Thomas contre une démonstration de Laplace ou d'Ampère; mais il n'en a pas toujours été ainsi. Le mouvement de la terre a été condamné au nom d'un texte sacré, et la circulation du sang au nom d'un texte profane. Aristote, le plus libre génie de l'antiquité, s'est trouvé associé par une suite étrange de circonstances à la tyrannie scolastique. Galilée a affranchi pour toujours les sciences physiques et mathématiques. Que l'on nous explique cette liberté de fait conquise par ces sortes de sciences, si l'on admet que cette liberté de penser est en soi une chose mauvaise. Pendant longtemps, on a pu interdire à l'homme de sonder les mystères de la nature, comme surpassant son intelligence et sa condition; mais depuis que l'on a vu l'expérience et le calcul résoudre les questions les plus compliquées et les plus redoutables, cette superstition a disparu, et il a bien fallu reconnaître que l'homme a le droit de chercher à tout pénétrer, et que sa science n'a d'autres limites que celles de son intelligence même. On dit, il est vrai : *Mundum tradidit disputationibus eorum*, et il semble par là que la liberté de penser en matière de science n'est qu'une permission, une concession que l'on couvre ainsi d'une parole de l'autorité ; mais celui qui use de cette liberté sent très-bien que ce n'est pas là une faveur, que c'est un droit qui résulte immédiatement de la nature d'un être pensant.

Si la liberté de penser ne trouve pas de limites dans l'ordre rigoureusement scientifique, n'en trouvera-t-elle pas alors qu'on passera des vérités physiques et mathématiques aux vérités morales ? Remarquons d'abord que chacun de nous, dans le cercle de ses perceptions les plus humbles et de ses affaires de tous les jours, revendique très-légitimement et exerce sans scrupule le droit de ne s'en rapporter qu'à lui-même. Par exemple, si je déclare qu'il fait jour en plein midi, ce n'est pas sans doute pour l'avoir entendu dire ou pour me conformer à l'opinion reçue, mais parce que je le vois par moi-même. On affirme tous les jours que les hommes s'éclairent par l'expérience. N'est-ce pas dire qu'ils substituent à une sagesse d'emprunt ou à des illusions préconçues une sagesse personnelle qui vient de l'examen? Lorsque la morale défend les jugements téméraires, ne nous ordonne-t-elle pas de nous éclairer avant de parler, c'est-à-dire d'examiner, de contrôler, de voir clair par nous-mêmes? Les plus grands adversaires de la liberté de penser trouveraient sans doute fort incommode qu'on leur nommât un tuteur pour gérer leurs affaires. Ils se croient assez éclairés pour les gérer eux-mêmes, c'est-à-dire pour juger de ce qui convient et de ce qui ne convient pas à leurs intérêts. Ils ont des conseillers, dira-t-on; oui, mais ils les choisissent. Ils se trompent souvent, dira-t-on encore. Eh! qui me prouve que mon tuteur ne se trompera pas? Lui nommerez-vous un autre tuteur, et à celui-ci un autre, jusqu'à ce que vous arriviez à un tuteur absolu de la société tout entière? Qui donc aurait le courage de prononcer ainsi l'interdiction du genre humain en masse, un seul homme excepté? Le plus fougueux des ultramontains consentirait-il à remettre entre les mains du seul juge infaillible non-seulement sa conscience et sa pensée, mais encore ses intérêts et ceux de sa famille? Bien peu iront jusque-là, et dans les limites de l'intérêt personnel on saura bien réclamer et pratiquer le droit du libre examen.

Il en est de même dans toutes les affaires humaines. Le juge chargé de décider une affaire ne s'en rapporte pas à une illumination d'en haut, à un sentiment confus, à la parole des autres. Nullement, il compare, il analyse, il confronte les témoignages, il apprécie le fait et le droit, et après avoir employé tous les moyens que lui fournit la logique judiciaire, il déclare vrai ce qui lui paraît évident. Ainsi procède le médecin qui cherche les moyens de guérir, le philologue qui cherche le sens d'un texte obscur ou d'une inscription mutilée, le législateur qui fait une loi, le spéculateur qui entreprend une affaire, je dis plus, le théologien qui soutient un point de dogme, enfin l'adversaire de la liberté de penser qui, en la combattant, s'en sert lui-même, s'adresse à elle et cherche à avoir raison contre la raison.

Dans l'ordre moral et social, la liberté de penser semble particulièrement périlleuse et scandaleuse. Chaque homme, dit-on, aura donc le droit de décider ce qui est bien et ce qui est mal? Il pourra prendre l'un pour l'autre à sa volonté, justifier ses passions par ses opinions, et lorsqu'on voudra le condamner au nom d'une règle reconnue par tous, il pourra toujours répondre que chacun est maître de sa manière de voir. Cette difficulté ne porte pas contre la liberté de penser, car de tout temps, sous tous les régimes philosophiques et religieux, les hommes ont su trouver des sophismes pour couvrir à leurs propres yeux leurs passions et leurs faiblesses. L'ambitieux a toujours coloré ses bassesses ou ses crimes du prétexte du bien public, le vindicatif de celui de l'honneur blessé ; le voluptueux ne cherche pas même de prétexte et se contente de s'excuser à ses yeux en disant que la chair est faible. Tous ces motifs sophistiques ont toujours été les jeux et les couleurs de la passion complaisante. La libre pensée n'y est pour rien et servirait plutôt à les disperser, car en habituant l'homme à voir clair en toutes choses, elle l'habitue à voir clair en lui-même. Au reste, les inconvénients qui pourraient résulter dans la pratique de l'emploi de telle ou telle méthode ne peuvent prévaloir contre cette méthode elle-même, si elle est légitime et raisonnable. Quoi qu'on fasse et quoi qu'on dise, il n'y a qu'une seule manière de trouver la vérité : c'est de la chercher, ce qui ne peut se faire que par l'examen.

Non, dira-t-on, il ne s'agit pas de chercher ni de découvrir la vérité, elle est toute trouvée ; il ne s'agit que de la conserver et de la transmettre. Il n'y a plus à chercher s'il y a un Dieu, s'il y a une âme, s'il y a une vie future ; l'instinct du genre humain a résolu ces grands problèmes : il n'y a plus qu'à préserver ces solutions des atteintes de l'esprit d'examen, qui n'est jamais que l'esprit de doute et de ruine. Les mauvaises passions plaident trop haut en faveur de l'incrédulité. On ne peut sauver la vérité qu'en s'interdisant à soi-même et en interdisant aux autres un examen téméraire. La Méthode de Descartes a égaré par son apparente innocence et sa spécieuse grandeur les plus fermes croyants du XVII° siècle; nous ne pouvons plus nous y tromper aujourd'hui, et nous savons bien que le doute de Descartes aboutit infailliblement au doute de Voltaire.

Ceux qui parlent ainsi croient sans doute défendre la cause de la vérité ; mais ils ne voient pas qu'ils lui portent de leur propre main les coups les plus redoutables et les plus profonds. Eh quoi ! ces vérités éternelles et inébranlables ne pourraient supporter l'examen sans périr, et celui qui les étudie librement et consciencieusement serait fatalement conduit à en douter comme Voltaire ou à les nier comme Diderot ! Quelle est cette vérité qui ne peut se sauver que dans le silence, le mystère et la servitude ! Ne nous parlez pas des abus possibles de la liberté ; il est trop facile de répondre par les abus de l'ignorance, de la superstition et du fanatisme. D'ailleurs n'est-ce pas se faire une idée bien singulière de la vérité que de se la représenter comme une chose qui passe de main en main et que l'on met sous clef pour que personne n'y touche ? Une vérité ne mérite pour moi ce nom que lorsqu'elle est telle à mes propres yeux, lorsque je me la suis appropriée par l'étude, par la discussion, par la démonstration, lorsque j'en ai trouvé les racines dans les principes de ma raison. Je ne me refuse pas sans doute de me soumettre à l'autorité du genre humain, car cela même est un des principes de ma raison ; mais encore faut-il que je m'assure que telle ou telle vérité a réellement pour garant la voix unanime des hommes, et cette voix elle-même, pour me subjuguer, a besoin d'être d'accord avec ma conscience, car l'expérience m'apprend qu'elle s'est plus d'une fois égarée. Enfin, pour tout dire, accepter une vérité transmise sans la choisir, même après réflexion et contrôle, c'est ressembler aux pies et aux perroquets qui prononcent certaines paroles sans y attacher aucun sens.

Il est, dit-on, une limite où la pensée doit nécessairement s'arrêter : c'est lorsqu'elle rencontre la parole divine, l'autorité de la révélation. Là est le critérium qui nous permet de distinguer les vérités accessibles à l'examen des hommes et celles qui leur sont interdites et fermées, ce qui est abandonné aux disputes humaines et ce qui les surpasse. Le surnaturel est le domaine sacré où la parole humaine doit se taire et la pensée s'humilier. Cette objection n'atteint pas les principes que nous avons posés. Les vérités surnaturelles, nous dit-on, limitent la liberté de penser. Fort bien, mais à quelle condition? A cette condition qu'elles soient de vraies vérités surnaturelles, car si elles ne sont pas telles et que je soumette mon esprit à de soi-disant vérités surnaturelles, je renonce par là même à la vérité et je tombe volontairement dans l'erreur. Telle est par exemple la situation de ceux qui croient à de fausses religions. Ils prennent pour vérité surnaturelle ce qui n'en est pas ; leur foi n'est que superstition, leurs espérances ne sont qu'illusions, leur culte n'est qu'idolâtrie. Or, s'il y a dans le monde, ce dont on ne peut douter, des croyances qui passent pour vérités surnaturelles sans l'être en réalité, comment puis-je savoir *à priori* lesquelles le sont véritablement et même s'il y en a de ce genre? Avant de soumettre mon esprit à de telles vérités, il faut donc que je les examine préalablement, afin de voir si elles ont bien le caractère qu'elles prétendent avoir. Un tel examen est nécessairement libre, car il ne pourrait être restreint qu'au nom de certains principes surnaturels; or ce sont de tels principes qu'il s'agit précisément de constater : ils ne peuvent donc restreindre la liberté de mon examen sans un manifeste cercle vicieux.

Remarquez d'ailleurs qu'il n'est point du tout nécessaire que cet examen tourne contre les vérités surnaturelles pour être appelé libre. Au contraire, si on posait en principe sans discussion qu'il n'y a pas de surnaturel, on enchaînerait par là même sa liberté; on s'interdirait d'avance et systématiquement de reconnaître pour vrai ce qui peut l'être; on se fermerait les yeux pour être plus sûr de voir clair. Telle est la liberté de beaucoup de libres penseurs, qui prennent pour principe ce qui est précisément en question. Pour que l'examen soit vraiment libre, il faut qu'il soit indifférent entre le pour et le contre, aussi sincèrement disposé à accepter le surnaturel, s'il le rencontre, qu'à s'en passer, s'il ne le rencontre pas.

La liberté de penser, prise en soi, n'a donc rien de contraire à la foi, et les croyants eux-mêmes sont forcés d'y avoir recours quand ils essayent de démontrer la religion. Évidemment ils ne peuvent alors, sans pétition de principe, s'appuyer sur la religion elle-même. Le libre examen est donc la seule méthode qui puisse établir la vérité religieuse. Elle convient aux apologistes aussi bien qu'aux critiques et aux adversaires, car nul n'oserait avouer qu'il croit à la religion sans avoir de bonnes raisons, et qu'il choisit telle raison plutôt que telle autre sans savoir pourquoi. L'hypothèse contraire conduirait à des conséquences insoutenables : si l'on disait qu'il suffit que certaines choses soient enseignées pour être crues, l'argument vaudrait pour les infidèles aussi bien que pour les partisans de la vraie religion.

Que l'on ne nous dise pas que le libre examen ne convient qu'à certaines confessions religieuses, et non point à toutes, à celles qui, admettant l'autorité d'un livre sacré, permettent cependant de le discuter, et non à celles qui reconnaissent une autorité chargée d'interpréter ce qui est dans ce livre ; car ceux qui croient à cette autorité y croient ou bien *à priori*, parce qu'il leur semble que cela est nécessaire, logique, inévitable dans l'hypothèse d'une révélation, ou *à posteriori*, parce qu'ils ont cru trouver dans les livres saints un texte qui fonde cette autorité. Ils croient donc par des raisons qui ont pu leur paraître bonnes après examen ; ils sont donc des libres penseurs en renonçant pour de bonnes raisons à leur libre pensée ; seulement ils ne doivent pas condamner chez les autres le droit dont ils usent eux-mêmes, et ne point ôter l'échelle qui les a conduits où ils sont.

J'accorde donc que l'on peut être librement croyant, même dans une Église où il y a une autorité infaillible ; mais, s'il en est ainsi, j'avoue ne pas comprendre l'objection qu'élèvent les partisans de cette Église contre les confessions qui ne reconnaissent pas une pareille autorité. Les catholiques reprochent aux protestants de livrer la religion et les textes sacrés à la merci du libre examen ; ne voient-ils pas qu'eux-mêmes, quand ils argumentent contre les protestants, interprètent les textes sacrés à l'aide de la raison seule ? Ne voient-ils pas que jusqu'à ce qu'ils aient trouvé dans l'Écriture le texte qui fonde l'autorité de l'Église, ils usent eux-mêmes du libre examen? Comment la méthode qui a été bonne et légitime jusque-là devient-elle tout à coup essentiellement mauvaise? Comment serait-il bon de se servir de la raison pour interpréter le texte *dabo tibi claves*..., et deviendrait-il tout à coup mauvais de s'en servir pour établir autre chose? Sans doute si le texte a le sens que l'on dit, il faut dès lors cesser d'examiner et substituer tout à coup la croyance à la critique; mais cela n'est vrai que pour ceux qui lui donnent ce sens; pour ceux-là seulement il serait impie de continuer à examiner. Quant aux autres, qui contestent le sens de ce texte, comment leur fermerait-on la bouche avec ce texte même, qu'ils entendent autrement? Il n'y a qu'une chose à leur dire, c'est qu'ils se trompent; mais on ne peut leur reprocher de se servir d'une méthode dont on se sert soi-même pour les détromper.

Je n'ignore pas les inquiétudes et les préventions qu'éveille chez beaucoup d'esprits sages le principe d'une liberté de penser illimitée. Eh quoi! s'écriera-t-on, vous accorderez à tous les hommes, même aux plus ignorants, de tout examiner, de tout discuter, de tout soumettre au contrôle de leur infirme raison! Quelle société pourra subsister devant ce déchaînement des intelligences révoltées ? Je pourrais éluder cette objection en disant que je me suis contenté d'établir que la liberté de penser, prise en elle-même, est un droit, sans rechercher à qui il appartient d'user de ce droit, et s'il est à l'usage de tout le monde; j'avoue cependant ne pas trop voir comment l'on s'y prendrait pour fixer des limites, et à quel signe on reconnaîtra ceux à qui il serait permis de penser librement. Le jour où Luther a renversé l'autorité de l'Église, il a implicitement reconnu à tous les fidèles le droit de lire et d'interpréter la Bible à leurs risques et périls. Dans la pratique, il est vrai, il sera bon que l'autorité des sages guide et éclaire l'inexpérience des humbles, mais c'est encore en s'adressant à leur liberté de penser et de juger, — non pas en se réservant le privilége des lumières, et en laissant au peuple celui de la servitude et de l'ignorance.

Sans doute si l'on considère combien peu d'hommes dans une société, quelque civilisée qu'elle soit, méritent le nom d'hommes éclairés, combien peu même ont les connaissances strictement nécessaires, combien enfin les idées dans l'homme sont voisines des passions, on peut craindre que cette émancipation des esprits, cette rupture avec toute tradition, cet appel à la raison individuelle, cette liberté de penser en tous sens ne soit la source de bien des maux, et je reconnais qu'il faut avoir l'esprit ferme pour envisager sans terreur l'avenir inconnu vers lequel marche la société contemporaine. Le philosophe n'est pas plus que tout autre homme affranchi de ces émotions et de ces inquiétudes ; mais la réflexion modère, si elle ne calme pas entièrement, une anxiété si légitime. Elle nous apprend qu'à aucune époque, même quand le monde était gouverné par le principe d'autorité, la société n'a été à l'abri des grandes crises sociales. De tout temps il y a eu de grandes misères physiques et morales ; l'ignorance et la docilité ne sont nullement des garanties contre le vice, et souvent le prestige d'une autorité indiscutée a été complice de la corruption et du désordre. Si d'ailleurs il y avait lieu d'espérer que l'on pût par quelque moyen empêcher les hommes de penser de telle ou telle manière, s'il y avait quelque procédé sûr de maintenir les esprits dans cet état d'obéissance que l'on regarde comme si souhaitable, je comprendrais à la rigueur qu'on l'essayât ; mais depuis que le flot du libre examen a fait irruption dans la science, dans la société, dans la religion, il a marché sans cesse de progrès en progrès : il a pénétré de couche en couche dans toutes les classes, il a gagné les contrées les plus rebelles à sa puissance ; il n'existe aucune force capable de le contenir et de le refouler; les pouvoirs qui commencent par marcher contre lui se voient ensuite contraints de marcher avec lui. A n'en pas douter, il y a là tous les caractères d'un fait inévitable que les impies peuvent considérer comme le résultat des lois implacables du destin, mais où l'on peut tout aussi bien voir le signe d'une volonté providentielle.

Tout porte à croire que la société, après beaucoup d'épreuves passées ou futures, tend à se constituer de plus en plus sur le principe de la libre discussion. Les abus de ce principe se corrigeront par l'usage. A mesure que les hommes se serviront plus de leur raison, ils s'en serviront mieux. Les excès de la raison révoltée doivent être plutôt mis à la charge de la servitude antérieure que de la liberté qui s'éveille. Les instruments et les outils dont se sert l'industrie humaine n'ont pas atteint du premier coup la perfection qu'ils ont aujourd'hui. Combien donc ne faudra-t-il pas de temps jusqu'à ce que cet instrument des instruments, j'entends la raison, soit assez cultivé et perfectionné pour être manié par tous les hommes! Nous devons y travailler chacun pour notre part, non pas en imposant aux autres nos propres idées, mais en leur apprenant à se rendre compte des leurs. Tel est le grand rôle de la philosophie; elle est avant tout une méthode et une discipline.

Ceux qui sont attachés à certains principes d'ordre et de tradition qu'ils regardent comme la base nécessaire de toute société, doivent se guérir de leurs défiances envers la liberté de penser, car elle est pour eux aussi bien que pour leurs adversaires. Le moment n'est pas loin où elle sera leur dernière défense. Quand ils seront une minorité, ils réclameront le droit de penser autrement que la foule; quand la société nouvelle se sera fait sa foi, ses préjugés, ses traditions, ses lieux communs, tout ce qui ne manque jamais de s'établir dans une société bien assise, les partisans des anciennes idées et des anciennes mœurs demanderont à ne pas obéir aveuglément à ce nouveau genre d'autorité. Ils discuteront, ils critiqueront, ils seront à leur tour des révoltés; ils le sont déjà. Dans ce va-et-vient des puissances de ce monde, dans ces oscillations de principes qui se renversent l'un l'autre et viennent successivement se déclarer principes absolus, il n'y a qu'une garantie pour tous, c'est la liberté réciproque.

LIVRE PREMIER

LA POLITIQUE

CHAPITRE PREMIER

LA SCIENCE POLITIQUE AU XIXe SIÈCLE [1]

A toutes les grandes époques de liberté intellectuelle, on a vu la philosophie s'unir à la politique, lui prêter ou en recevoir des lumières. Il en a toujours été ainsi chez les anciens, au moins dans les beaux jours et jusqu'au moment où les études politiques furent rendues tout à fait vaines et inutiles, en Grèce par la conquête romaine, à Rome par la perte de la liberté. Dans les temps modernes, cette alliance commence à se renouer vers le XVIe siècle; elle se resserre en Angleterre au XVIIe. La po-

---

1. Ce travail a été publié à l'occasion des *Œuvres et Correspondance inédites* de Tocqueville, publiées et précédées d'une notice par M. G. de Beaumont.

litique des Stuarts et la politique de 1688 y ont chacune son théoricien, l'une dans l'auteur du *Léviathan*, l'autre dans l'auteur de l'*Essai sur le gouvernement civil*; mais c'est surtout en France, au xviii° siècle, que l'union de la politique et de la philosophie a été brillante et féconde : Montesquieu, Rousseau, Turgot, Condorcet, en sont les témoignages les plus éclatants, mais non pas les seuls. Après la révolution, le même mouvement continue : Destutt de Tracy, Bonald, de Maistre, Royer-Collard, Lamennais, M. Guizot, M. Cousin, M. de Rémusat, M. Rossi, sont tous, à des degrés divers, philosophes et publicistes, et leur philosophie contient les principes de leur politique. Enfin, parmi ces nobles esprits, il faut placer au premier rang l'illustre publiciste enlevé à la France il y a quelques années, et dont le nom grandira de plus en plus avec le temps, M. de Tocqueville. Cet éminent penseur n'était pas sans doute un philosophe, et il avoue lui-même qu'il avait peu de goût pour la métaphysique; mais il possédait au plus haut degré et pratiquait merveilleusement la méthode philosophique : il avait cet esprit de réflexion et de généralisation qui, partout dans les faits particuliers, cherche et découvre les lois générales. D'ailleurs, s'il goûtait peu la philosophie savante, il portait en lui-même une philosophie naturelle, non systématique, mais toute vivante, et partout présente dans ses écrits, la philosophie de l'âme, de la dignité humaine, de la liberté. Ce n'est pas faire violence à ses opinions et à ses sentiments que de le réclamer comme un politique spiritualiste et comme un politique philosophe.

Pour bien comprendre la philosophie politique de M. de Tocqueville, il importe d'abord de le placer au milieu des écoles politiques de son temps. C'est un tableau dont les traits généraux sont assez connus, mais qui n'a pas encore été dessiné dans toutes ses parties avec toute la précision désirable.

Les écoles politiques du XIXᵉ siècle ont ce caractère général d'être plutôt des partis que des écoles : nées des événements et mêlées aux événements, elles n'ont guère cette impartialité abstraite qui caractérise la science; et par la même raison, elles ont laissé ou laisseront peu de ces ouvrages mémorables et éternels, qui survivent aux passions d'un temps. Telles qu'elles sont, elles ont répandu de nombreuses et d'importantes idées. On peut les ramener à quatre principales : 1° l'école aristocratique et royaliste;

2° l'école constitutionnelle et libérale ; 3° l'école démocratique ; 4° l'école socialiste. Mais chacune de ces écoles se partagent en nuances diverses qui servent de transition de l'une à l'autre : de telle sorte qu'il est possible, en descendant de degré en degré, de passer sans interruption des théories les plus contraires à la Révolution jusqu'aux doctrines les plus révolutionnaires. Je néglige, pour ne pas embarrasser la question, les emprunts réciproques que peuvent se faire les diverses écoles et les combinaisons sans limites que les esprits compliqués font avec les principes des unes et des autres.

L'école royaliste défend en général l'ancien régime contre le nouveau, les institutions monarchiques et aristocratiques contre les institutions libérales et populaires. Mais dans ces limites, que de variétés d'opinions ! Quelle distance, par exemple, de M. de Bonald à M. de Chateaubriand, de l'auteur de la *Législation primitive* à l'auteur de la *Monarchie selon la charte !* Le premier, inflexible et étroit, ne comprend rien d'autre que la société de l'ancien régime : pour lui c'est la société absolue. Le pouvoir illimité d'un seul appuyé sur deux ordres privilégiés, l'un chargé de la défense, l'autre de l'éducation de la société, lui paraît le principe essentiel et éternel de tout ordre politique. Il va chercher jusqu'en Égypte le type de la vraie société ; et il pardonne à ce pays sa fausse religion en faveur de sa bonne constitution politique. Le régime des castes le ravit d'admiration : « Malheureusement, dit-il naïvement, Sésostris altéra la constitution. » Qu'avait donc fait ce monarque révolutionnaire ? Il avait fait une levée en masse et armé le peuple au détriment de la classe noble, qui seule, suivant M. de Bonald, doit avoir le privilége de porter les armes. Comparez maintenant ces idées surannées aux doctrines politiques de M. de Chateaubriand ; vous ne vous croyez pas dans la même Église. Sans doute il déplore la Révolution ; il demande le rétablissement des substitutions ; il veut que l'on rende au clergé ses biens. Mais en même temps, il est passionné pour les institutions anglaises, défenseur énergique du Parlement contre la prérogative royale, partisan de la liberté de la presse, de la responsabilité des ministres ; il conseille enfin à l'aristocratie de son pays de se servir des institutions nouvelles, de s'y faire sa place et son rang, au lieu de s'armer contre elles et de chercher à ressaisir ses priviléges à l'ombre du despotisme restauré.

Entre M. de Bonald et M. de Chateaubriand, ces

deux termes extrêmes de l'école royaliste, se placent Joseph de Maistre et M. de Montlosier, personnages aussi originaux l'un que l'autre, l'un grand écrivain et penseur supérieur, l'autre publiciste incorrect, mais éloquent et vigoureux, tous deux énergiques et fiers, pleins d'honneur et de courage, de vraie souche aristocratique, et qui en d'autres temps auraient pu sauver leur caste, si elle eût produit beaucoup d'hommes semblables à eux. Ces nobles cœurs font plaisir à voir, et on aime leurs écrits malgré la singularité de leurs pensées. De Maistre est aussi partisan de l'ancien régime que M. de Bonald; mais comme il a plus d'esprit, il voit un peu plus clair: il accorde que c'est la corruption de l'ancien régime, du clergé et de la noblesse qui a amené la Révolution; il appelle cette Révolution une œuvre satanique; mais il est confondu de sa grandeur. Il a une vraie admiration pour les institutions anglaises, et, sans être, comme on l'a dit récemment, un libéral, il aime à faire remarquer dans l'ancienne constitution de la France les éléments de résistance qu'elle opposait au pouvoir absolu. Lui-même était plein de fierté et ne supportait pas aisément l'injustice; et, dans son exil d'ambassadeur à Saint-Pétersbourg, il parle constamment au roi de Piémont le langage à la fois le plus fidèle et le plus hardi; enfin, on sent vivre en lui le vieil esprit des parlements. N'oublions pas qu'il était de robe, et que M. de Bonald était d'épée; ce qui peut expliquer en partie la différence de leurs vues. Quant à M. de Montlosier, ce gentilhomme d'Auvergne qui, dans l'Assemblée constituante, eut un mot sublime pour défendre le clergé, et auquel le clergé, à sa mort, refusa la sépulture, il est aussi ennemi que personne du pouvoir absolu; il veut que l'on fonde l'ancienne société avec la nouvelle; il accuse de folie toutes les revendications des émigrés contre les faits révolutionnaires : il comprend et admire la gloire militaire de la nouvelle France; il combat avec une énergie qui ne fut pas pardonnée les empiétements du clergé dans l'ordre politique. Mais en même temps, il porte l'esprit aristocratique à un point qu'il est impossible à notre temps de comprendre; il a pour l'industrie un mépris digne d'un grand seigneur féodal. Il croit que la noblesse est d'institution naturelle, et qu'elle a seule droit aux fonctions politiques; il se fait l'illusion qu'elle va reprendre toute sa prépondérance, et il propose tout un système de lois pour la reconstruction de la maison aristocratique. Tels sont les principaux personnages de l'école royaliste de la Restauration, tous remarquables à plus d'un titre.

De Chateaubriand à Royer-Collard, la distance est à peine sensible : l'un est le plus libéral des royalistes, l'autre le plus royaliste des libéraux. Cependant vous entrez déjà dans un monde nouveau, dans le monde de la Révolution, représenté d'abord par l'école constitutionnelle. Cette école se divise à son tour en plusieurs branches, qui sont l'école doctrinaire, l'école libérale et l'école des économistes : ces trois écoles, liées par des principes communs, se distinguent par des nuances assez importantes.

La première de ces écoles et la plus illustre était représentée par M. Royer-Collard, le duc de Broglie, M. Guizot; la seconde, par M. Benjamin Constant; la troisième, par M. Say et ses amis, MM. Comte et Dunoyer. Ce qui distingue les doctrinaires des purs royalistes, c'est qu'ils acceptent sans réserve l'ordre civil sorti de la révolution, c'est-à-dire l'égalité des partages et la sécularisation de l'État. Ils combattent la loi du droit d'aînesse et la loi du sacrilége. En outre, ils sont pour la liberté politique et pour le contrôle du gouvernement par les assemblées. Pour toutes ces raisons, ils sont du côté de la révolution et contre l'ancien régime. « M. Royer-Collard, dit Tocqueville qui l'a beaucoup connu, a voulu passionnément la destruction de l'ancien régime, et a toujours eu horreur de son retour. Il a désiré avec une ardeur extrême l'abolition de tous les priviléges, l'égalité des droits politiques [1], la liberté des hommes, leur dignité. Il fallait l'entendre parler de la Révolution, personne ne faisait mieux comprendre la grandeur de ce temps. Les plus belles paroles qui aient jamais été prononcées sur ce que l'on peut appeler les grandes conquêtes de 89 sont sorties de sa bouche. Ce que j'ai jamais entendu dire de plus amer sur les vices de l'ancien régime, sur les folies et les ridicules des émigrés et des ultras, c'est lui qui l'a dit. » Mais si les doctrinaires acceptaient la démocratie dans l'ordre civil et lui faisaient une part dans l'ordre politique, ils n'en étaient pas moins très-effrayés de ses progrès ; ils le détestaient sous sa forme violente, l'esprit révolutionnaire : ils le redoutaient même régulier et modéré dans le gouvernement de l'État. Au dogme de la souverai-

---

1. Dans un cercle d'électeurs donné, bien entendu. Ceci est contre le double vote.

neté du peuple, qui, suivant eux, ne faisait que substituer une tyrannie à une autre, ils opposaient la doctrine de la souveraineté de la raison. Ils croyaient la monarchie nécessaire pour contenir la démocratie, et préserver la liberté même. Surtout ils voulaient assurer une certaine prépondérance aux classes distinguées et à ce qu'ils appelaient les supériorités, afin de donner au gouvernement de la démocratie plus de suite, plus d'unité, plus de prévoyance et plus d'esprit de justice, et afin que l'égalité ne devînt pas l'abaissement de tous.

Telles étaient les pensées de l'école doctrinaire. Celles du libéralisme pur ne paraissaient pas en différer essentiellement. L'école libérale admettait comme l'école doctrinaire la nécessité de la royauté, le partage du Corps législatif en deux chambres, la limitation du corps électoral. Mais elle faisait la part de la royauté beaucoup moindre, elle était contraire à l'hérédité de la chambre haute, et demandait l'extension du droit électoral. Toutes ces différences cachaient une dissidence capitale. Les doctrinaires considéraient le gouvernement mixte, composé de monarchie, d'aristocratie et de démocratie, comme le bien absolu; ils y voyaient un régime définitif; les libéraux, au contraire, semblaient considérer ce régime comme un acheminement à quelque autre chose. Pour les uns, la royauté et l'aristocratie étaient des éléments nécessaires de toute société; pour les autres, ce n'étaient que des modérateurs utiles, dont l'importance décroissait chaque jour, et dont il fallait réduire la part de plus en plus. De ces deux écoles, la première se rattachait donc à l'école royaliste et aristocratique; la seconde donnait la main à l'école démocratique.

Une des branches importantes du libéralisme était l'école des économistes. Les économistes pensaient que les institutions politiques des peuples ont sans doute une grande importance, qu'il n'est pas indifférent à un peuple d'être libre ou gouverné par un pouvoir arbitraire. Ils étaient donc très-attachés à un système de garanties publiques et constitutionnelles, mais ils ajoutaient que les institutions ne sont pas tout, qu'elles ne sont que des moyens et non pas des fins, et que le principal n'est pas de savoir qui gouvernera, mais comment on gouvernera. Or, ils pensaient que le principal but des gouvernements est d'assurer le bien-être des populations; seulement les gouvernements, suivant eux, s'y prenaient mal pour assurer ce bien-être, car les gouvernements croient que c'est par des règlements, des protections, des autorisations, des inspections qu'ils favorisent le progrès de l'industrie et le progrès des lumières. Mais ce n'est que substituer à l'ancien joug des corporations un joug nouveau, le joug de l'État, vaste unité abstraite, impersonnelle, irresponsable, qui a hérité de tous les pouvoirs de la monarchie absolue. Les économistes sont les premiers, parmi les partisans de la société nouvelle, qui aient discuté cette idée de l'État et qui aient opposé le droit individuel au droit collectif. Plus tard, lorsqu'il a fallu combattre le socialisme, on a eu recours à leurs arguments. Mais à l'origine, ils étaient presque seuls à se défendre du prestige exercé sur les esprits par cette notion vague et obscure de l'État, non moins chère aux démocrates qu'aux partisans du pouvoir absolu. Enfin, le trait principal de l'école économiste est de proposer partout la substitution du régime répressif au régime préventif, et de combattre sous toutes ses formes le principe de l'autorisation préalable. Elle invoquait cette remarquable maxime de l'empereur Napoléon Ier : « C'est un grand défaut dans un gouvernement que de vouloir être trop père : à force

de sollicitude, il ruine la liberté et la propriété [1]. »
Telles étaient les doctrines de l'école économiste, telles qu'on les trouve exposées dans les écrits de J.-B. Say, dans le *Traité de législation* de M. Charles Comte, et surtout dans *la Liberté du travail* de M. Dunoyer.

L'école démocratique au XIXᵉ siècle a eu deux phases. Dans la première, elle n'est que le dernier écho de la Révolution expirante : c'est l'école des *idéologues*, dont le maître est M. de Tracy. Cette école se rattache, non à 93, mais à 95. Elle reste fidèle à la Constitution de l'an III, en empruntant quelque chose à celle de l'an VIII. Elle soutient encore le principe, si peu justifié par l'expérience, de la division dans le pouvoir exécutif, et elle persiste à penser, malgré les souvenirs laissés par le Directoire, qu'un corps à plusieurs têtes vaut mieux pour gouverner l'État que le pouvoir d'un seul. En même temps, elle emprunte à la Constitution de l'an VIII l'idée d'un corps conservateur, qui ne serait pas une chambre haute, mais une sorte de cour de cassation politique : idée dont l'invention première appartient, comme on sait, à Sieyès, et qui était destinée à de curieux retours de fortune.

1. Locré, *Législation sur les Mines*, p. 294 et 295.

Ajoutez à cela le suffrage universel, mais à deux degrés; vous avez toute la théorie politique de Destutt de Tracy dans son *Commentaire de l'esprit des lois :* ouvrage éminent, d'ailleurs, et qu'il ne faut pas juger seulement par l'échantillon de cette constitution toute spéculative. On voit dans ce livre l'école démocratique s'affranchir peu à peu du joug de Rousseau et du *Contrat social*, s'attaquer aux républiques anciennes, comme à des sociétés barbares, contraires à la nature, et combattre ces restaurations de l'antique qui avaient été à la fois si ridicules et si funestes pendant la Révolution. Destutt de Tracy, qui est un excellent économiste, comprend très-bien le caractère des sociétés modernes, sociétés laborieuses, industrielles, commerçantes, qui ont besoin d'ordre et de liberté, et non de lois somptuaires. Au reste, l'école des idéologues finit, à la Restauration, par se rallier à l'école libérale. M. Daunou, qui était de la même école, se montre dans son livre des *Garanties individuelles* (livre curieux, trop peu connu) assez indifférent sur les formes de gouvernement, et semble même assez peu favorable à l'esprit d'empiétement des assemblées. Mais il se rattache à l'école des économistes en ce qu'il insiste surtout sur les garanties nécessaires à la liberté individuelle, à la liberté du travail, à la liberté de penser.

Il y a peu de rapports et peu de liens entre ces derniers débris de la Révolution et l'école démocratique issue de la Restauration. La première est radicalement hostile au Comité de salut public et au régime de 93. La seconde semble se rattacher, par une filiation souterraine, au jacobinisme. Sa principale passion était de réhabiliter les hommes de 93 et de la Convention. Elle y mettait un entêtement incroyable sans se douter du tort qu'elle faisait par là à ses propres idées. Cependant elle n'était pas subjuguée tout entière par ces passions aveugles et exaltées, et les esprits élevés qui la dirigeaient avaient d'autres vues; mais ils n'osaient pas toujours les dire. En général, elle était moins une école qu'un parti. Elle était plus propre à combattre qu'à penser. Armand Carrel, sa meilleure gloire, était un grand journaliste, mais non un publiciste. Très-vif et très-énergique dans la polémique, il était faible dans la théorie ; il se faisait sa politique au jour le jour : situation peu favorable aux idées générales et élevées. Mais ce qui doit être dit à l'honneur de Carrel, c'est qu'il n'a jamais sacrifié la liberté à la démocratie. Il faut voir, dans sa discussion avec le journal la *Tribune*, avec quelle fermeté, quelle décision, quel coup d'œil, il défend la cause de la démocratie libérale contre la démocratie brutale et oppressive. Un autre homme éminent, plus grand écrivain et plus puissant penseur que Carrel, apportait alors à la démocratie sa parole enflammée, son imagination amère, ardente, quelquefois si tendre et si douce, ses sombres colères, tout l'éclat de son style; mais il ne lui apportait pas une pensée. Il serait impossible de surprendre une vue politique de quelque nouveauté et de quelque importance dans les *Paroles d'un croyant*, dans le *Livre du peuple*, dans l'*Esclavage moderne*, dans le *Passé et l'avenir du peuple*. Le vide de cette pensée, revêtue d'un si grand style, a quelque chose d'affligeant. Il nous apprend « que toutes choses ne sont pas dans le monde comme elles devraient l'être. » Il nous assure que lorsque le peuple aura le suffrage universel, « les enfants ne demanderont plus à leurs pères le pain qui leur manque et que le vieillard rassasié de jours se réjouira dans le pressentiment intime et mystérieux d'un nouveau printemps et d'une nature nouvelle. » Les seules idées qui aient un peu de corps dans ces écrits sont celles qu'il emprunte à l'école socialiste, école plus riche en penseurs que l'école démocratique, et qui précisément à cette époque commençait à s'allier à elle. Mais pour n'avoir pas l'air de déprécier un aussi grand esprit, je me hâte d'ajouter que Lamennais ne doit pas être seulement étudié dans ses écrits démocratiques. Il est une question qu'il a touchée avec pénétration et profondeur, et où il a laissé sa trace : je veux parler des rapports de l'Église et de l'État : à lui appartient la première prédication éclatante d'une idée chère à notre temps : la séparation de l'Église et de l'État. C'est par là, c'est par le journal l'*Avenir* que Lamennais a droit à une place importante dans l'histoire des idées politiques au xix° siècle.

Quant à l'école socialiste, elle a traversé les phases les plus curieuses, assez difficiles à décrire avec précision. La première période du socialisme est celle que j'appellerai période industrielle : c'est le temps des premiers écrits de Saint-Simon [1]. Dans cette première période, l'école socialiste n'est qu'un démembrement de l'école économiste. Saint-Simon invoque l'autorité de Smith et de J.-B. Say, et il se donne pour leur disciple. Son idée est que

---

1. Fourier est antérieur à Saint-Simon; mais il ne fut connu qu'après lui.

la première classe de l'État est la classe industrielle et que, par conséquent, le gouvernement lui appartient. Déjà, à la vérité, vous voyez paraître certaines attaques contre les propriétaires, les rentiers, les oisifs. Mais quant au capital, il n'est pas seulement ménagé, il est couronné. Veut-on savoir quelle a été la première proposition socialiste ? La voici telle qu'elle est exposée dans le *Catéchisme industriel* de Saint-Simon : « Le roi créera une commission suprême des finances composée des *industriels les plus importants*. Cette commission sera superposée au conseil des ministres. » Ainsi, une sorte de comité de salut public industriel, composé des principaux fabricants, commerçants, financiers, voilà quel a été le premier rêve de l'école saint-simonienne : c'était une *ploutocratie*. Le socialisme, dont le dernier mot a été : guerre au capital, a commencé par proposer le règne du capital. Mais le saint-simonisme se développe, le fouriérisme lui succède, l'owénisme, l'icarisme se propagent : c'est la seconde période, la période utopique. L'idée qui domine dans cette seconde période est celle-ci : la société est livrée à l'anarchie ; elle a besoin d'être *organisée*. L'idée de l'organisation s'empare de tous les esprits : aux siècles critiques, on oppose les siècles organiques; à l'analyse, la synthèse. C'est le moment des prédications humanitaires. A cette époque, le tout absorbe les parties, l'État l'individu, l'humanité les peuples et les républiques. Le panthéisme est la philosophie de cette période, qui ne peut s'exprimer par un nom particulier : nouveau symptôme de la prépondérance des masses confuses sur les forces individuelles. Mais dans cette seconde période, l'école socialiste s'est encore renfermée dans des constructions spéculatives : elle est restée plus ou moins en dehors des partis politiques : Saint-Simon se disait royaliste; l'école phalanstérienne était conservatrice en politique. Mais il vint un moment où l'école socialiste et l'école démocratique se rencontrèrent, se reconnurent et s'embrassèrent. Cette rencontre et cette alliance fut un des événements les plus graves du siècle. Séparées l'une de l'autre, l'école de la révolution sociale, et l'école de la révolution politique n'offraient qu'un médiocre danger aux partisans d'un libéralisme réglé; liées ensemble et associant leurs passions et leurs espérances, elles pouvaient tout renverser. Quoi qu'il en soit, la troisième période du socialisme, c'est la période révolutionnaire et démocratique. L'idée qui domine dans cette troisième période est celle-ci : 89 a été la révolution de la bourgeoisie contre la noblesse ; il faut faire aujourd'hui la révolution du peuple contre la bourgeoisie. Cette idée si simple, si logique, qui associait la cause du socialisme à celle de la révolution, toujours si populaire parmi nous, qui allait droit à un but précis et s'attaquait hardiment à la propriété et au capital, appartient surtout à Louis Blanc et à Proudhon. Mais arrivé là, le socialisme prenait deux routes séparées et même absolument contraires. Suivant les uns, cette révolution doit se terminer par une organisation nouvelle de la société sous l'empire d'un gouvernement populaire énergique et concentré : c'est l'union du principe démocratique et du principe saint-simonien ; suivant les autres, le gouvernement doit seulement servir à faire la révolution et à détruire la tyrannie du capital, comme Richelieu a détruit la tyrannie de la noblesse. Mais cette œuvre une fois faite, le gouvernement doit disparaître à son tour comme étant le dernier des privilégiés : c'est la doctrine du laisser-faire poussée à ses dernières limites. Ainsi le socialisme démocratique se partageait en deux branches : le socialisme *communiste* et le socialisme *anarchique*.

Telles sont les principales phases de ces diverses écoles de 1817 à 1848.

Mais tandis que les sectes et les écoles se partageaient comme je viens de le dire, quelques esprits élevés et indépendants cherchaient la vérité à leurs risques et périls, dans des voies libres et particulières, auxiliaires plutôt que soldats des différentes opinions que nous venons de résumer. Parmi ces esprits on peut signaler, par exemple, M. Rossi, M. de Sismondi, M. de Tocqueville, le premier se rattachant à l'école doctrinaire, le second à l'école libérale, le troisième à l'école démocratique, mais tous trois avec indépendance, et plus soucieux de s'entendre avec eux-mêmes que de plaire à telle secte ou à tel parti. C'est de l'un des plus intéressants entre ces esprits libres, personnels, originaux, que nous allons, dans les pages qui suivent, exposer les principes et les idées.

CHAPITRE II

PHILOSOPHIE POLITIQUE DE TOCQUEVILLE

Lorsque M. de Tocqueville aborda la science politique, un très-grand nombre d'écoles ou plutôt de partis contraires et hostiles se partageaient, comme nous venons de le voir, l'empire des esprits. Le jeune publiciste se fit remarquer tout d'abord par son désintéressement et sa neutralité entre toutes ces écoles opposées. Nulle part il n'engage de polémique contre aucune d'entre elles, et il semble presque les ignorer toutes. C'était l'homme qui oubliait le plus les pensées des autres pour se concentrer dans les siennes. « Il faut rester soi, » disait-il. Cette méthode est sans doute très-favorable à l'originalité. On pourrait croire seulement qu'elle est funeste à la largeur des vues et doit conduire à une doctrine étroite : c'est là un écueil que M. de Tocqueville a su éviter. Peu d'esprits ont su concilier avec une semblable impartialité les idées les plus diverses et en apparence même les plus opposées.

La méthode qu'il appliqua est la méthode d'observation. M. de Tocqueville n'appartient pas à la classe des publicistes logiciens, tels que Hobbes, Spinoza ou Rousseau, mais à celle des publicistes observateurs, Aristote, Machiavel, Bodin et Montesquieu. Il y a deux manières d'observer en politique, — l'observation directe des choses présentes et l'étude du passé, c'est-à-dire l'histoire. Presque tous les grands publicistes observateurs ont été historiens. C'est là ce qui a manqué à Tocqueville, au moins dans son livre de *la Démocratie*. Il n'emploie que la première méthode, l'observation directe, et le manque absolu de comparaisons historiques est l'une des lacunes de son ouvrage. Plus tard, il a essayé de corriger ce défaut de son éducation première, et il était arrivé sur l'ancien régime à une érudition assez fine et assez rare, mais trop récente, et par conséquent toujours un peu incertaine. Au reste, ce défaut a ses compensations. La vue de l'auteur, moins distraite par les souvenirs historiques, est plus nette et plus décidée. Je me garde bien de comparer *la Démocratie en Amérique* à *l'Esprit des Lois*. Cependant il faut avouer que, dans le livre de Montesquieu, le nombre des faits et la masse des matériaux nuisent un peu à l'unité et à la clarté de l'ensemble. C'est une admirable analyse, qui n'a pas eu le temps de trouver sa synthèse. L'ouvrage de *la Démocratie*, dans des proportions moindres, a plus d'unité. L'auteur n'a pas vu autant de choses que son illustre maître, mais il a généralisé celles qu'il a vues. Dans l'*Esprit des Lois*, il y a en quelque sorte plusieurs ouvrages, dont chacun, pris à part, est un chef-d'œuvre, mais qui, réunis, forment un tout assez discordant, dont on discerne difficilement le centre et les limites.

M. de Tocqueville est un observateur, mais ce n'est pas un statisticien : il n'aime pas le fait pour le fait, il n'y voit que le signe des idées. Pour lui, rien n'était isolé, tout fait particulier s'animait, parlait, prenait une physionomie et un sens. Il aimait passionnément les idées générales, mais il les dissimulait si bien, qu'un Anglais, auteur d'un livre intéressant sur les États-Unis, lui disait : « Ce que j'admire paticulièrement, c'est qu'en traitant un si grand sujet, vous ayez si complétement évité les idées générales. » Il ne les évitait pas, loin de là; mais il cherchait autant que possible à les incorporer dans les faits. D'ailleurs ses vues n'avaient jamais qu'un certain degré de généralité, et restaient toujours suspendues à peu de distance des faits et de l'expérience. Elles étaient ce que Bacon appelle des *axiomes moyens*, et non des *axiomes généralissimes*. C'est en cela surtout qu'il était original et se distinguait des autres esprits de son temps. A cette époque, en effet, on avait le goût de la plus haute généralité possible dans l'interprétation des faits humains. C'était le temps de la philosophie de l'histoire, de la palingénésie sociale; on expliquait les lois de l'humanité par les rapports du fini et de l'infini; on traduisait Vico et Herder; on se demandait si le monde marchait en ligne droite, en ligne courbe ou en spirale. C'est une chose remarquable de voir Tocqueville, si jeune alors, échapper à cette tentation et retenir sur cette pente son esprit si généralisateur. Lui-même signale quelque part avec esprit cette maladie de ses contemporains. « J'apprends chaque matin en me réveillant, dit-il, qu'on vient de découvrir une certaine loi générale et éternelle dont je n'avais jamais ouï parler jusque-là. Il n'est pas de si médiocre écrivain auquel il suffise, pour son coup d'essai, de découvrir des vérités applicables à un grand royaume, et qui ne reste mécontent de lui-même, s'il n'a pu renfermer le genre humain dans le sujet de son discours. »

Le point de départ des études de M. de Tocqueville semble avoir été ce mot célèbre de M. de Serres : « La démocratie coule à pleins bords. » Il a cru que la révolution démocratique était inévitable, ou plutôt qu'elle était faite, et au lieu de raisonner *à priori* sur la justice ou l'injustice de ce grand fait, il a pensé qu'il valait mieux l'observer, et, laissant à d'autres le soin de l'exalter et de la flétrir, il s'est réservé de la connaître et de la comprendre. Ce fut cette impartialité d'observation qui étonna et séduisit à la fois dans le livre de *la Démocratie en Amérique*. On admirait sans comprendre. Tocqueville se plaignait agréablement à M. Mill de ce nouveau genre de succès. « Je ne rencontre, disait-il, que des gens qui veulent me ramener à des opinions que je professe, ou qui prétendent partager avec moi des opinions que je n'ai pas. » ... « Je plais, a-t-il dit encore, à beaucoup de gens d'opinions opposées, non parce qu'ils m'entendent, mais parce qu'ils trouvent dans mon ouvrage, en ne le considérant que d'un seul côté, des arguments favorables à leur passion du moment. »

L'entreprise originale de M. de Tocqueville a donc été de considérer la démocratie comme un objet, non de démonstration, mais d'observation, et si l'on veut repasser dans son souvenir les noms des plus grands publicistes modernes, on verra qu'il n'y en a pas un qui ait eu cette idée et qui ait accompli ce dessein. La plupart sont des systématiques et des logiciens qui font ou des constructions *à priori* ou des plaidoyers : ils défendent où condamnent la démocratie d'après certains principes généraux ; mais pas un n'a étudié la démocratie comme un fait, et cela d'ailleurs par une raison très-facile à comprendre, c'est que ce fait n'existait pas encore, au moins sur une grande échelle. Quant à Montesquieu, le plus grand observateur politique des temps modernes, il n'a vraiment étudié de près que deux grandes formes politiques, la monarchie et le gouvernement mixte. Pour la démocratie, il ne l'a vue qu'en historien et dans l'antiquité. On n'a pas assez remarqué que sur les républiques anciennes ce sage politique a exactement les mêmes idées que Mably et que Rousseau : ce qu'il appelle la république n'est pour lui qu'un rêve des temps antiques ; il n'a eu aucun pressentiment de la démocratie moderne. C'est comme observateur pénétrant et attentif de cette démocratie que nous apparaît surtout M. de Tocqueville.

La principale erreur des partisans passionnés de la démocratie est de considérer cette forme de société comme un type absolu et idéal qui, une fois réalisé ici-bas, donnerait aux hommes le parfait bonheur. Il n'en est pas ainsi : la démocratie est un fait humain, et, comme tous les faits humains, mélangé de bien et de mal. Il faut voir à la fois l'un et l'autre, afin d'être en mesure d'accroître l'un et de diminuer l'autre. En outre, les choses ne se développent jamais dans la réalité telles que la spéculation pure les a conçues *à priori*. Les apôtres de la démocratie en 93 voulaient faire une république spartiate fondée sur la pauvreté, la frugalité et la vertu, et au contraire la société sortie des ruines qu'ils ont faites est une société d'industrie, de bien-être et de luxe. On pourrait trouver d'autres exemples non moins remarquables des démentis donnés par les faits à la théorie. Il y a donc une grande différence entre une société rêvée et une société réalisée; il ne suffit pas de se demander comment les choses doivent être, il faut voir encore comment elles sont. Les démocrates modernes parlent sans cesse de la foi démocratique, de la religion démocratique. La foi est sans doute une chose excellente dans l'ordre surnaturel, mais ici-bas elle n'est pas trop à sa place. Il ne suffit pas de croire, il faut comprendre. L'action peut avoir besoin d'aveuglement et d'illusion ; mais la science ne se nourrit que de vérité. Tocqueville ne s'est pas contenté de croire à la démocratie, il a voulu la comprendre, et par là il s'est assuré un nom durable dans la philosophie politique.

Que faut-il entendre par démocratie? Il y a deux faits principaux auxquels on peut ramener la démocratie : l'égalité des conditions et la souveraineté du peuple. Le premier de ces faits constitue la démocratie civile, le second la démocratie politique. Ils peuvent ne pas se rencontrer ensemble, ou se rencontrer dans des proportions inégales. On conçoit une certaine égalité de conditions, sans aucun mélange de souveraineté populaire : c'est ce qui a lieu dans les monarchies asiatiques, où tous sont égaux, excepté un seul. Il y a même eu d'autres États où le peuple était considéré comme souverain, mais où il n'est intervenu qu'une fois pour décerner à un seul le pouvoir absolu, ne se réservant plus rien pour lui-même. Dans certaines sociétés démocratiques, l'égalité des conditions s'unit à l'inégalité politique. Dans d'autres sociétés, il peut y avoir plus d'égalité politique que d'égalité civile. Ainsi la séparation ou la réunion de ces deux faits élémentaires peut donner lieu aux combinaisons les plus différentes ; mais en général ils tendent à se rapprocher l'un de l'autre : l'égalité civile amène l'égalité politique, et réciproquement. Or ce progrès a atteint son terme en Amérique : c'est là que vous voyez à la fois une extrême égalité civile et une extrême égalité politique. C'est là que la démocratie a atteint son extrême limite, et jusqu'ici ses dernières conséquences : c'est donc là, toutes réserves faites, qu'on la peut le mieux étudier.

La démocratie ainsi définie, quels en sont les effets? Quels sont les biens et les maux qu'elle est capable de procurer aux hommes?

Le plus grand bien de la démocratie, suivant M. de Tocqueville, celui qu'elle produit certainement, c'est le développement du bien-être. Certains économistes, même libéraux, Sismondi, par exemple, ont pu le contester, au moins pour la France, et soutenir que la révolution a plutôt nui qu'aidé au bien-être des populations ouvrières. Les économistes anglais de leur côté sont presque tous d'accord pour prétendre que les institutions aristocratiques sont plus favorables au bien-être des masses. C'était en particulier l'opinion de M. Senior, l'un des amis et l'un des correspondants de Tocqueville; mais celui-ci s'opposait de toutes ses forces à cette prétention, et affirmait que, dans la constitution anglaise, le bien du pauvre est sacrifié à celui du riche. Il reconnaissait que, dans les sociétés démocratiques, les lois ne sont pas toujours les meilleures possible. L'art de faire les lois est un art difficile que les sociétés démocratiques ne possèdent que rarement. De plus, les lois y sont instables : on les change sans cesse, sans attendre même qu'elles aient produit leur effet; les gouvernants n'y sont pas toujours les plus éclairés, ni même parfaitement honnêtes, parce qu'ils sont souvent besoigneux. Toutes ces causes diverses exercent une action fâcheuse sur le gouvernement de la démocratie. Et cependant la tendance générale et constante de ce gouvernement est le bien-être du plus grand nombre. Les lois sont faites par ceux-là mêmes qui doivent en profiter; les fonctionnaires n'ont qu'accidentellement des intérêts contraires à ceux du public; au fond, leurs passions et leurs besoins sont identiques. Il y a donc, malgré les déviations, les temps perdus, les erreurs passagères, les dépenses inutiles, une résultante favorable au bien public. Au nombre de ces biens chaque jour répandus sur un plus grand nombre d'individus, il faut mettre au premier rang le développement de l'intelligence, la diffusion des lumières. Les démocraties peuvent être inférieures aux aristocraties pour les grands talents et les œuvres supérieures; mais tout le monde y est plus ou moins instruit, plus ou moins éclairé.

Un des plus grands bienfaits de la démocratie, c'est la douceur des mœurs et les progrès de la sociabilité parmi les hommes. Dans les sociétés aristocratiques, toutes les classes sont séparées les unes des autres non-seulement par l'orgueil, mais surtout par l'ignorance où elles sont les unes des autres. On ne sympathise vraiment, les philosophes l'ont fait remarquer, qu'avec les sentiments qu'on a plus ou moins éprouvés soi-même. Plus les conditions sont inégales, plus il y a de manières différentes de sentir parmi les hommes, plus aussi par conséquent il leur est difficile de sympathiser entre eux: celui qui n'est pas votre égal n'est pas votre semblable. De là plusieurs couches superposées les unes aux autres dans une même société, de là l'indifférence et le dédain des classes supérieures pour les classes inférieures. Avec l'égalité, les manières perdent, il est vrai, de leur politesse; la délicatesse, la distinction s'efface : en revanche les hommes se connaissent mieux, puisqu'ils sont sans cesse mêlés les uns aux autres. Si les classes les plus élevées perdent quelque chose de leur élégance, les plus basses perdent de leur grossièreté; un esprit de cordialité et de familiarité, plus vulgaire, mais plus humain, remplace la politesse des anciens temps; les mœurs deviennent plus douces et plus fraternelles. La sympathie pour les misères humaines et pour tout ce qui touche l'humanité, la curiosité et la compassion pour les races lointaines opprimées, persécutées, l'horreur pour tout ce qui fait souffrir inutilement les hommes, le scrupule dans le choix et la mesure des peines, tels sont les traits les plus nobles et les plus relevés des sociétés démocratiques. Dans l'intérieur de la famille, la douceur et la confiance de l'affection remplacent la froide et respectueuse obéissance : moins d'autorité et plus d'amitié. « La douceur des mœurs démocratiques est si grande que les partisans de l'aristocratie eux-mêmes s'y laissent prendre, et que, après l'avoir goûtée quelque temps, ils ne sont point tentés de retourner aux formes respectueuses et froides de la famille aristocratique. Ils conserveraient volontiers les mœurs domestiques de la démocratie, pourvu qu'ils pussent rejeter son état social et ses lois ; mais ces choses se tiennent, et l'on ne peut jouir des unes sans souffrir les autres. »

Un autre effet de la démocratie, c'est de répandre dans le corps social une grande activité, un mouvement extrême. C'est là un des caractères les plus frappants des mœurs américaines. Peut-être ce caractère tient-il au génie de la race plus encore qu'aux institutions ; cependant on ne peut nier qu'en Europe les révolutions démocratiques (car elles l'ont été toutes plus ou moins) n'aient provoqué également un grand esprit d'entreprise et une extrême activité en tout genre. Si l'on demande à quoi cette activité est bonne, on peut répondre d'abord qu'elle est bonne à répandre dans la société plus de bien-être, plus d'instruction, plus de jouissances de toute espèce ; mais on peut dire surtout que l'activité est bonne par elle-même, parce qu'agir, c'est vivre. Or l'activité politique, quand elle ne se change pas en fièvre désordonnée, détermine et développe tous les autres modes d'activité, le commerce, l'industrie, l'agriculture, la science, au moins dans ses applications. A la vérité, cet effet est dû surtout à la liberté politique, qui peut se rencontrer dans des sociétés non démocratiques; mais si l'on y regarde de près, on verra que c'est la part que les classes laborieuses ont au gouvernement de l'État qui leur donne cet esprit d'initiative et d'entreprise que nous admirons.

Tels sont les principaux avantages des institutions démocratiques. Quant aux inconvénients et aux vices de ces institutions, Tocqueville en signale un grand nombre, tels que l'instabilité des lois, l'infériorité de mérite dans les gouvernants, l'abus de l'uniformité, l'excès de la passion du bien-être; mais le mal décisif et générateur, celui qui produit ou envenime tous les autres, et contre lequel les États démocratiques doivent sans cesse lutter, c'est la tendance à la tyrannie.

Dans une société où une distinction a disparu, où tous les hommes ne sont plus que des individus égaux, la seule force décisive est celle du nombre. La majorité y est donc toute-puissante et par conséquent tyrannique. La tyrannie du souverain conduit à l'arbitraire des magistrats. Ceux-ci, en effet, n'étant rien par eux-mêmes, sont les agents passifs de la majorité; ils peuvent donc tout faire, pourvu qu'ils épousent ses passions : « garantis par l'opinion du plus grand nombre et forts de son concours, ils osent alors des choses dont un Européen habitué au spectacle de l'arbitraire s'étonne encore. » Une conséquence plus grave, et la plus grave de toutes, c'est l'asservissement de la pensée. « Je ne connais pas de pays, dit Tocqueville, où il règne moins d'indépendance d'esprit et moins de véritable liberté de discussion qu'en Amérique. La majorité trace un cercle formidable autour de la pensée. Au dedans de ces limites, l'écrivain est libre; mais malheur à lui s'il ose en sortir! Ce n'est pas qu'il ait à craindre un auto-da-fé; mais il est en butte à des dégoûts de tout genre et à des persécutions de tous les jours. La conséquence de cette tyrannie obscure exercée sur la pensée est une sorte de servilisme nouveau et de courtisanerie démocratique digne d'être étudiée. » Cette servitude d'un nouveau genre peut se comprendre aisément. Lorsque tous les pouvoirs intermédiaires ont été détruits, il ne reste plus que des individus dispersés et un corps immense. Quelle existence propre peuvent garder ces molécules indiscernables dans cet océan infini? Quelle défense peuvent-elles avoir contre un pouvoir social qui a hérité de tous les pouvoirs divisés d'autrefois, et qui semble le mandataire de la société même? Les individus, à la fois indépendants et faibles, n'ont aucun secours à attendre les uns des autres. « Dans cette extrémité, ils lèvent naturellement les yeux vers cet être immense qui seul s'élève au milieu de l'abaissement universel. » Dans les âges aristocratiques, les individus sont inégaux, mais chacun pris à part est quelque chose; dans les âges démocratiques, les hommes sont tous égaux, mais chaque individu n'est rien. L'extrême petitesse de chacun comparé au tout décourage et désarme la force morale : il semble même que la disproportion d'une âme forte et d'une situation faible a quelque chose d'inconvenant; on craint de jouer au héros, et, chacun se diminuant ainsi par faiblesse et par scrupule, il en résulte une diminution générale, qui, en se perpétuant et en s'aggravant de génération en génération, pourrait avoir de tristes effets. Ajoutez que l'absence de grandes fortunes constituées par la loi et l'extrême mobilité des biens sont cause que chacun est obligé d'employer toute son énergie à vivre et à se procurer un certain bien-être : or cette perpétuelle occupation n'est pas toujours très-favorable à l'élévation des idées et à la noblesse du caractère. Enfin, dans la démocratie, c'est la majorité qui fait la loi et qui fait l'opinion. Malheureusement la majorité est toujours la médiocrité. Un niveau général de médiocrité s'impose ainsi aux choses de l'esprit. Le bien-être, l'utile et le frivole deviennent la règle du bien et du beau. Les sciences tournent à l'utilité; les arts ne recherchent que le petit et le joli, quand ils ne poursuivent pas le grossier. Telles étaient les tendances démocratiques contre lesquelles se révoltaient les instincts fiers, nobles et délicats de M. de Tocqueville.

Avant lui, beaucoup d'autres avaient dit déjà que nul pouvoir humain ne doit être absolu, que la toute-puissance est en soi une chose mauvaise et dangereuse, au-dessus des forces de l'homme, que la démocratie a une tendance naturelle à devenir despotique, et qu'il faut par conséquent la tempérer, la limiter, la contenir par les lois. En reprenant ces propositions, M. de Tocqueville les entend différemment. Ce que l'école libérale appelait le despotisme de la démocratie, c'était la violence démagogique, le gouvernement brutal et sauvage des masses; mais Tocqueville avait en vue une autre espèce de despotisme, non pas celui de la démocratie militante, entraînée par la lutte à d'abominables violences et manifestant à la fois une sauvage grandeur : non, il croyait voir la démocratie au repos, nivelant et abaissant successivement tous les individus, s'immisçant dans tous les intérêts, imposant à tous des règles uniformes et minutieuses, traitant les hommes comme des abstractions, assujettissant la société à un mouvement mécanique, et venant à la fin se reposer dans le pouvoir illimité d'un seul. C'était là l'espèce de despotisme qu'il craignait pour les sociétés démocratiques. Il pensait que les démocrates et les conservateurs se trompaient également en prêtant à la démocratie organisée et victorieuse, les uns la grandeur, les autres la férocité des crises révolutionnaires. Il la voyait plutôt amortissant les âmes que les exaltant, répandant la passion du bien-être plutôt que celle de la patrie. Il craignait la servitude plus que la licence, la médiocrité plus que le fanatisme. En un mot, ce qu'il appelait tempérer la démocratie, c'était y répandre l'esprit de liberté.

A la vérité, on pouvait lui opposer la fragilité du pouvoir dans certains États démocratiques; mais il répondait que le pouvoir était fragile, précisément parce qu'il était trop fort et trop concentré. Il ne faut pas confondre la stabilité avec la force. Lorsqu'un pouvoir est très-concentré, il n'est qu'un point où l'on puisse l'attaquer, et si l'on triomphe, tout le reste s'écroule. On comprend l'extrême facilité des révolutions dans ces sortes de sociétés. En second lieu, plus un pouvoir est fort et étendu, plus il a de besoins à satisfaire, par conséquent plus il provoque d'inimitiés. Toutes les fois qu'on se mêle des intérêts des hommes, on est sûr de ne pas leur plaire. Pour une place vacante, a-t-on dit, un gouvernement fait neuf mécontents et un ingrat : de même pour une faveur à accorder, pour un intérêt à régler, pour un droit à protéger. En outre, plus le pouvoir s'étend, plus il encourt de responsabilité. On s'habitue à lui attribuer tout ce qui arrive. Si le pain est cher, c'est la faute du pouvoir; c'est sa faute si les fleuves débordent, si la grêle détruit les moissons, si l'ouvrier n'a pas de travail, si la terre enfin n'est pas un paradis. Autrefois on s'en prenait à la Providence, on laissait les gouvernements tranquilles; aujourd'hui on n'importune plus la Providence, mais on s'en prend aux gouvernements. Ainsi c'est précisément la force des pouvoirs qui amène les révolutions, et les révolutions à leur tour augmentent par mille raisons la force du pouvoir; de là un cercle d'où il est difficile de sortir. Sans doute il est étrange de dire qu'un gouvernement périt parce qu'il est trop fort, car il est évident qu'au moment où il a succombé il était le plus faible; mais c'est l'extrême concentration qui a permis de l'attaquer avec avantage sur un point unique, comme on s'empare d'un pays en prenant sa capitale.

Au reste, pour bien comprendre la pensée de Tocqueville et ne pas confondre des choses très-distinctes, il faut remarquer qu'il peut y avoir deux sortes de despotisme dans les sociétés démocratiques : le despotisme politique, qui naît de l'omnipotence des majorités, et le despotisme administratif, qui vient de la centralisation. Quand il parle de l'Amérique, c'est le premier de ces despotismes qu'il craint pour elle et non le second; quand il parle du second, c'est à l'Europe qu'il pense et non à l'Amérique. Nul écrivain n'a été aussi sévère que Tocqueville pour la centralisation. Sans doute la centralisation n'avait pas manqué d'adversaires, mais elle les avait jusque-là rencontrés dans l'école aristocratique. Au contraire, l'école démocratique et libérale lui était très-favorable ; c'est ce qu'il est facile d'expliquer. Comme le débat entre les deux écoles portait sur la révolution et ses conquêtes, ceux qui avaient été dépouillés cherchaient à restreindre l'idée de l'État, instrument de leur ruine ; ceux qui avaient vaincu voyaient dans l'État l'instrument de leur délivrance et de leur victoire. De là vient que les uns réclamaient la liberté de la commune, la liberté de l'enseignement, la liberté de l'association, espérant ressaisir ainsi leur influence perdue ; les autres, au contraire, que leurs principes auraient dû conduire à défendre toutes les libertés, ne voyaient dans certaines d'entre elles qu'un piége de la féodalité, du clergé et de l'aristocratie. C'est à cause de ce malentendu que le parti de la révolution s'est toujours attaché si énergiquement à la centralisation et à l'omnipotence de l'État. M. de Tocqueville, l'un des premiers, sinon le premier, a soutenu à la fois ces deux principes : que la démocratie est la forme nécessaire de la société moderne, et que la démocratie doit avoir pour bases et en même temps pour limites toutes les libertés. Tandis que les écoles politiques de son époque combattaient pour ou contre le suffrage universel, il pénétrait plus avant, et, montrant dans la commune le noyau de l'État, il voyait dans la liberté communale la garantie la plus solide et de la liberté politique et de l'ordre public. « Les institutions communales, disait-il, sont à la liberté ce que les écoles primaires sont à la science : elles la mettent à la portée du peuple, elles lui en font goûter l'usage paisible et l'habituent à s'en servir. » Il conseillait donc de reprendre les choses par la base et d'assurer le sous-sol, au lieu de construire des édifices magnifiques qui tombent par terre l'un après l'autre avec fracas après les plus belles promesses. C'était là, comme il le dit lui-même dans une lettre à M. de Kergorlay, « la plus vitale de ses pensées... Indiquer, s'il se peut, aux hommes ce qu'il faut faire pour échapper à la tyrannie et à l'abâtardissement en devenant démocratiques, telle est l'idée générale dans laquelle peut se résumer mon livre... Travailler en ce sens, c'est à mes yeux une occupation sainte. »

Ce n'est pas seulement la liberté de l'individu, la liberté de la pensée, la liberté de la commune, que Tocqueville croyait menacées dans les sociétés démocratiques, c'est encore la liberté politique. Tandis que les écoles démocratiques et humanitaires s'enivraient elles-mêmes de leurs rêves et de leurs formules, croyant que les mots d'avenir, de progrès, de peuple, répondent à tout, tandis qu'elles confondaient l'égalité avec la liberté et s'imaginaient que l'une est toujours le plus sûr garant de l'autre, Tocqueville démêlait avec précision ces deux objets. Il montrait qu'ils ne sont pas toujours en raison directe l'un de l'autre, que l'esprit d'égalité n'a rien à craindre, qu'il est irrésistible, qu'il trouve toujours à gagner, même dans ses défaites, que les gouvernements ont intérêt à l'encourager et à le satisfaire, que, soutenue par la passion des peuples et l'intérêt des souverains, l'égalité fera son chemin quand même et par la force des choses, qu'enfin le vrai problème ne consiste pas à chercher si l'on aura l'égalité, mais quelle sorte d'égalité on aura. Or il y a deux sortes d'égalité, — l'égalité de servitude et l'égalité de liberté, l'égalité d'abaissement et l'égalité de grandeur. Peut-être Tocqueville a-t-il exagéré les chances que la société avait de tomber dans une de ces égalités au lieu de s'élever à l'autre; mais que de pareilles chances existent dans une société démocratique, c'est ce qu'il est impossible de nier. Il a donc conseillé à la démocratie de chercher son point d'appui dans la liberté, et de ne s'avancer dans l'égalité qu'en raison des progrès accomplis dans la conquête des libertés publiques. Il a montré combien ces libertés sont fragiles et peu garanties par l'égalité même, lorsqu'elles ne reposent pas sur des habitudes de liberté, c'est-à-dire sur les mœurs. Toutes ces vérités avaient été dites à la démocratie, mais par les aristocrates. Tocqueville est le premier qui, regardant la démocratie comme bonne en elle-même et inévitable, ait su voir qu'elle pouvait conduire au despotisme aussi bien qu'à la liberté : observation vulgaire chez tous les publicistes de l'antiquité, et cent fois vérifiée dans les petites républiques de la Grèce, mais qui, appliquée à toute la surface du monde civilisé, inspire à l'entendement et à l'imagination une singulière impression de religieux effroi.

En signalant avec tant de force, et peut-être avec un excès d'inquiétude, les maux et les périls que la démocratie recèle dans son sein, M. de Tocqueville a-t-il voulu décourager les sociétés démocratiques, les ramener aux institutions du passé, et leur proposer comme remède une restauration plus ou moins profonde de l'ancien régime? Non. « Il ne s'agit plus, dit-il, de retenir les avantages particuliers que l'inégalité des conditions procure aux hommes, mais de s'assurer les biens nouveaux que l'égalité peut nous offrir. Nous ne devons pas tendre à nous rendre semblables à nos pères, mais nous efforcer d'atteindre l'espèce de grandeur qui nous est propre. »

Un de ses amis les plus intimes, M. de Corcelles, avait paru comprendre son livre dans un sens trop défavorable à la démocratie. Tocqueville rétablit sa pensée dans la lettre suivante, qui est l'une des plus belles, des plus nobles et des plus instructives de sa correspondance : « Vous me faites voir trop en noir, lui dit-il, l'avenir de ma démocratie. Si mes impressions étaient aussi tristes que vous le pensez, vous auriez raison de croire qu'il y a une sorte de contradiction dans mes conclusions, qui tendent, en définitive, à l'organisation progressive de la démocratie. J'ai cherché, il est vrai, à établir quelles étaient les tendances naturelles que donnait à l'esprit et aux institutions de l'homme un état démocratique. J'ai signalé les dangers qui attendaient une société sur cette voie; mais je n'ai pas prétendu qu'on ne pût lutter contre ces tendances, découvertes et combattues à temps, qu'on ne pût conjurer ces dangers prévus à l'avance. Il m'a semblé que les démocrates (et je prends ce mot dans son bon sens) ne voyaient clairement ni les avantages, ni les périls de l'état vers lequel ils cherchaient à diriger la société, et qu'ils étaient ainsi exposés à se méprendre sur les moyens à employer pour rendre les premiers les plus grands possible et les seconds les plus petits qu'on puisse les faire. J'ai donc entrepris de faire ressortir clairement, et avec toute la fermeté dont je suis capable, les uns et les autres, afin qu'on voie ses ennemis en face et qu'on sache contre quoi on a à lutter. Voilà ce qui me classe dans une autre catégorie que M. Jouffroy. Ce dernier signale les périls de la démocratie et les regarde comme inévitables. Il ne s'agit, selon lui, que de les conjurer le plus longtemps possible, et lorsque enfin ils se présentent, il n'y a plus qu'à se couvrir la tête de son manteau et à se soumettre à sa destinée. Moi, je voudrais que la société vît ces périls comme un homme ferme qui sait que ces périls existent, qu'il faut s'y soumettre pour obtenir le but qu'il se propose, qui s'y expose sans peine et sans regret, comme à une condition de son entreprise, et ne les craint que quand il ne les aperçoit pas dans tout leur jour. » Dans une lettre de la même époque à un autre de ses amis, trop longue pour être citée, il exprime encore avec plus de précision la vraie pensée du livre de *la Démocratie*. « Il ne restait plus qu'à choisir, disait-il, entre des maux inévitables ; la question n'était pas de savoir si l'on pouvait obtenir l'aristocratie ou la démocratie, mais si l'on aurait une société démocratique sans poésie et sans grandeur, mais avec ordre et moralité, ou une société démocratique désordonnée et dépravée, livrée à des fureurs frénétiques ou courbée sous un joug plus lourd que tous ceux qui ont pesé sur les hommes depuis la chute de l'empire romain. »

Au reste, M. de Tocqueville, quand il propose et indique les remèdes qui lui paraissent nécessaires, se contente des indications les plus générales et n'entre pas dans les détails particuliers. Je suis disposé, pour ma part, à lui faire un mérite de cette discrétion même. Je dispense volontiers un publiciste de me présenter des projets de constitution et des projets de loi ; il est bien rare que ces constructions artificielles, combinées *à priori* dans le cabinet, soient d'une application utile. Et ce qui doit rendre plus indifférent à ces sortes de projets, c'est que les esprits vulgaires s'y abandonnent avec complaisance et qu'ils en ont toujours le cerveau plein. Combien d'abbés de Saint-Pierre pour un Montesquieu ! Les grands publicistes se bornent à donner des directions générales, c'est au législateur de faire le reste. Il faut donc louer Tocqueville précisément à cause de la généralité de ses vues, qui ne nous enchaînent pas à telle application plutôt qu'à telle autre, et qui, mettant à notre disposition des principes excellents, nous laissent libres de juger de la mesure et des moyens de l'exécution. Rien n'est moins instructif que ces politiques qui ont des expédients particuliers pour toutes les affaires, ne vous permettant pas d'en imaginer d'autres que ceux qu'ils ont conçus. Sans doute, lorsqu'une question particulière est soulevée, le publiciste doit lui donner une solution pratique et proposer des moyens proportionnés aux conjonctures; mais dans la science il doit se borner aux principes : c'est à cette condition qu'il peut espérer de vivre au delà d'un temps et d'un pays particulier.

Pour s'assurer d'ailleurs qu'un auteur a quelque originalité et quelque puissance, il faut examiner si ses idées se sont répandues en ont conquis une certaine faveur. Or c'est ce que l'on ne peut nier de M. de Tocqueville. Quand le livre de *la Démo-*

cratie a paru, il y a près de trente ans, il semblait être l'œuvre isolée d'un penseur. Aujourd'hui il a formé une école. Parmi les écrivains qui depuis une vingtaine d'années ont conquis l'attention publique, la plupart et les plus hardis ont pris parti pour l'individu contre la toute-puissance de l'État et même contre la toute-puissance des masses, si chère à l'école humanitaire. Le double avertissement du socialisme et du césarisme a été décisif et a pu servir de démonstration pratique à la thèse de M. de Tocqueville. Un écrivain démocrate d'un rare talent, M. Dupont-White, a senti fléchir la thèse favorite de son parti. Il a écrit en faveur de l'État et contre l'individu un livre remarquable de philosophie politique [1]. Ce cri d'alarme indique bien que l'école démocratique elle-même est aujourd'hui ébranlée dans sa foi sans bornes à la souveraineté absolue de l'État, et qu'elle est envahie par l'individualisme. Le panthéisme politique cède du terrain en attendant qu'il en soit de même du panthéisme philosophique. C'est à M. de Tocqueville qu'il faut attribuer la première origine de cette direction nouvelle de la pensée en France, non pas

---

1. L'*Individu et l'État*, 1857.

que les événements n'y aient été pour beaucoup ; mais c'est précisément la supériorité de ce grand esprit d'avoir pensé le premier et avant les événements ce que tant d'autres ne devaient penser qu'après.

CHAPITRE III

EXAMEN DE LA DOCTRINE DE TOCQUEVILLE

Après avoir exposé les doctrines de M. de Tocville et en avoir fait, je l'espère, ressortir la véritable portée, qu'il me soit permis de présenter quelques observations qui ne changent pas essentiellement le fond de sa pensée, mais qui la complètent. Quoique Tocqueville soit peut-être un des publicistes qui se sont le moins trompés, je pense cependant que sa doctrine pourrait gagner en étendue et en solidité.

Un premier défaut déjà reproché au livre de *la Démocratie*, c'est que la vue de l'auteur y est constamment partagée entre deux objets différents qui, malgré quelques ressemblances essentielles, se refusent à entrer dans un même système : à savoir la démocratie en Europe et la démocratie en Amérique. Il est certain, il est évident que le problème qui agite M. de Tocqueville et qui l'a conduit aux États-Unis, c'est le problème de la démocratie européenne : c'est là même ce qui donne à ce livre sa grandeur, je dirai presque son pathétique, mais ce qui y répand en même temps une certaine obscurité. Tocqueville décrit l'Amérique, et il pense à l'Europe : delà des traits discordants qui ne peuvent s'appliquer à la fois à l'une et à l'autre. Par exemple, dans un des premiers chapitres, il montre que le trait fondamental de la démocratie américaine est l'absence totale de centralisation administrative, et dans le dernier livre de son ouvrage il soutient que cette sorte de centralisation est le plus grand mal des démocraties. Il n'y a pas là sans doute de contradiction, car il n'est pas question du même objet ni de la même société ; mais il est pénible d'être sans cesse transporté d'un hémisphère à l'autre et d'une société à une autre société radicalement différente. Il eût été, je crois, plus simple d'entrer hardiment dans cette difficulté et de décomposer le problème. En traitant à part de l'Europe et de l'Amérique, on fût arrivé peut-être plus aisément à l'unité cherchée. Les lois communes se seraient mieux fait sentir, lorsque les différences auraient été bien accusées. Au reste, cette critique n'est que secondaire et ne tombe pas précisément sur le fond des choses, car M. de Tocqueville ne méconnaît et n'ignore aucune des différences qui distinguent l'Europe de l'Amérique, et il est toujours possible, quoique avec un peu d'effort, de faire, en le lisant, le partage qu'il n'a pas fait; mais voici une observation d'un ordre bien plus important.

En considérant la démocratie comme un fait, résultat d'une révolution inévitable, M. de Tocqueville s'est affranchi d'une grande difficulté. Il ne s'est pas demandé si ce fait était juste; il s'est contenté d'affirmer qu'il était inévitable. Sans doute, c'est une grande présomption en faveur de la justice d'une révolution, que de la voir grandir et se développer à travers les temps et les lieux, sans rencontrer jamais d'obstacles invincibles, et tournant au contraire les obstacles en moyens. Cependant cette raison n'est pas décisive. L'histoire du monde se compose de grandeur et de décadence, de justice et d'injustice : il y a lutte entre les bons et les mauvais principes. De bons principes peuvent s'éteindre passagèrement et laisser la place aux mauvais, sans qu'on ait le droit de rien affirmer en faveur de ceux-ci. Les révolutions, même irrésistibles, ne sont pas toujours dignes d'être approuvées. Quel fait plus considérable et plus irrésistible que la recrudescence de l'esclavage après la découverte de l'Amérique? Voilà un fait qui dure depuis trois ou quatre siècles, et qui peut durer longtemps encore. Conclura-t-on qu'il est juste? De même la tendance démocratique des temps modernes est un fait manifeste; mais est-elle légitime? C'est une autre question.

Un fait n'est pas légitime parce qu'il est ancien; que sera-ce s'il est récent? Sans doute M. de Tocqueville a raison de dire, après beaucoup d'autres, que les souverains eux-mêmes, dans leur lutte contre la féodalité, ont travaillé à répandre l'égalité parmi les sujets, et à ce point de vue on peut dire que la révolution démocratique a commencé en France avec Philippe-Auguste; mais n'est-ce pas changer singulièrement le sens des termes que d'appeler démocratie le règne et le progrès de la monarchie absolue? Sans méconnaître ce que Henri IV, Richelieu et Louis XIV ont fait pour la nation et même pour l'égalité, il est très-permis de ne pas considérer leur gouvernement comme un gouvernement démocratique. Quelle étrange démocratie que celle de la cour de Louis XIV! Après tout, la royauté n'a jamais eu d'autre but que de détruire le pouvoir politique des nobles, mais non pas leurs priviléges, leurs faveurs, leurs immunités. Elle a ruiné dans l'aristocratie tout ce qui lui nuisait à elle-même, non pas tout ce qui nuisait au peuple. Elle ne voulait pas d'aristocratie, mais elle voulait une noblesse et une cour. D'ailleurs l'idée fondamentale de la démocratie, c'est la souveraineté populaire. Or quoi de plus opposé à un tel principe que la monarchie de Louis XIV et de Louis XV? A dire la vérité, la démocratie n'est dans le monde moderne que depuis les révolutions de France et d'Amérique. C'est donc un fait tout récent, et qui n'est pas assez couvert par l'antiquité pour n'avoir pas besoin de se justifier.

Il me semble donc que M. de Tocqueville s'est privé d'une grande force en laissant de côté la question de droit, pour ne s'occuper que du fait. Il a examiné quelles sont historiquement les conséquences bonnes ou mauvaises, heureuses ou malheureuses, de la démocratie. Il n'a pas recherché si la démocratie prise en soi est une cause juste. Or c'est là, en cette question, un poids considérable à apporter dans la balance. Quel œil serait assez perçant pour prévoir et deviner toutes les conséquences qu'un état social aussi nouveau peut produire dans le monde? L'immensité et l'obscurité du tableau défieront toujours l'observation la plus pénétrante. Si l'on soulève un coin du voile, comme a fait Tocqueville, c'est assez pour la gloire d'un publiciste, ce n'est pas assez pour la sécurité des peuples. Si la démocratie est une cause de hasard, destinée à paraître et à disparaître dans le monde, les peuples s'y précipiteront en aveugles pour jouir dès l'heure présente des prétendus biens qu'elle promet. Si elle est au contraire une cause solide et juste, elle a du temps devant elle, elle peut se donner le mérite de la réflexion et du choix ; elle est tenue de se gouverner avec sagesse, et elle doit peser avec équité et discernement les biens et les maux qu'elle porte en elle. Or c'est là, je crois, qu'est la vérité. La démocratie prise en soi est une cause juste. La souveraineté populaire et l'égalité des conditions sont des principes dont on peut abuser, que l'on peut corrompre, mal entendre, mal appliquer, mais enfin des principes légitimes, bons par eux-mêmes, et une société qui repose sur ces principes est supérieure, toutes choses égales d'ailleurs, à celles qui s'appuient sur des principes opposés.

On a eu raison de soutenir, et c'est l'honneur de l'école doctrinaire, que le seul souverain légitime, le seul souverain absolu, ce n'est pas le prince, ce n'est pas le sénat, ce n'est pas la multitude, mais la justice et la raison, non pas la raison de tel ou tel homme, mais la raison en elle-même, telle qu'elle prononcerait si elle parlait et se manifestait tout à coup parmi les hommes. Le pouvoir arbitraire n'est pas plus légitime dans le peuple que dans le prince, et au-dessus de la volonté du maître, quel qu'il soit, principe de la tyrannie, il faut placer la raison et le droit, principes de la liberté. Jamais les publicistes n'avaient fait cette distinction. Le *quidquid principi placuit* était leur règle, que le prince d'ailleurs fût le monarque ou le peuple : despotisme de part et d'autre. C'est donc un grand progrès dans la science d'avoir établi que nulle souveraineté n'est absolue, pas même celle du peuple ; mais ce point une fois gagné, ne reste-t-il pas encore à savoir à qui appartient cette souveraineté limitée, la seule qui soit possible à l'homme ? Est-ce à tous, est-ce à quelques-uns, est-ce à un seul ? C'est ici que l'école doctrinaire paraît prêter le flanc à nombreuses objections.

Elle enseigne que, puisque la souveraineté de droit appartient à la raison, la souveraineté de fait doit appartenir aux plus raisonnables, c'est-à-dire

aux plus capables. Or il y a, si je ne me trompe, un
abîme entre la souveraineté de la raison et la souveraineté des plus raisonnables. Sans doute il est
convenable que les plus sages gouvernent, mais
cela ne constitue pas pour eux un droit absolu : je
dois de la déférence à celui qui est plus sage que
moi, je ne lui dois pas obéissance. On me dit que
j'obéis à mon médecin : oui, mais je le choisis et
j'en puis prendre un autre ; il n'est pas mon maître,
je ne suis pas son sujet. Dans l'ordre naturel, nul
homme n'est le maître d'un autre homme, quelque
supériorité qu'il ait sur lui. D'ailleurs où est la limite des capables et des incapables ? Où commencent, où finissent le sujet et le souverain ? On peut,
dans la pratique, fixer conventionnellement une
limite, on ne le peut *à priori*. En supposant qu'il y
en ait une, qui la déterminera ? Est-ce tous ?
Voilà la souveraineté populaire. Est-ce quelques-
uns ? sont-ce les capables ou les incapables ? A quel
titre ceux-ci choisiront-ils, et dans l'autre cas les
capables ne se décerneront-ils pas à eux-mêmes la
souveraineté ? D'ailleurs de quelle capacité s'agit-il ?
De la science ? Mais de ce que je sais le sanscrit ou
l'algèbre, s'ensuit-il que je sache gouverner l'État ?
De la capacité politique ? Mais en quoi consiste-

t-elle? à quel signe se reconnaît-elle? Si l'on écarte la science, il ne reste que deux signes de capacité : la naissance et la fortune, et ainsi la souveraineté des capables deviendra la souveraineté des nobles et des riches. On rencontre du reste ici une difficulté nouvelle : quel est le degré de cens qui représentera la capacité politique? Dans la pratique, on peut mépriser cette objection, car on fait comme on peut; mais en droit il faut autre chose qu'un signe changeant et mobile comme la fortune pour élever ou abaisser un homme au rang de souverain ou de sujet. Je finis par une dernière objection : c'est que la capacité n'est nullement une garantie de justice et de bienveillance dans le souverain. La sagesse politique n'exclut pas la tyrannie. Quel corps politique a jamais été plus capable de gouverner l'État que l'oligarchie vénitienne? S'en est-il jamais trouvé un plus oppresseur?

Je conclus que la souveraineté de la raison n'est pas un principe contraire à celui de la souveraineté du peuple, que ces deux doctrines s'expliquent l'une par l'autre. En droit, la société est maîtresse d'elle-même; nul n'est exclu du droit social, par conséquent de la souveraineté, et quelque distance que la sagesse conseille d'établir entre la théorie et la pratique, c'est une loi des sociétés qui s'éclairent de faire une part de plus en plus grande, suivant les circonstances, à la souveraineté populaire. Les sociétés qui sont sur cette pente ne sont donc pas dans le faux : elles peuvent dépasser le but, aller trop vite, s'égarer même. Elles peuvent, comme les aristocraties et les monarchies de tradition, être passionnées, violentes, serviles, oppressives. Ces égarements n'altèrent pas le droit fondamental qu'elles représentent et qui est la vérité.

J'en dirai autant de l'égalité des conditions. M. de Tocqueville, né dans les rangs de l'aristocratie, a compris la démocratie : cela est admirable. Il l'a même aimée jusqu'à un certain point : cela est plus beau encore. Cependant il ne l'a ni tout à fait aimée, ni tout à fait comprise comme celui qui, sorti des classes autrefois déshéritées, a pu juger par lui-même quels biens il a conquis. Il semble n'avoir aperçu dans l'égalité qu'une augmentation de bien-être parmi les hommes, et presque toujours il réduit la démocratie au développement du bien-être. Sans doute c'est là un des effets et une des tendances de la démocratie, c'est surtout un de ses écueils ; mais la démocratie a une racine plus noble et plus pure, elle ne vient pas seulement du désir de partager les biens de la terre : elle vient du désir plus élevé de faire respecter sa personne et ses droits ; l'amour de l'égalité dans ce qu'il a de meilleur n'est autre chose que le respect de soi-même et la défense de sa dignité.

Nous sommes loin de soutenir que la passion de l'égalité n'ait pas d'autres principes que celui qu'on vient d'indiquer : les uns légitimes, mais inférieurs, comme l'amour du bien-être, d'autres plus bas encore et tout à fait illégitimes, comme l'envie et les appétits brutaux ; mais si l'on prend les aristocraties par leurs grands côtés, il faut prendre aussi les démocraties par ce qu'elles ont de grand. Or le bien des démocraties, quand elles sont sages et honnêtes, c'est qu'il y a un plus grand nombre d'hommes protégés dans leur honneur, dans leur conscience, dans leurs familles, dans leur travail. Cela n'est pas si méprisable.

La révolte des peuples contre les aristocraties a eu peut-être sa cause beaucoup moins dans le partage inégal des avantages sociaux que dans l'irritation causée chez les classes inférieures par le mépris et souvent l'indignité des classes supérieures. L'âme peut encore souffrir la pauvreté, mais non l'humiliation. Lorsque la noblesse, dans les états généraux, forçait le tiers état à parler à genoux, ne préparait-elle pas elle-même contre elle-même de tristes représailles? Lorsque Fra Paolo, le publiciste du conseil des dix, écrivait : « Que le peuple soit pourvu des choses nécessaires à la vie! *qui voudra le faire taire doit lui remplir la bouche* [1]; » lorsque Richelieu, ennemi des grands, mais né parmi eux, écrivait de son côté : « Si les peuples étaient trop à leur aise, il serait impossible de les contenir dans les règles de leur devoir;... *il faut les comparer aux mulets, qui, étant accoutumés à la charge, se gâtent par un long repos plus que par le travail,* » lorsque ces écrivains laissaient échapper ces outrageantes paroles, ne trahissaient-ils pas par là les sentiments secrets de leur caste? On n'écrit de pareilles paroles que lorsque les mœurs peuvent les autoriser. Ainsi les grands méprisaient le peuple et lui faisaient sentir le poids de leur mépris. Le peuple a cessé de supporter le mépris, et il a demandé à être respecté à l'égal des grands : tel est le véritable bienfait de la démocratie. Ce n'est pas seulement un accroissement de

---

1. « Chi vuol farla tacere, bisogna otturarli la boccha. » *Le Prince* de Fra Paolo, trad. de l'abbé de Marty; Berlin 1751, p. 41.

bien-être, c'est un accroissement de l'être moral ; c'est un gain pour la nature humaine.

Si de la question de principe nous passons à la question de fait, nous trouverons que Tocqueville n'a peut-être pas aperçu complétement ni tous les périls ni tous les avantages de la démocratie. On peut avoir à la fois plus d'inquiétudes et plus d'espérances qu'il n'en a lui-même, suivant que l'on considère certains faits sur lesquels il n'a jeté qu'un regard inattentif.

Quand M. de Tocqueville parle de l'égalité des conditions, il en parle comme d'un fait accompli, définitif, arrêté, dont il faut chercher les conséquences, mais qui en lui-même n'est plus un problème et laisse l'imagination humaine en repos. Sans doute il eût reconnu facilement que cette égalité n'est pas immobile, qu'elle est au contraire en progrès : c'est même ce progrès continu et insensible, ce nivellement lent des classes sociales, cette diffusion du bien-être et des lumières, c'est cet ensemble de faits qu'il appelle d'un seul mot l'égalité des conditions. Cependant il ne paraît pas croire que l'on puisse accuser un tel état social d'être fondé sur le privilége et l'inégalité. Il aperçoit bien quelques écoles utopiques qui rêvent l'égalité des biens; mais il ne voit là que le rêve de quelques individus, et non un fait social de quelque importance. En un mot, M. de Tocqueville, qui a prévu beaucoup de choses avec une sagacité vraiment surprenante, n'a pas prévu le socialisme, au moins dans ses écrits, car il a été un des premiers à s'en émouvoir comme homme politique [1]. A la vérité, M. de Tocqueville, ayant été plus qu'aucun autre frappé des excès et des périls de la centralisation, a bien entrevu cette sorte de communisme où pourrait conduire l'abus de l'intervention de l'État en toutes choses, et c'est là une des formes du socialisme; mais ce n'est pas la plus redoutable, quelque grave qu'elle soit. Avec du temps, des lumières, de l'expérience, on peut réussir à combattre, peut-être même à guérir ce grand mal et cette déplorable tendance. Il y a dans les démocraties un goût si vif d'indépendance individuelle, qu'on peut toujours persuader à l'individu que ce ne serait pas le souverain bien pour lui d'être nourri par l'État et réduit à la condition de pensionnaire de l'administration; sous ce rapport, le peuple serait peut-être plus facile encore

---

1. Voy. son discours si remarquable du 27 janvier 1848.

à persuader que les classes éclairées, n'ayant pas été gâté, comme celles-ci, par la douceur des fonctions publiques. Il est si habitué à gagner son pain à la sueur de son front, que son bon sens comprendra sans peine, malgré le cri de ses passions, que chacun doit se suffire, et que la fortune publique n'est faite que pour le bien public, et non pour les besoins et les appétits des particuliers. Ce qui est bien autrement redoutable, c'est le mal que voici. — Supposez une société démocratique née d'une révolution qui a aboli tous les priviléges de l'aristocratie, supposez que dans cette société il y ait encore, comme dans toutes les sociétés du monde, des heureux et des misérables, des riches et des pauvres : croit-on qu'il serait difficile de persuader à ceux-ci que la pauvreté des uns et la richesse des autres sont le résultat de certains priviléges des classes supérieures, et viennent de l'oppression des pauvres par les riches ? Au lieu de rapporter ces faits à leurs vraies causes, qui peuvent sans doute être combattues et jusqu'à un certain point vaincues, mais très-lentement, très-difficilement, grâce aux efforts persévérants de chaque classe, à la concorde de toutes, à un régime de paix et de liberté, combien n'est-il pas plus aisé de faire croire à l'ignorance que le mal vient des priviléges du capital et de la propriété ! Et comme on a vu une révolution réussir par l'abolition immédiate des priviléges aristocratiques, les imitateurs sans génie ne trouveront-ils pas tout simple de proposer le même moyen, et d'appeler le prolétariat à la nuit du 4 août de la propriété ? Lorsqu'une société en est arrivée à se partager ainsi en deux sociétés hostiles qui combattent non pour le pouvoir, non pour la liberté, mais pour l'existence, et qui se disputent le tien et le mien, quel espoir et quel remède peut-il subsister, sinon la paix dans l'obéissance ?

Tel est l'ordre de faits qu'on aurait voulu voir décrit et jugé par M. de Tocqueville. Comme il n'a jamais rien pensé d'une manière commune, il nous eût laissé sur ce point des observations intéressantes et instructives [1]. Sans doute il a vu ces faits en 1848, mais il les a vus du milieu même de la lutte, et non avec le désintéressement et l'im

---

1. Lui-même, à son insu, semble avoir donné raison à quelques-uns des griefs du socialisme : « L'aristocratie manufacturière, dit-il, que nous voyons s'élever, est une des plus dures qui aient paru sur la terre. » Voir tout le chapitre sur l'aristocratie qui pourrait sortir de l'industrie. (*Dém. en Amér.*, t. II, part. II, c. 20.)

partialité d'un juge. On aurait voulu qu'il nous apprît si, suivant lui, le mal dont les symptômes viennent d'être esquissés n'est qu'à la surface de notre société, ou s'il a déjà pénétré au fond; si ce malentendu redoutable n'est que le résultat de certaines prédications violentes, ou s'il tient à la nature des choses. On aurait aimé qu'il s'expliquât sur les plaintes des réformateurs, qu'il appréciât le mérite de leurs plans, qu'il expliquât enfin comment, dans sa pensée, ce débat pouvait se résoudre. C'est ce qu'il n'a pas fait. En 1835, il n'a pas songé à ce problème ; en 1848, il l'a vu, mais de trop près : il était alors trop assiégé par les faits et trop découragé pour l'examiner avec le désintéressement du penseur et du savant.

Ce problème n'est pas un petit problème. Rien de plus difficile à définir, à préciser, à limiter, que la notion d'égalité. Le christianisme avait résolu la difficulté en transportant cette idée dans l'ordre religieux. Tous sont frères et égaux en Jésus-Christ, ce qui laisse ici-bas la porte ouverte à toutes les différences de condition; mais lorsqu'on a transporté cette idée de l'ordre moral et religieux dans l'ordre social et politique, on a été bien embarrassé. La raison et l'expérience nous disent que les hommes sont à la fois égaux et inégaux. En quoi sont-il égaux, en quoi inégaux? C'est ce qu'il n'est pas facile de savoir. Dès qu'on a laissé entrevoir aux hommes que la plupart des inégalités qui les séparaient étaient artificielles, ils sont aussitôt tentés de croire qu'elles le sont toutes. Et ce qu'il y a de plus grave, c'est que les inégalités nous pèsent d'autant plus qu'elles sont moindres, et que ceux qu'on envie avec le plus d'amertume sont ceux qui ne nous surpassent que de très-peu. Posant en principe l'égalité des hommes sans pouvoir fixer de limites certaines, la démocratie éveille chez tous des ambitions jalouses que rien ne peut satisfaire. L'esprit, qui n'est plus arrêté comme dans le temps des castes par des faits sacrés, traditionnels, et par les obstacles de toute nature que le hasard et la coutume avaient mis entre les hommes, l'esprit, qui a contracté l'habitude de pousser chaque principe à ses dernières conséquences, s'indigne d'autant plus de tout ce qui semble faire résistance à ses théories. Aussi voyons-nous que jamais cris plus redoutables n'ont été poussés en faveur de l'égalité que dans ce siècle, qui est celui où les hommes ont été le plus égaux. Et l'on ne peut guère espérer faire taire ces cris en leur donnant satisfaction sur quelques points, puisque la plus grande satisfaction qui ait jamais été donnée en ce monde à l'esprit d'égalité, je veux dire la révolution française, a eu précisément pour effet de produire cette race de niveleurs insatiables et effrénés. Je le répète, est-ce là un fait accidentel et passager, un résidu de l'esprit révolutionnaire qui doit disparaître peu à peu et céder la place à un sage esprit de progrès ? Est-ce au contraire un mal incurable de la démocratie ? J'incline à la première de ces deux solutions, qui est la moins décourageante ; mais je n'oserais absolument nier la seconde. Il faudrait plus de faits que nous n'en avons à notre disposition pour trancher la question. Au reste, si l'on résolvait cette terrible difficulté dans le sens le moins favorable, on ne s'éloignerait cependant pas des vues générales de M. de Tocqueville, car cet esprit de nivellement à outrance appelle le pouvoir absolu, soit qu'il triomphe, soit qu'il succombe. Il en a besoin pour réussir, et la société en a besoin pour se défendre contre lui. C'est donc un des phénomènes par lesquels se manifeste la tendance des sociétés démocratiques vers le pouvoir concentré.

Quant aux avantages de la démocratie, Tocqueville leur a-t-il rendu tout à fait justice ? Il est très-vrai sans doute que la démocratie, en détruisant les pouvoirs moyens, les priviléges locaux, les corporations, les titres personnels, a laissé l'individu seul et désarmé en face de l'État ; mais en même temps qu'elle le prive des points d'appui, des forces artificielles de l'ancien régime, elle le protége à son tour par des libertés générales, qui, à la vérité, ne s'appliquent pas à tel individu en particulier, mais à tous. Je ne suis plus protégé contre le pouvoir public à titre de prince du sang, de seigneur, de parlementaire, de bourgeois, comme possédant tel nom, ayant acheté telle charge, jouissant de telle immunité, ayant été gratifié de telle charte. Non ; mais je suis protégé à la fois contre le pouvoir public et contre l'oppression particulière comme membre de la société humaine. Ce sont ces libertés générales qui, loin d'être en contradiction avec la démocratie, sont de son essence même ; ce sont elles qu'elle doit conquérir, compléter, organiser, bien comprendre. Quelques-unes d'entre elles sont assurées, d'autres ne demandent qu'à l'être, d'autres le seront un jour. J'en citerai principalement trois : la liberté de penser, la liberté de conscience, la liberté de l'industrie.

La liberté de penser a grandi avec la société moderne et avec l'esprit d'égalité; elle est aujourd'hui un de nos besoins les plus impérieux. Sans doute cette liberté peut souffrir des accidents de la politique, et je ne doute pas que si une société, même démocratique, était privée longtemps de toute liberté publique, elle ne vît à la longue s'altérer et s'éteindre la liberté de la pensée spéculative. Sans doute, dans toutes les sociétés, il y a certaines institutions qui peuvent être mises à l'abri de la discussion par l'inquiétude jalouse de la société et par l'intérêt de la sécurité publique; mais, à prendre les choses d'une manière générale et dans leur ensemble, on ne peut nier qu'au XVII° siècle il n'y eût plus de liberté de pensée en Hollande qu'en France, qu'il n'y en ait plus aujourd'hui en Amérique qu'en Russie, et dans la France de nos jours que dans celle du moyen âge. Il est permis de soutenir le mouvement de la terre sans aller en prison comme Galilée, l'infinité du monde sans être brûlé comme Bruno; on peut être panthéiste et même athée sans craindre le supplice de Michel Servet et de Vanini. M. de Tocqueville, dans une lettre à M. de Corcelles, se plaint «de ce que certains esprits voient dans la liberté illimitée de philosopher contre le catholicisme une compensation suffisante à la perte des autres libertés. » J'avoue que c'est là un vilain sentiment; mais, sans soutenir que cette liberté puisse tenir lieu de toutes les autres, au moins faut-il reconnaître que c'est une liberté, par conséquent une limite à la toute-puissance de l'État. Sans doute une majorité toute-puissante, comme en Amérique, peut empêcher l'individu de penser ce qui ne lui convient pas; mais il restera toujours un champ très-étendu de pensée libre, et de ce retranchement la liberté pourra toujours faire peu à peu des sorties et prendre pied sur le terrain qui lui est interdit. La liberté de penser, au moins dans l'ordre spéculatif et scientifique, est donc une première limite à l'esprit de tyrannie des démocraties.

Il y a une autre liberté, liée à la précédente, et qui sert également de frein à l'omnipotence démocratique : c'est la liberté religieuse. Il est juste de remarquer que c'est dans des sociétés démocratiques, en Hollande, en Amérique, que l'on a vu les premiers exemples de la liberté religieuse. La France, qui, depuis le XVIIIe siècle et surtout de nos jours, a les principaux caractères d'une société démocratique, a établi chez elle la liberté religieuse, et c'est une des conquêtes de 89 auxquelles elle est le plus attachée. On peut discuter sur le plus ou le moins, trouver que la liberté de prosélytisme n'est pas assez facilitée, on peut enfin s'inquiéter d'avance pour les cultes futurs; mais quant aux points les plus essentiels de la liberté religieuse, on ne peut nier qu'ils ne soient solidement garantis. Enfin, s'il y a lieu à de graves discussions sur les rapports de l'Église et de l'État, il n'y en a pas sur l'indépendance de la conscience. C'est là, il faut le dire, la plus grande victoire des temps modernes : « Nous sommes ici, vous et moi, disait naguère M. Guizot au Père Lacordaire, les preuves vivantes et les heureux témoins du sublime progrès qui s'est accompli parmi nous dans l'intelligence et le respect de la justice, de la conscience, des droits, des lois divines, si longtemps méconnues, qui règlent les devoirs mutuels des hommes, quand il s'agit de Dieu et de la foi en Dieu. Personne aujourd'hui ne frappe plus et n'est plus frappé au nom de Dieu; personne ne prétend plus à usurper les droits et à devancer les arrêts du souverain juge. »

Il est enfin une troisième liberté qui tend à grandir de plus en plus : c'est la liberté industrielle.

Ici, à la vérité, je me rencontre précisément sur le terrain où M. de Tocqueville croit sentir le plus clairement la main toute-puissante de l'État. — Le progrès de l'industrie, dit-il, amène le développement de la puissance publique de trois manières : d'abord l'industrie, en réunissant un grand nombre d'hommes dans des cités populeuses, appelle des lois de police, une surveillance compliquée et coûteuse, la crainte des révolutions et par conséquent l'augmentation de la force publique; en second lieu, un pays où l'industrie prospère a besoin de routes, de ponts, de ports, de canaux : de là un immense déploiement des travaux publics, et par suite de la puissance de l'État. En outre, dans un pays industriel, l'État lui-même se fait industriel et tend à devenir le chef de toutes les industries. Les industries ne vivent que d'associations, et l'État surveille et contrôle toutes les associations. — Tout cela est vrai, parfaitement observé, et les conséquences de cet état de choses ont été cent fois signalées par les économistes. Et cependant on peut affirmer que, toute proportion gardée, il y a aujourd'hui infiniment plus de liberté industrielle qu'il n'y en avait avant 1789. C'est ce qu'attestent les plus fervents défenseurs de la liberté du travail, les plus énergiques adversaires de l'intervention de l'État dans l'industrie [1]. Que l'on compare le régime actuel au régime de Colbert, qui a duré, à peu près sans changement, jusqu'à la révolution, et l'on verra à quel point l'industrie était asservie, non-seulement par les corporations, mais par les règlements de l'administration centrale [2]. Ces règlements déterminaient la longueur et la largeur des étoffes, les dimensions des lisières, le nombre des fils de la chaîne, la qualité des matières premières et le mode de fabrication. Des inspecteurs des manufactures, officiers dépendants des intendants, marquaient les étoffes, visitaient les foires, coupaient les marchandises défectueuses, appointaient les procès de communauté. Au XVIII° siècle, des règlements nouveaux soumettaient les comptes des corporations à l'examen du procureur du roi. On multipliait les ordonnances sur les prohibitions, sur le plomb et la marque, on paralysait les fabricants par la crainte des châtiments, on étouffait l'industrie sous le poids des formalités, sans pouvoir détruire la fraude, contre laquelle on luttait.

1. Voyez Ch. Dunoyer, *Liberté du travail*, l. IV, ch. 7 et 8.
2. Voyez l'intéressant livre de M. Levasseur sur l'*Histoire des classes ouvrières*, liv. VII, ch. I⁽ʳ⁾.

Il est donc incontestable que la société démocratique de 89 est bien plus favorable à la liberté de l'industrie que la société aristocratique de l'ancien régime.

Il y a donc des libertés générales qui sont nées ou qui ont grandi avec la démocratie, et qui ne sont point par conséquent incompatibles avec elle. On peut en réclamer d'autres, on peut étendre encore le domaine de celles-là : c'est là l'objet de la politique appliquée. Il suffit à la science que la liberté et l'égalité n'aient rien de contradictoire. A la liberté de privilége, la démocratie cherche à substituer la liberté de droit commun. L'individu est-il donc vraiment diminué parce que son droit, au lieu d'être fondé sur sa situation extérieure, l'est sur sa qualité d'homme? Là est la question. N'étant plus soutenu par le dehors, il n'a de grandeur que celle qu'il trouve en lui-même. Aura-t-il la force de la défendre contre tout ce qui l'envahit et la menace? C'est ce qu'il faudra voir, et c'est ici que M. de Tocqueville est pénétrant et profond. Cependant il est vrai de dire que la vraie destinée de l'homme est de valoir par soi-même et non par sa condition. La démocratie met donc l'homme dans l'état où il doit être; mais c'est à lui d'être ce qu'il doit être. Je crois volontiers que l'égalité, dans les premiers moments de la jouissance, et lorsque la grandeur de la lutte a cessé, tend à répandre un certain esprit de médiocrité parmi les hommes; mais je ne désespère pas qu'avec le temps, et si elles échappent à l'anarchie et au despotisme, les sociétés démocratiques ne finissent par découvrir pour l'individu un nouveau genre de grandeur, égale ou supérieure même à celle de l'aristocratie. Pour y arriver, il ne faut point laisser diminuer l'idée de l'homme et du citoyen, et c'est en quoi il faut applaudir à la pensée générale qui a inspiré M. de Tocqueville, tout en corrigeant quelques-unes de ses pensées particulières.

Il nous reste, pour compléter cette étude, à interroger M. de Tocqueville sur ses doctrines philosophiques et religieuses. Chose remarquable, Tocqueville, qui avait un esprit si philosophique, si porté à rechercher le comment et le pourquoi des choses historiques et politiques, n'avait aucun goût pour la philosophie elle-même. Son esprit n'était nullement tourné de ce côté. Cependant la philosophie le touchait par deux endroits : d'abord comme un grand et noble exercice de l'esprit, et en second lieu par son influence sur les institutions

politiques. Ces deux vues lui inspiraient pour la métaphysique, qu'il n'aimait pas, une sorte d'estime respectueuse. Il en parle avec un sens très-juste et très-fin dans cette belle lettre à M. de Corcelles :
« Comme vous, mon cher ami, je n'ai jamais eu beaucoup de goût pour la métaphysique, peut-être parce que je ne m'y suis jamais livré sérieusement, et parce qu'il m'a toujours paru que le bon sens amenait aussi bien qu'elle au but qu'elle se propose; mais néanmoins je ne puis m'empêcher de reconnaître qu'elle a eu un attrait singulier pour plusieurs des plus grands et même des plus religieux génies qui aient paru dans le monde, en dépit de ce que dit Voltaire, que la métaphysique est un roman sur l'âme. Les siècles où on l'a le plus cultivée sont en général ceux où les hommes ont été le plus attirés hors et au-dessus d'eux-mêmes. Enfin, quelque peu métaphysicien que je sois, j'ai toujours été frappé de l'influence que les opinions métaphysiques avaient sur les choses qui en paraissaient le plus éloignées et sur la condition même des sociétés. Il n'y pas, je crois, d'homme d'État qui dût voir avec indifférence que la métaphysique dominante dans le monde savant prît son point de départ dans la sensation ou en dehors de

celle-là, car les idées abstraites qui se rapportent à l'homme finissent toujours par s'infiltrer, je ne sais comment, jusque dans les mœurs de la foule. »

Quelque peu métaphysicien qu'il fût, il avait bien pénétré le sens de certaines doctrines, en particulier du panthéisme, et il expliquait parfaitement le secret de son empire dans le siècle où nous vivons. Un des premiers, il a montré le lien étroit qui unit le panthéisme et l'esprit de démocratie exagéré. « On ne peut nier, disait-il dans la deuxième partie de *la Démocratie en Amérique*, publiée en 1840, que le panthéisme n'ait fait de grands progrès de nos jours. » A peu près vers le même temps, un philosophe de profession, Théodore Jouffroy, disait au contraire que le panthéisme avait peu de chances de succès dans les nations occidentales. Ici le publiciste voyait plus clair que le philosophe. Il était contre le panthéisme politiquement. « Le grand péril des âges démocratiques, soyez-en sûr, écrit Tocqueville, c'est la destruction ou l'affaiblissement excessif des parties du corps social en présence du tout. *Tout ce qui relève de nos jours l'idée de l'individu est sain;* tout ce qui donne une existence à part à l'espèce et grandit la notion du genre est dangereux. L'esprit de nos contemporains court de lui-même de ce côté. La doctrine des réalistes, introduite dans le monde politique, pousse à tous les excès de la démocratie : c'est elle qui facilite le despotisme, la centralisation, le mépris des droits particuliers, la doctrine de la nécessité, toutes les institutions qui permettent de fouler aux pieds les hommes, et qui font de la nation tout, et des citoyens rien. » La même pensée est fortement développée dans la seconde partie de *la Démocratie en Amérique*. C'est en se plaçant au même point de vue qu'il attaque la doctrine du fatalisme historique, trop répandue à cette époque, et défend contre elle l'idée de la responsabilité des nations. « Une pareille doctrine, dit-il, est particulièrement dangereuse à l'époque où nous sommes : nos contemporains ne sont que trop enclins à douter du libre arbitre, parce que chacun d'eux se sent borné de tous côtés par sa faiblesse; mais ils accordent encore volontiers de la force et de l'indépendance aux hommes réunis en corps social. Il faut se garder d'obscurcir cette idée, car il s'agit de relever les âmes, et non d'achever de les abattre. »

Sur un autre point, j'admire également la finesse de l'auteur, mais je n'approuve pas autant sa conclusion. Il montre comment la doctrine de l'intérêt

bien entendu est conforme à l'esprit démocratique.
« Il n'y a pas de pouvoir sur la terre, dit-il, qui
puisse empêcher que l'égalité croissante des conditions ne porte l'esprit humain vers la recherche
de l'utile, et ne dispose chaque citoyen à se resserrer en lui-même. » Il y a en effet bien des raisons,
et trop longues à énumérer, pour qu'il en soit
ainsi; je ne sais cependant s'il faut dire : « La doctrine de l'intérêt bien entendu me semble la mieux
appropriée aux besoins des hommes de notre
temps. C'est principalement vers elle que l'esprit
des moralistes de nos jours doit se tourner. » Sans
doute il est bon d'éclairer l'intérêt et de montrer
que le bien de tous peut se concilier avec le bien
de chacun; mais faut-il s'en tenir là et laisser aux
siècles aristocratiques l'honneur de parler des
beautés de la vertu, tandis que nous ne parlerons
que de ses avantages? Faut-il renoncer à dire que
le mutuel dévouement des hommes est noble et
généreux, et se contenter d'affirmer qu'il rapporte
autant qu'il coûte ? Il semble qu'ici l'auteur laisse
un peu trop paraître son dédain pour les sociétés
démocratiques, puisqu'il les juge complétement
incapables d'entendre parler de la vertu d'une manière désintéressée. Il semble même qu'il n'est pas

ici entièrement fidèle à sa doctrine, qui consiste en toutes choses et partout à revendiquer la grandeur. Il dit avec raison : « Éclairez les hommes à tout prix, car je vois approcher le temps où la liberté, la paix publique et l'ordre social lui-même, ne pourront se passer de lumières. » Est-il donc contraire aux lumières de cultiver la vertu pour elle-même, et d'obéir au devoir, parce qu'il est le devoir? Ce serait une triste chute pour l'humanité, et sans compensation, si, en passant des siècles aristocratiques aux siècles démocratiques, il fallait renoncer à voir dans la vertu autre chose qu'un égoïsme éclairé.

Il n'entre pas dans mon sujet d'examiner quelles étaient les pensées intimes de Tocqueville sur la religion. Si nous en croyons un juge éclairé en matière si délicate, « sa foi tenait peut-être de la raison plus que du cœur. Il n'avait pas atteint cette sphère où la religion ne nous laisse plus rien qui ne prenne sa forme et son ardeur. Ce fut la mort qui lui fit le don de l'amour. » Ainsi parle le Père Lacordaire. Dans sa jeunesse, Tocqueville avait douté; mais il s'était arrêté dans le doute, et son esprit, curieux surtout des choses politiques, semble avoir mis en réserve les vérités révélées pour s'exercer en toute liberté sur le reste. C'était donc principalement dans ses rapports avec la politique qu'il considérait la religion : non qu'il fût de ces publicistes, comme Machiavel et Hobbes, pour qui la religion n'est qu'un instrument de gouvernement. Au contraire, il y voyait un instrument et une garantie de liberté, le contre-poids le plus salutaire et le plus nécessaire aux maux et aux périls de la démocratie. C'était là une de ses pensées les plus persistantes et les plus invétérées. Il lui semblait que plus l'homme s'accorde de liberté sur la terre, plus il doit s'enchaîner du côté du ciel, qu'il est incapable de supporter à la fois une complète indépendance religieuse et une entière liberté politique, enfin « que, s'il n'a pas de foi, il faut qu'il serve, et, s'il est libre, qu'il croie. »

Quelque pénétré qu'il fût de la nécessité de cette alliance entre la liberté et la religion, il ne se faisait aucune illusion sur les difficultés qu'elle rencontrait de notre temps. Il voyait bien qu'en fait la religion est souvent d'un côté, et la liberté d'un autre. C'était une de ses grandes tristesses, et plus d'une fois, dans sa correspondance avec M. de Corcelles, il se plaint de cette étrange contradiction. C'est aussi sous l'empire de cette inquiète préoccupation qu'il adressait à M. Albert de Broglie la question suivante, qui, de la part d'un écrivain, un peu suspect de libre pensée, ne laisserait pas que de passer pour indiscrète : « Pourquoi la religion chrétienne, qui, sous tant de rapports, a amélioré l'individu et perfectionné l'espèce humaine, a-t-elle exercé, surtout à sa naissance, si peu d'influence sur la marche de la société? Pourquoi, à mesure que les hommes devenaient individuellement plus humains, plus justes, plus tempérants, plus chastes, paraissaient-ils devenir chaque jour plus étrangers à toutes les vertus publiques? De telle sorte que la grande société nationale semble plus corrompue, plus lâche, plus infirme dans le même temps où la petite société de la famille est mieux réglée! Vous touchez à ce sujet en plus d'un endroit, jamais à fond, ce me semble. Il mériterait, suivant moi, d'être traité à part, car enfin nous ne prenons ni l'un ni l'autre au pied de la lettre, et comme règle de morale publique, de rendre à César ce que nous lui devons, sans examiner quel est César, et quel est le droit et la limite de sa créance sur nous. Ce contraste, qui frappe dès les premiers temps du christianisme, entre les vertus chrétiennes et ce que j'ai appelé les vertus publiques, s'est souvent reproduit depuis. Il n'y en a pas dans ce monde qui me paraisse plus difficile à expliquer, Dieu, et après lui la religion qu'il nous a donnée, devant être comme le centre auquel les vertus de toute espèce doivent aboutir, ou plutôt d'où elles sortent aussi naturellement les unes que les autres, suivant les occasions et les différentes conditions des hommes. Cette grande question me semble digne de votre esprit, et celui-ci capable de la saisir et d'y pénétrer. » C'est là un grand problème, trop grave peut-être pour être traité ici en quelques mots, mais qui montre avec quelle pénétration hardie Tocqueville abordait les questions les plus délicates; peut-être la demi-liberté qu'il s'accordait sur ces matières ne lui permettait-elle pas de le sonder dans toute sa profondeur.

Il nous semble que M. de Tocqueville pose la question en termes bien absolus, lorsqu'il n'admet aucun milieu entre la foi avec la liberté et l'incrédulité avec la servitude. Une société peut exister sans être toute croyante, ni toute incrédule. Il peut se faire entre la raison et la foi une lutte généreuse à l'avantage de l'une et de l'autre. On se dispute les âmes, non plus par la menace du bûcher, mais par la discussion, par la persuasion.

On se fait des conquêtes réciproques. Lorsque cela arrive, on crie de part et d'autre à l'apostasie, à la défection; mais la plupart du temps, ces sortes de conversions naissent des vrais besoins de l'âme, partagée entre le doute et la foi. Or, cette situation, que l'on peut déplorer au point de vue du salut des âmes, n'a rien qui rende impossible la liberté civile et politique. Si Tocqueville a exagéré une pensée qui lui était chère, il faut reconnaître en même temps qu'il avait le sentiment le plus juste, lorsqu'il demandait à la religion et à l'Église de s'unir à la liberté au lieu de la combattre, et à la liberté de respecter la religion et l'Église au nom de ses principes mêmes; mais il est plus facile de réconcilier les idées que les intérêts et les passions.

Si nous essayons de résumer cette analyse de l'œuvre accomplie par M. de Tocqueville comme publiciste et comme philosophe, nous reconnaissons qu'il a rendu à la politique un incontestable service en lui restituant son caractère de science, qu'elle avait perdu presque entièrement dans notre siècle. Depuis la Révolution, les passions se mêlaient sans cesse aux doctrines, et il était presque impossible de séparer les écoles des partis. Tocqueville, au contraire, se plaçait à une hauteur et dans un lointain où il n'était plus guère accessible aux passions et aux préjugés. De là ce caractère de placidité noble et de haut désintéressement qui a été si justement admiré dans son grand ouvrage. Ce n'est pas qu'il fût indifférent aux choses de son temps, car on sent dans tous ses écrits une émotion contenue qui témoigne d'une âme vivement préoccupée; mais cette émotion, qui lui donnait l'ardeur de la recherche, n'était pas assez violente pour le dominer et l'aveugler. Il y a beaucoup d'analogie entre lui et M. Jouffroy. L'inquiétude que celui-ci éprouvait sur la destinée humaine, Tocqueville la ressentait pour la destinée des sociétés. L'un et l'autre étaient intérieurement atteints d'une secrète mélancolie devant les obscurités et les redoutables mystères de ce double problème; l'un et l'autre contenaient leur âme dans leurs écrits, et ne laissaient paraître que la curiosité du vrai et la lente et patiente recherche des faits humains. L'un aimait à se replier sur lui-même et à surprendre dans l'intimité de la conscience les différences les plus subtiles des faits intérieurs; l'autre portait un regard non moins attentif sur les faits du dehors : il les démêlait avec le même plaisir, avec la même finesse, avec la même sincérité. Dans le plaisir de la recherche, ils oubliaient la passion qui les avait inspirés. De là, chez l'un et chez l'autre, ce contraste d'un esprit si calme et si éclairé, et d'une âme si mélancolique, si inquiète et si émue.

Tocqueville a eu le goût des faits politiques dans un temps où la plupart des esprits n'aimaient que les systèmes politiques : il apportait à la recherche et à l'analyse des institutions la même ardeur et la même passion qu'Augustin Thierry et M. Guizot appliquaient à l'étude des origines du moyen âge, et Cuvier à l'histoire des révolutions du globe. Les sociétés humaines, comme tous les objets de la nature, sont des phénomènes très-complexes, qui ne peuvent être la plupart du temps devinés *à priori*. Sans doute on peut bien fonder une sorte de politique absolue en partant de l'idée de la nature humaine et de la notion abstraite de l'État, et c'est par là seulement qu'on arrive à la notion du droit et du devoir dans les sociétés. Il ne faut pas dédaigner cette politique spéculative, et peut-être manque-t-elle un peu trop dans les écrits de M. de Tocqueville. Il n'en est pas moins vrai qu'il ne suffit pas de savoir ce qui doit être, il faut encore observer ce qui est. La richesse et la fécondité des faits humains dépassent toute prévision, et les lois générales ne peuvent être découvertes que par les procédés mêmes des sciences naturelles, l'observation et l'expérience, avec cette différence que, dans les sciences de la nature, c'est le savant qui expérimente, tandis que, dans les sciences politiques, c'est la société qui fait elle-même les expériences pour l'instruction des savants. C'est ce qui a lieu surtout dans les temps modernes. Lorsque les esprits aventureux ont jeté en avant quelques hypothèses, les sociétés se mettent à les vérifier un peu au hasard. Fidèles aux règles prescrites par Bacon, elles varient l'expérience, la transportent, la renversent, la prolongent ou la suspendent; procédant par exclusion et élimination, elles rejettent tantôt un élément, tantôt un autre; souvent même elles s'abandonnent à ce que Bacon appelle les hasards de l'expérience, *sortes experimenti*, comme pour voir ce qui en arrivera ; et c'est ce qu'on appelle les révolutions Les publicistes recueillent les résultats de ces expériences si bien préparées ; ils constatent et comparent les faits : ils en forment des lois. Voilà la politique expérimentale telle que Tocqueville l'a comprise et l'a conçue.

Cette manière d'entendre la politique pourrait avoir des inconvénients entre les mains d'un esprit corrompu, comme Machiavel, ou un peu trop indifférent, comme Aristote et quelquefois Montesquieu; car, en se contentant d'observer comment les hommes agissent, on peut oublier comment ils devraient agir, et prendre leur conduite habituelle pour règle et pour mesure du juste et du droit. Que faut-il pourtant conclure de là? C'est que la politique ne se suffit pas à elle-même et qu'elle doit reposer sur le droit naturel et sur la morale; c'est ce que pensait M. de Tocqueville. « Sa visée, dit-il en parlant de Platon, qui consiste à introduire le plus possible la morale dans la politique, est admirable. » Pénétré de ce principe, quoiqu'il ne fût lui-même qu'un publiciste observateur, il n'est jamais indifférent entre le bien et le mal, et il apportait dans la politique un esprit de haute moralité qu'il n'aurait jamais trouvé par la politique seule. Toutefois, s'il ne faut pas conclure de ce que font les hommes à ce qu'ils doivent faire, il ne faut pas conclure davantage de ce qu'ils doivent faire à ce qu'ils feront en réalité. Il reste donc toujours à examiner comment les choses se passent, et ce qui advient des principes abstraits, lorsqu'ils sont réalisés par les hommes et parmi les hommes. C'est ici que la politique spéculative est en défaut et qu'elle doit appeler à son secours la politique expérimentale.

Si l'on cherche maintenant à quelle conclusion la méthode précédente a conduit M. de Tocqueville, on verra qu'en dehors des vues particulières, qui sont très-nombreuses dans ses écrits, il a mis en pleine lumière cette loi aperçue par quelques auteurs, mais que nul n'avait encore développée comme lui. « Le plus grand péril des démocraties, c'est l'affaiblissement et la ruine de l'individualité humaine. » D'où il tire cette règle pratique : «Tout ce qui relève l'individu est sain. » Sa morale était conforme à sa politique : c'était la morale stoïcienne, la morale de l'effort et de la volonté. Elle a inspiré ces belles maximes éparses dans sa correspondance : « En toutes choses, il faut viser à la perfection ; — ce monde appartient à l'énergie ; — la grande maladie de l'âme, c'est le froid. » Sa vie même a été une confirmation de ses doctrines ; c'était une nature noble et haute, admirablement sincère, ayant toujours devant les yeux la grandeur morale ; c'était une personne, une âme, un caractère,

Comme les écoles et les partis n'aiment guère plus que les gouvernements qu'on leur dise leurs vérités, les démocrates ont toujours tenu M. de Tocqueville en défiance et ne l'ont jamais considéré comme un des leurs. Homme des anciennes races, il se mêlait de trouver à redire à l'idole du siècle. Il ne pensait pas que le peuple fût nécessairement parfait, irréprochable, infaillible; il pensait que, tout en développant la démocratie d'un certain côté, il était urgent en même temps de la tempérer, de la surveiller, de la retenir; il accusait, enfin, la démocratie de répandre partout un esprit d'uniformité, de médiocrité et de servitude. Toutes ces hérésies devaient singulièrement déplaire à une école très-intolérante et très-passionnée. Et cependant M. de Tocqueville est certainement un des amis les plus sérieux, les plus éclairés, les plus sincères que la démocratie ait eus de notre temps. Sans doute il est cruel à une cause qui s'est toujours donnée pour la cause de la liberté de s'entendre dire, et cela sans passion, et même avec bienveillance, qu'elle porte la servitude dans son sein, et qu'il lui faudra lutter contre ses plus violents instincts pour rester libre. Cet avertissement cependant est le salut de la démocratie : c'est pour l'avoir méconnu dans la bouche de tous les sages qu'elle a toujours succombé sous les périls du dehors ou les périls du dedans. Il est digne de la démocratie qui se croit, à raison, je l'espère, la loi future de l'humanité, d'éviter les écueils où ont échoué Athènes et Florence. Ce n'est pas parce qu'elle s'étendra sur un plus grand espace et s'appliquera non plus à de petites cités, mais à de grands peuples, que la démocratie verra ses périls diminuer ; ils ne peuvent que croître avec son empire. Si elle parvient à se persuader de ces vérités et à se corriger de ses principaux vices, elle devra de la reconnaissance à M. de Tocqueville comme à l'un de ces maîtres sévères que l'on maudit dans l'enfance et qu'on honore avec gratitude à l'âge de l'expérience et de la maturité.

LIVRE II

LA LITTÉRATURE
LA CRITIQUE CLASSIQUE AU XIX⁵ SIÈCLE

CHAPITRE PREMIER

UNE DOCTRINE LITTÉRAIRE[1]

Faut-il une doctrine en littérature? On le croyait autrefois; beaucoup d'esprits sont aujourd'hui tentés d'en douter. Une doctrine, n'est-ce pas une règle qui s'impose, et par conséquent une convention, une loi arbitraire et variable, œuvre d'école et de cabinet que le génie renverse et déplace continuellement? Point de loi, point de doctrine, l'instinct est le seul juge; le sentiment et le goût indi-

---

1. Ce travail a été publié à propos de l'*Histoire de la littérature française* de M. D. Nisard.

viduel, les seules autorités ; mon plaisir est la loi suprême.

Sans vouloir discuter cette esthétique très-répandue, je me contente de faire observer que même admît-on le principe que je viens de dire, à savoir le principe du plaisir, encore faudrait-il distinguer entre les différents genres de plaisir que les écrits peuvent nous procurer : par exemple, entre le plaisir des sens et le plaisir de l'esprit, le plaisir de l'imagination et le plaisir du cœur, le plaisir de quelques-uns et le plaisir de tous, le plaisir des ignorants et des grossiers et le plaisir des esprits éclairés, enfin entre le plaisir d'un jour et le plaisir de plusieurs siècles. Or, pour peu que l'on fasse ce partage entre les plaisirs, on s'aperçoit que, parmi les œuvres de l'esprit, il en est précisément qui plaisent toujours, qui plaisent à tous, ou au moins aux esprits éclairés, capables de les comprendre, qui plaisent à l'esprit et au cœur, et non aux sens : ce sont ces œuvres que l'on nomme belles, et elles le sont plus ou moins, suivant qu'elles se rapprochent plus ou moins du modèle que je viens de tracer. Quel est donc le rôle de la critique? C'est de chercher dans les œuvres littéraires les raisons du plaisir qu'elles nous procurent. Jouir sans comprendre le pourquoi de sa jouissance est le fait du public, mais comprendre ce pourquoi est le fait du critique. Et, quoique chaque œuvre en particulier puisse plaire par des raisons particulières, toutes cependant plaisent ensemble par des raisons qui leur sont communes. Rechercher ces raisons communes, c'est faire une doctrine littéraire; rechercher ces raisons particulières, c'est l'appliquer.

Il n'y a donc aucune raison pour renoncer, même de nos jours, à établir une doctrine littéraire; reconnaissons toutefois que cette tâche est plus difficile que jamais en raison même des connaissances plus étendues que nous avons. Plus on connaît de grandes œuvres dans des temps et dans des pays différents, plus il devient difficile de ramener à des principes généraux et à des lois communes tant d'écrits nés dans des conditions très-diverses et sous des inspirations opposées. Beaucoup d'anciennes admirations ont disparu, et de nouvelles ont succédé. On a cessé de mépriser les époques primitives, de préférer les ornements du goût aux audaces du génie, de repousser le familier et le naïf, de trouver ridicules les mœurs et les goûts qui ne sont pas les nôtres. Les règles artificielles données par les rhéteurs ont paru inutiles et froides, et elles ont été remplacées par la liberté. Enfin on a cessé d'étudier les œuvres des écrivains comme des modèles immobiles, comme des types platoniciens; on les a replacées dans leur temps, et la critique est devenue historique.

Nous voulons donc aujourd'hui que la critique trouve moyen de concilier les lois éternelles du goût, sans lesquelles il n'y a plus de différence entre les bons et les mauvais ouvrages, et cette liberté des formes sans laquelle il n'y a ni création ni spontanéité dans les œuvres d'art. La critique doit reconnaître que le beau, tout absolu qu'il est en lui-même, a nécessairement des formes diverses et changeantes, que la vérité idéale, pour devenir vivante et vraiment belle, doit se teindre et s'empreindre de l'individualité des écrivains, que, si une certaine raison est le fond des œuvres belles, l'imagination avec ses mille couleurs en est l'inséparable ornement.

La plupart des critiques de nos jours ont fait pencher la balance du côté de la liberté. Ils se sont surtout appliqués à défendre les droits de l'imagination et l'initiative du génie. On ne voit pas que le génie ait beaucoup profité de la liberté conquise.

Nous n'avons donc pas à nous étonner ni à nous plaindre qu'un éminent critique, le seul qui nous ait donné une histoire complète de la littérature française, M. D. Nisard, ait penché à son tour du côté de l'autorité et de la règle en littérature. Il a cru que, le bâton étant courbé d'un côté, il fallait le recourber de l'autre. Il a cherché dans les œuvres des grands écrivains les beautés durables de préférence aux beautés passagères, les vérités du bon sens de préférence aux hardiesses de l'imagination, des modèles et des règles plutôt que des curiosités piquantes, le vrai plus que l'agréable, le certain plus que le nouveau. N'a-t-il pas à son tour trop abondé dans son propre sens? N'a-t-il pas un peu versé du côté où il penchait? N'a-t-il pas trop retranché à la liberté et trop accordé à la règle? A côté de certaines vérités excellentes et évidentes, toujours bonnes à rappeler et trop oubliées des critiques contemporains, ne trouve-t-on pas dans sa doctrine un esprit de restriction qui rappelle telle époque de lutte et de combat, et telle défiance d'école dont l'avenir ne se souciera pas, et qu'il ne comprendra plus?

Tels sont les doutes que nous éprouvions en relisant dans une nouvelle édition améliorée cette œuvre sérieuse et forte, qui nous agrée par un endroit, nous refroidit par un autre, où les jugements, toujours solidement motivés, ne répondent pas toujours à nos propres impressions. En un sens, la théorie classique, comme on l'appelle, convient par un côté à notre philosophie, car elle proclame l'idéal comme loi suprême de l'art, de même que nous considérons l'absolu et le divin comme cause suprême de la nature; elle préfère, comme nous-mêmes, l'âme au corps et la raison aux sens; elle place le beau dans l'expression de la vérité et du sentiment, non dans l'imitation colorée et violente des formes matérielles : par ces différentes raisons, la critique classique que représente M. Nisard avec sévérité et autorité se marie naturellement avec la philosophie spiritualiste; mais cette même philosophie admet dans l'homme un principe d'action, d'invention et de développement qui est la liberté, la personnalité. Elle croit que l'homme est appelé à se faire sa destinée à lui-même dans la vie comme dans la société, et que tous les progrès de la civilisation n'ont jamais été que les progrès de la liberté. Nous transportons ces vues dans la littérature et dans les beaux-arts; nous pensons que c'est l'initiative individuelle qui a trouvé le beau, que l'idéal n'est passé dans la réalité et n'est devenu sensible que par la création libre des grands artistes et des grands écrivains, dont chacun lui a donné la couleur de son âme. Par là, nous sommes surtout favorable dans les arts aux inventeurs, à ceux qui sortent des voies battues à leurs risques et périls; et, sans méconnaître le charme et le mérite des grandes beautés régulières, nous leur préférons les beautés libres et hardies. Tels sont donc les deux aspects sous lesquels nous apparaît la théorie classique; tels sont les principes qui guideront notre critique dans la discussion qui va suivre.

La théorie littéraire que nous dégageons de l'*Histoire de la littérature française* de M. Nisard se compose, selon nous, de deux parties distinctes: l'une solide, élevée, incontestable, susceptible d'une large application; l'autre sujette à controverse, et qu'on peut, sans trop d'injustice, accuser d'esprit de système. Ces deux parties de la même théorie, ou, pour mieux dire, ces deux théories distinctes sont tellement mêlées entre elles, que ni l'auteur ni ses critiques n'ont pris l'habitude de les séparer. C'est ce travail que nous essayerons de faire ici.

Voici d'abord ce que j'appellerai la première théorie de M. Nisard. Toute œuvre littéraire vraiment belle doit avoir pour fond « certaines vérités générales exprimées dans un langage parfait ». Ce qui touche tout le monde, ce qui touche éternellement, ce qui est vrai partout et toujours, voilà le beau. Encore aujourd'hui, les adieux d'Andromaque et d'Hector, la prière de Priam aux pieds d'Achille nous touchent profondément. C'est que ce sont des scènes aussi vraies, aussi jeunes aujourd'hui qu'au temps d'Homère. Il n'est pas nécessaire d'ailleurs que toutes les beautés littéraires soient d'une aussi grande généralité ; mais la solidité et la durée des œuvres seront toujours en raison de cette généralité même. Au contraire, tout ce qui n'intéresse qu'un temps particulier, un lieu particulier, quelques hommes, quelques professions, tout ce qui a besoin de commentaires pour être compris et goûté (je ne parle pas de l'intelligence des textes), tout ce qui se rapporte à des usages disparus, à des habitudes spéciales et locales, peut plaire à des érudits, ou a pu plaire dans un temps donné, mais n'est pas universellement, éternellement beau.

D'ailleurs, il ne s'agit pas de toute espèce de vérités générales ; les vérités purement abstraites, dans lesquelles l'homme n'est pas intéressé, appartiennent aux sciences et non à la littérature : telles sont, par exemple, les vérités de l'algèbre. Les vérités littéraires sont nécessairement humaines ; elles ont rapport à la vie, aux sentiments, aux besoins de l'homme. Ce n'est pas à dire que les vérités scientifiques ne puissent entrer dans la littérature, mais c'est à la condition qu'elles se mêlent à des vérités humaines et qu'elles touchent à l'homme par quelques côtés, soit en lui exposant l'histoire de la terre, son domicile et son séjour, soit en lui décrivant le spectacle des astres, symbole et image du monde invisible dont son âme ressent l'éternel besoin, soit en lui peignant les mœurs des animaux, qui sont une image des mœurs humaines.

De plus, il y a deux sortes de vérités littéraires selon M. Nisard : les unes qu'il appelle simples ou philosophiques, par exemple la peinture des mœurs, des sentiments et des passions; les autres qu'il appelle morales, et qui sont des vérités de commandement. La réunion de ces deux ordres de vérités est le fond de toute grande littérature. Son objet, c'est l'idéal de la vie humaine dans tous les pays et dans tous les temps.

Il résulte de ces principes que tout ce qui est mode, caprice, tournure particulière d'imagination, esprit d'un temps, imitation factice, que tous ces éléments étrangers au beau, qui l'imitent ou qui le masquent, doivent être écartés par la critique littéraire, celle-ci ne devant s'attacher qu'à ce qui est humain, général et vrai. En cela, elle n'a qu'à suivre les indications que lui donne l'opinion elle-même, un instant attachée à de fausses beautés, mais qui finit toujours par s'en dégager, et ne conserve dans ses admirations que ce qui est solidement vrai et solidement beau. De là le prix qu'il faut attacher à la tradition en littérature, non sans réserve toutefois, car il peut arriver que la tradition ne soit que la continuation irréfléchie d'un faux goût.

La littérature française a ainsi passé à plusieurs reprises par certaines manies qui ont duré un jour, ont enchanté les ruelles ou les salons pendant une saison, et ont disparu chacune à son tour : le précieux, le galant, le grotesque, le pompeux, le pleureur, le voluptueux, le lugubre, l'imitation italienne, espagnole, anglaise, allemande, grecque, tous ces faux goûts ont successivement succombé ; mais à côté de ces fausses beautés il y en avait d'autres vraies, générales, durables, qui ont subsisté. C'est à faire ce partage que M. Nisard s'est attaché. Il poursuit toutes les fausses beautés partout où il les rencontre, et nous donne les raisons pour lesquelles elles ont succombé.

Cette théorie générale du beau littéraire, dont je néglige tous les développements, me paraît aussi solide qu'ingénieuse. Peut-être pourrait-on lui reprocher de ne pas faire la part assez grande à l'imagination dans les ouvrages d'esprit. Il ne faut point oublier que la littérature est un art, que ce qui distingue l'art de la science, ce n'est pas seulement la nature des vérités qu'il exprime, c'est encore la manière dont il les exprime, que son principal objet est de rendre le vrai ou l'intelligible par des formes sensibles, en un mot de parler au cœur, aux sens, à l'imagination en même temps qu'à l'esprit. L'imagination (et j'entends par là tout mouvement donné à la pensée) n'est donc pas une condition accessoire ou subordonnée dans les œuvres littéraires : elle y est essentielle, comme la couleur en peinture. Seulement, elle y entre dans des proportions diverses selon la diversité des genres. Cette réserve faite, le principe des vérités générales me paraît un excellent critérium pour distinguer le bon et le mauvais dans les ouvrages de l'esprit. Il a même le mérite d'être d'une application universelle et de n'exclure aucun genre de beauté. Il peut s'appliquer à Goethe ou à Shakspeare aussi bien qu'à Racine ; il embrasse les beautés romantiques aussi bien que les beautés classiques.

Qu'y a-t-il en effet de beau dans le *Faust* de Goethe par exemple? C'est cette partie universelle et profonde que l'on peut saisir et comprendre dans tous les pays, quoique exprimée sous une forme particulière et par cela même plus vivante ; c'est la peinture des lassitudes de la science et des ardeurs du désir chez l'homme rassasié de doute, c'est Faust; c'est la peinture de la tentation ironique et de l'égoïsme infernal du cœur humain, c'est Méphistophélès; c'est enfin la peinture de l innocence sacrifiée et vaincue, et de la douleur sans bornes d'un cœur trompé, c'est Marguerite. Tout cela est grand, éternel, admirable pour tous. Pourquoi? Parce que c'est vrai, parce que c'est humain. A la vérité, ce n'est pas là l'homme du temps d'Homère, de même que la Phèdre de Racine n'est pas la femme du temps d'Homère; mais c'est l'humanité telle qu'elle s'est développée avec le temps, telle qu'elle existait déjà au temps où fut écrit le mystérieux, le sceptique, le mélancolique écrit de l'*Ecclésiaste*.

Telle est la première théorie de M. Nisard. Elle est tout entière dans ce célèbre hémistiche de Boileau :

> Rien n'est beau que le vrai.

Mais bientôt à cette théorie s'en ajoute une autre, le plus souvent mêlée et entrelacée avec la première, mais qui, à mon avis, est très-différente. Par une substitution insensible de termes, la raison, loi suprême du vrai et du beau, devient peu à peu, pour M. Nisard, la discipline, la tradition, la règle, l'autorité. Le principe des vérités générales cède la place à un nouveau principe : « la prépondérance de la discipline sur la liberté. » — « La liberté, dit M. Nisard, est pleine de périls et d'égarements, et la discipline ajoute à la force réelle ce qu'elle ôte de forces capricieuses et factices ». Dans cette nouvelle théorie, la raison se resserre peu à peu; elle se restreint au « sens commun ». Au nom du sens commun, M. Nisard combat de toutes ses forces ce qu'il appelle le sens propre, c'est-à-dire la raison individuelle, c'est-à-dire encore la liberté. De ce nouveau principe, il tire cette conséquence : « que l'homme de génie ne doit être que l'organe de tous et non une personne privilégiée ayant des pensées particulières », que « c'est celui qui dit ce que tout le monde sait », qu'il n'est que « l'écho intelligent de la foule ». Il croit pouvoir affirmer que c'est là surtout le caractère du génie en France, et c'est la raison pour laquelle il préfère notre littérature à celle de tous les autres pays, même à la littérature grecque, « qui a fait trop de part à la vaine curiosité et aux spéculations oiseuses », c'est-à-dire qui a produit Platon et Aristote, et qui a eu le tort « d'être plus favorable à la liberté qu'à la discipline ».

Voilà la seconde théorie de M. Nisard, et, par l'exposition seule que nous venons d'en faire, on voit à quel point elle diffère de la première : quelques observations rendront cette différence tout à fait visible.

La raison n'est pas la discipline, et la discipline n'est pas la raison. Souvent il est très-raisonnable d'échapper à la discipline, parce que telle discipline peut ne pas être raisonnable. Lorsque Molière se moquait de la médecine de son temps, lorsque Boileau raillait l'arrêt du parlement de Paris sur la philosophie d'Aristote, lorsque Descartes écrivait le *Discours de la méthode*, tous se révoltaient contre la discipline au nom de la raison. Ils attaquaient, direz-vous, la fausse discipline, la fausse autorité; ils y substituaient la vraie. Il y a donc une vraie et une fausse discipline, et qui juge entre elles? C'est la raison. Ainsi la raison juge de la discipline : elle lui est donc supérieure et ne se confond pas avec elle. Il y a plus : parmi les règles de la nouvelle discipline cartésienne, quelle est la première? C'est celle qui recommande et même ordonne l'examen, c'est-à-dire le libre exercice du jugement. Voilà donc la raison qui proclame la liberté. Elle n'est donc pas la prépondérance de la discipline sur la liberté.

Par une autre traduction du même genre, M. Nisard confond souvent la raison et la tradition; ce sont encore deux choses très-différentes. La raison se compose de toutes les vérités, les unes anciennes, les autres nouvelles, les unes transmises, les autres découvertes; mais la tradition n'est autre chose que l'ensemble des vérités transmises, quelquefois même des préjugés. Elle n'est donc pas toute la raison. J'accorde qu'il ne faut pas, en littérature ni en philosophie, sacrifier les vérités acquises aux vérités à découvrir : là est la part de la tradition; toutefois, il ne faut pas tarir la source des vérités nouvelles, car là est l'origine de la tradition future. Si personne n'avait jamais rien inventé, il n'y aurait pas de tradition. J'ajoute que la tradition n'est pas la même chose que la discipline : il peut très-bien y avoir une discipline nouvelle, sans relation avec le passé; elle n'aurait pas de tradition. C'est là un des caractères de l'esprit français; tout s'y fait par coup d'État. En littérature, tout commence *à priori*. Ce sont des codes, des préambules, des préfaces. Rien n'est moins traditionnel.

Je ne puis non plus sacrifier, comme le demande M. Nisard, le sens propre au sens commun, la raison individuelle à la raison générale, car d'où vient le sens commun, si ce n'est de la réunion de tous les sens individuels qui ont successivement contribué à le former? L'homme de génie, dites-vous, n'est que l'écho de la foule; mais cette foule elle-même, je le demande, où a-t-elle pris cette somme générale de vérité et de raison que l'écrivain supérieur viendrait à son tour exprimer? N'est-ce pas par le travail d'un grand nombre de raisons individuelles, qui ont cherché chacune le vrai à leurs risques et périls et ont mêlé peut-être beaucoup d'erreurs à quelques vérités? Les erreurs ont disparu, les vérités ont surnagé, et de ces vérités éparses, qui se rassemblent et se concilient comme elles peuvent, se forme peu à peu la raison générale, le sens commun. Ce que vous appelez d'ailleurs la raison est une pure abstraction; ce qui existe réellement, c'est ma raison, votre raison, la raison de Pierre ou de Paul. Chacune de ces raisons cherche à apercevoir une parcelle de vérité, et, si cette somme de vérités augmente, c'est à la condition qu'il y ait de ces chercheurs que vous appelez des chimériques ou des utopistes, qui ne trouvent pas toujours ce qu'ils cherchent et trouvent ce qu'ils ne cherchent pas. Christophe Colomb croyait avoir découvert les côtes de l'Asie : il a, sans le savoir, découvert l'Amérique; est-ce un utopiste?

Je prendrai, pour éclaircir ma pensée, un exemple emprunté à l'histoire religieuse, mais que l'on me permettra de considérer sous un point de vue tout profane et tout littéraire. De quoi se compose la raison de Bossuet suivant M. Nisard, et ce grand bon sens qu'il admire à si juste titre? Il nous le dit : de deux ordres de vérités empruntées les unes à l'antiquité classique, les autres à l'antiquité chrétienne. Eh bien, représentez-vous un instant la raison antique, cette mâle et solide raison, telle que l'avaient faite Platon, Démosthènes et Cicéron. Représentez-vous le sens commun de l'antiquité dans quelqu'un de ses plus solides et de ses plus ingénieux représentants, et mettez entre les mains de cet excellent esprit l'un de ces écrits fugitifs, rapides, concis et obscurs, que l'apôtre enflammé d'une secte nouvelle envoyait alors à ses frères dispersés; en un mot, donnez à lire à Quintilien ou à Pline le Jeune les épîtres de saint Paul : ou je me trompe fort, ou ces étranges écrits, si éloquents pour nous malgré le mystère dont ils sont voilés, paraîtront au philosophe et au rhéteur antiques des prodiges de folie. Et cependant n'y avait-il pas là une source nouvelle de sagesse, une source de vie, un flot d'idées, de sentiments et de vertus incompréhensibles à l'antiquité, et qui devait l'engloutir, au moins pour un temps? Certainement Pline et Quintilien avaient le droit de se considérer comme les représentants de la raison générale, de la raison commune, contre ce sens propre et individuel qui se disait inspiré. Telle était la décision que devait rendre le bon sens d'alors. Et cependant cette raison individuelle est devenue la source d'une raison nouvelle, la raison chrétienne, et c'est la folie de saint Paul qui est le principe de la sagesse de Bossuet.

M. Nisard a donc, à ce qu'il nous semble, deux principes, deux genres de critérium qu'il applique tour à tour, croyant toujours appliquer le même : c'est d'une part le principe des vérités générales, et de l'autre le principe de la discipline. Quand il applique le premier, c'est-à-dire quand il se contente de rechercher dans les écrits les vérités qu'ils contiennent, sans distinguer si ce sont des vérités de tradition ou des vérités d'invention, des vérités de discipline ou des vérités de liberté, sa critique est large et sûre, à la fois souple et forte : elle rajeunit les sujets les plus épuisés par la manière mâle et solide dont elle les relève ; mais, quand il applique le second de ces principes, le principe de la discipline, sa critique prend quelque chose de partial, de jaloux, je dirais presque d'étroit : on sent que ce n'est plus de la critique absolue, mais de la critique relative faite pour un temps, pour combattre certaines passions, pour défendre certains écrits : c'est une critique de combat. Ce n'est plus la raison toute seule qui juge : c'est la raison unie à une certaine humeur, à une certaine passion, à un certain tour d'esprit, c'est de la critique personnelle. En un mot, des deux principes dont se compose la théorie de M. Nisard, on peut se servir du premier pour démêler ce qu'il y a d'excessif et d'insuffisant dans le second.

CHAPITRE II.

LA LITTÉRATURE DU XVIIe SIÈCLE.

Le principe des vérités générales a conduit M. Nisard à concevoir l'histoire de la littérature française d'une manière originale et féconde, et lui a inspiré une idée qui est comme la trame de tout son livre et qui lui assure une valeur philosophique. Son véritable héros ce n'est pas tel ou tel écrivain, ce n'est pas Boileau, Racine ou Bossuet, c'est ce qu'il appelle *l'esprit français*, qu'il représente comme un type, Platon dirait comme une *idée* à laquelle participent plus ou moins tous nos grands écrivains, et dont ils sont les diverses expressions. L'esprit français, tel que le conçoit M. Nisard, est une certaine raison, non spéculative, mais pratique, qui ne se laisse dominer ni par l'imagination ni par la sensibilité, mais qui n'est cependant pas une raison froide et abstraite, qui se colore et s'anime, sans jamais s'emporter, qui partout cherche le vrai, mais le vrai aimable, séduisant, charmant, non pas le vrai arbitraire des métaphysiciens, ou le vrai absolu et abstrait du savant, mais ce vrai solide et éprouvé de la vie mondaine, de la vie pratique, de la vie morale. C'est une raison qui ne rompt jamais en visière avec le sens commun, sans être esclave cependant d'aucun préjugé; qui cherche dans le beau l'idéal et le général, sans se payer cependant du servile et du banal, qui met au-dessus de tout intérêt l'homme et le genre humain, et qui obéit à la règle, sans jamais décourager la liberté.

Ce type de l'esprit français une fois formé dans son esprit, M. Nisard en a montré le développement et, comme on dirait en Allemagne, l'évolution dans l'histoire de notre littérature; sans avoir jamais eu, à notre connaissance, le moindre commerce avec la philosophie de Hegel, M. Nisard semble en avoir imité le procédé en nous montrant *l'idée* de l'esprit français s'enrichissant successivement dans chaque nouvel écrivain, d'un trait nouveau, d'un caractère nouveau qui manquait au type; il nous montre cette idée passant par degrés de l'abstrait au concret, du simple au composé; il nous en montre l'éclosion au XVI° siècle, l'épanouissement au XVII° siècle, la décadence, coïncidant toutefois avec un nouvel enrichissement, au XVIIIe. A ce point de vue, qui n'est guère celui de la critique classique d'autrefois, les grands écrivains de la France perdent en quelque sorte leur individualité; ils ne sont que les *moments* différents de l'évolution de l'idée : ils en expriment les diverses étapes. Rabelais, Calvin, Montaigne, Malherbe, Corneille, Descartes, Pascal, Racine et Boileau, Molière et Lafontaine, Bossuet et Fénelon, Voltaire et Montesquieu, sont l'un après l'autre les divers oracles par lesquels s'exprime ce dieu caché, ce dieu interne qui est l'esprit humain, sous la forme de l'esprit français. Cette pensée fondamentale de l'auteur donne à son livre une grande force et une grande unité; on peut trouver sans doute que cette manière abstraite de juger les œuvres et les écrivains conviendrait mieux à un métaphysicien qu'à un critique. On ne cherchera pas dans son livre les analyses biographiques et psychologiques d'un Sainte-Beuve, ni la critique précise et pratique d'un Laharpe ou d'un Voltaire, ni les grandes vues de littérature comparée d'un Villemain, ni les applications morales d'un Saint-Marc-Girardin, ni les méditations individuelles d'un Sacy. Non; l'esprit de ce livre, sa force, son intérêt, c'est la théorie.

M. Nisard n'a pas cherché à refaire ce qui avait été si bien fait à côté de lui; mais aussi personne n'avait fait ce qu'il a essayé de faire et ce qu'il a fait en partie : une philosophie de la littérature française.

Cette philosophie, nous l'avons vu, serait la nôtre, s'il ne s'y mêlait pas deux points de vue de nature opposée et presque contradictoire : l'un, vraiment philosophique, qui ramène le beau à la part de généralité et de raison que contiennent les ouvrages d'esprit : l'autre, que je me permets d'appeler peu philosophique, et qui mesure la beauté et la vérité des écrits au degré de leur conformité avec les opinions moyennes, qui composent ce qu'on appelle à tort ou à raison le sens commun. M. Nisard, par son goût pour la raison générale, a un peu trop oublié ce que cette raison générale doit à la raison individuelle; il a trop préféré la raison qui conserve à la raison qui découvre; surtout il n'a pas fait la part qui convient en littérature à l'imagination inventive, et il a trop méconnu la part du génie personnel des écrivains.

Donnons quelques exemples de cette double critique, d'un côté large, éclairée, vraiment philosophique, de l'autre trop restreinte et trop circonspecte, trop jalouse de maintenir au détriment du libre génie, la règle et l'autorité.

Il y a deux écrivains au XVIIe siècle que M. Nisard nous paraît avoir très-bien jugés. C'est Descartes et Pascal. Il est le premier qui ait donné une place aussi grande à Descartes dans l'histoire de notre littérature. On lui en a fait un reproche ; on a dit que c'était une exagération, que Descartes n'a pas tant de mérite littéraire, que de son temps personne ne l'avait jamais cité comme un écrivain. C'est prendre là le petit côté des choses. Peu importe que Descartes soit ou non un habile écrivain (il l'est cependant, et la première partie du *Discours de la méthode* est un chef-d'œuvre d'esprit, de naïveté, de grandeur); là n'est pas la question. Dans une théorie littéraire qui partout fait prédominer le fond sur la forme et demande d'abord aux écrivains non comment ils ont écrit, mais comment ils ont pensé, dans cette théorie, la première place était due à celui qui nous a appris à penser, et à préférer la raison à toutes choses. J'approuve donc que M. Nisard ait donné une grande place à Descartes, et le jugement qu'il en porte me paraît de tous points excellent. Seulement, on peut demander à M. Nisard : Au nom de quel principe jugez-vous

Descartes? Est-ce au nom du principe des vérités générales? Rien de plus légitime alors que votre admiration; que de vérités en effet dans ce grand penseur malgré ses erreurs! Est-ce, au contraire, au nom du principe de la tradition, de la discipline, du sens commun? Il faut alors abandonner Descartes, car il représente précisément le principe contraire, le principe de la liberté, du sens propre, de la raison individuelle.

Quelle est la méthode de Descartes, méthode que M. Nisard approuve sans réserve? C'est l'examen : « Ne rien admettre pour vrai que ce qui me paraîtra évidemment être tel. » Quelle est la première application de cette méthode? C'est le doute, non pas ce doute mitigé qui, laissant subsister le fond de nos croyances, s'arrête seulement devant nos opinions, mais un doute absolu, qui embrasse tout, qui détruit tout pour tout reconstruire. Son ambition, il le dit lui-même, était de réformer ses propres pensées, « et de bâtir dans un fonds qui fût tout à lui ». Sans doute, il continue à se soumettre extérieurement aux lois de la société; il révère les dogmes de la religion; il se fait une morale provisoire empruntée aux opinions moyennes des mieux sensés : tout cela est de sens commun; mais c'est la moindre partie de lui-même que Descartes abandonne ainsi. Le meilleur, c'est-à-dire sa raison, n'a d'autre règle qu'elle-même : elle ne se soumet qu'à l'évidence. Ni autorité, ni tradition, ni maître, ni sens commun, ne lui sont rien. On peut même penser que Descartes a trop rejeté la tradition et l'autorité. Sa rupture avec le passé est évidemment trop radicale. Son doute hyperbolique, comme il l'appelle, et qui porte sur les principes mêmes de la connaissance, est un doute extravagant, dont on ne peut plus se débarrasser, quelque effort qu'on fasse : semblable à ce balai enchanté qu'un novice magicien avait dressé à porter de l'eau, mais qu'il ne put désensorceler, et qui finit par l'inonder.

Descartes est donc un écrivain du sens propre. Sans doute il ne l'est pas à la manière de Montaigne, et M. Nisard a finement et justement fait ressortir cette différence. L'un obéit à son humeur, l'autre à sa raison; mais remarquez bien que c'est à sa raison qu'il obéit et non à la raison commune. Et, d'ailleurs, cet amour du spéculatif, cet isolement de toute société, ce retranchement des intérêts et des sentiments humains, tout cela, n'est-ce pas aussi une sorte d'humeur, une manière d'être individuelle? Personne n'a jamais été moins dans la règle commune que Descartes : ni sa personne, ni sa pensée, ne sont les expressions du sens commun. En un mot, si Bossuet est l'idéal du vrai, il faut que Descartes soit l'idéal du faux, car l'un est le contraire de l'autre : l'un représente le sens propre, l'autre le sens commun; l'un la liberté, l'autre l'autorité; l'un les droits, l'autre les limites de la pensée.

Pascal est encore un de ces écrivains que M. Nisard aime, admire, juge en perfection, et qui néanmoins se concilient très-difficilement avec son principe de la discipline et du sens commun. Est-il au monde une manière de penser plus personnelle, plus individuelle que celle de Pascal? Et cette fois il ne s'agit pas d'une raison pure et tout abstraite comme celle de Descartes, il s'agit d'une raison mêlée à l'humeur, à la passion, à tout ce qui fait l'éloquence. A-t-on jamais, je le demande, conçu la religion de cette façon et sous cette forme étrange et audacieuse? Je ne parle pas des *Provinciales* où Pascal, avant Voltaire, a soumis la théologie au bon sens; je parle des *Pensées*. Or, M. Nisard admire les *Pensées* autant que qui que ce soit, et ce grand sujet, qui a inspiré les écrivains les plus illustres de notre siècle, Chateaubriand, M. Cousin, M. Villemain, M. Sainte-Beuve, a inspiré encore à M. Nisard quelques-unes des pages les plus heureuses et les plus fortes que l'on ait écrites sur ce grand sujet. Cependant, s'il était rigoureusement conséquent, M. Nisard devrait avoir le courage de sacrifier Pascal, comme il a fait pour Fénelon, à la règle de la discipline. Ou bien il faut reconnaître qu'il y a un genre de beautés dont l'ordre et la règle ne sont pas le principe, ou il faut condamner les *Pensées* de Pascal comme une œuvre déréglée où quelques beautés sublimes ne compensent pas le dangereux exemple d'une raison fière et solitaire, qui dans l'obéissance même a tous les caractères de la révolte, et, tout en se soumettant, ne veut se soumettre qu'à sa manière et ne servir que comme un roi vaincu. Je trouve donc dans l'admiration même, si bien motivée, de M. Nisard pour Descartes et Pascal un démenti donné à sa théorie de la discipline et à son goût de la règle. Ici l'une de ses deux théories est mise en échec par l'autre; son goût naturel, si sûr et si droit, s'est affranchi du joug de ses propres principes, ou du moins de l'un d'entre eux.

C'est encore à l'aide du principe des vérités générales que M. Nisard a défendu et relevé, avec courage et avec le plus ferme bon sens, le génie un instant dédaigné de nos grands poëtes classiques. Quelques personnes, dupes encore des préjugés d'un autre temps, lui en feraient volontiers un reproche. Pour moi, je l'en loue de tout mon cœur, car vraiment n'était-ce pas une chose triste de voir, comme on l'a vu il y a trente ans, un grand pays se dépouiller de gaieté de cœur de toutes ses admirations et de toutes ses gloires, et les sacrifier à des dieux étrangers? Que dirait-on si l'on voyait aujourd'hui l'Italie répudier avec mépris Raphaël, Léonard de Vinci, le Guide, le Corrége, pardonner à peine à Michel-Ange en faveur de ses défauts et n'avoir d'enthousiasme que pour les peintres du Nord, Rubens, Van Dyck et Rembrandt? Tel fut cependant le spectacle que donna la France il y a une trentaine d'années : elle jouait, sur des promesses incertaines et sur l'espérance de chefs-d'œuvre futurs non encore éclos, tout son passé littéraire et cette gloire même que l'Europe entière avait consacrée. M. Nisard a relevé le drapeau de notre poésie classique, et il a bien fait. C'est une des choses dont le goût public doit lui savoir le plus de gré; mais ici encore je ferai quelques réserves, et, si j'admire ces poëtes, c'est à titre de poëtes vrais et non de poëtes disciplinés. M. Nisard, d'ailleurs, les défend par le premier de ces motifs beaucoup plus que par le second.

C'est surtout sur la poésie tragique que le débat entre les deux écoles avait été vif et prolongé, et voici la théorie qui s'était peu à peu formée et répandue. Le théâtre tragique du XVIIe siècle, disait-on, est un théâtre artificiel, froide imitation de l'antiquité, et qui recouvre d'un vernis de cour et d'une pompe de convention les fables et les histoires d'un autre âge. Cette théorie une fois admise, on accordait que Racine et surtout Corneille ne manquaient pas de génie, mais que ce génie avait été enchaîné et gâté par un faux système. La conséquence assez claire de ces principes, c'est que la France n'avait pas de théâtre, pas plus que d'épopée. Voici au contraire la théorie solide et profonde que je recueille, en la développant, dans les analyses et les observations de M. Nisard sur Corneille et Racine.

Rien n'est moins exact que de représenter le théâtre français comme une imitation du théâtre grec. Les ressemblances sont beaucoup plus apparentes que réelles. L'objet de la tragédie en Grèce, Aristote nous l'a dit, c'est d'exciter la terreur et la pitié. Prométhée, OEdipe, Oreste, Hécube, Électre, sont tous des personnages ou touchants ou terribles, en qui se manifestent les fureurs ou les cruautés du destin. Ajoutez à ce premier caractère que ce théâtre est à la fois religieux et national : ce sont des légendes sacrées et toutes grecques, mais touchantes et effroyables, que le génie d'un Eschyle ou d'un Sophocle développait dans une action simple, relevée et animée par le mélange des chœurs et de la musique. Tel est le théâtre grec, forme merveilleuse et sublime, mais non unique, du génie dramatique.

Le théâtre français n'est ni religieux ni national, il est humain; son objet, c'est la nature humaine, la vie humaine dans sa plus grande généralité. Il met en action les vérités les plus générales du cœur humain exprimées par les plus grands cœurs et par les âmes les plus passionnées. Ce n'est pas tout : la terreur et la pitié, qui étaient tout dans le drame grec, ne sont plus le principal objet du théâtre français. Cet objet, c'est la lutte de la passion et du devoir, ou du vice et de la vertu. C'est là l'invention, la création, l'originalité suprême du théâtre français. Nul peuple n'a conçu ce genre de drame, dont l'action est toute morale, qui néglige tous les accidents secondaires de la vie, tous les événements extérieurs, toutes les formes changeantes de l'humanité, pour peindre l'homme en général et surtout l'homme aux prises avec lui-même dans ce grand combat de la passion et de la vertu. Ce système dramatique pouvait donner naissance à deux formes différentes : dans l'une domine la vertu, dans l'autre la passion. Dans l'une, l'homme est décrit tel qu'il doit être, dans l'autre tel qu'il est ; mais ni les passions ne sont absentes dans Corneille, ni la vertu dans Racine. L'un est toujours grand et quelquefois touchant, l'autre est toujours touchant et quelquefois grand. A eux deux, ils expriment dans sa perfection et ils épuisent le système dramatique que nous avons analysé.

De ce caractère fondamental de notre drame, qui le distingue, comme on voit, si radicalement du théâtre grec (et même du théâtre anglais, le système de Shakspeare étant encore tout différent), de ce caractère naissent toutes les conditions particulières de notre théâtre : d'abord sa noblesse, son caractère idéal et héroïque. En effet, la lutte morale est ce qui donne à la vie humaine un aspect noble et imposant. Il a bien pu se joindre à cette noblesse essentielle de notre théâtre une noblesse tout extérieure qui avait son origine dans le goût du temps; mais ce n'est là qu'un goût accessoire et insignifiant, auquel on a donné à tort beaucoup trop d'importance. La même cause explique le choix des personnages et des sujets. Pourquoi des sujets si éloignés dans le lieu et dans le temps, pourquoi des personnages si haut placés dans la hiérarchie sociale, des rois, des princes? Racine nous le dit, c'est que le lointain du temps, du lieu, de la situation inspire le respect, *major a longinquo reverentia*. Des personnages trop près de nous ne se prêtent pas à l'idéal, ce sont des hommes, ce n'est pas l'homme. Notre théâtre, qui est en quelque sorte tout platonicien et qui sacrifie partout le sensible à l'intelligible, éloigne de nous ses personnages, afin qu'il n'y ait plus qu'une seule chose de commune entre eux et nous : le cœur. Enfin là est encore l'origine des unités, sur lesquelles on a tant déraisonné. En Grèce, les unités avaient leur origine dans la simplicité du génie grec. En France, elles ont un rapport étroit avec la conception même de notre drame. Le principal objet de ce drame étant la lutte morale, cette lutte est d'autant plus intéressante qu'elle est plus concentrée; de là l'unité d'action. M. Nisard a finement fait remarquer que les deux autres unités naissent naturellement de celle-là, et qu'une action, pour être concentrée, a besoin d'aller vite et d'avoir lieu dans un étroit espace. J'ajoute que, dans notre théâtre classique, l'unité de lieu et l'unité de temps m'ont toujours paru être tout simplement l'absence de lieu et l'absence de temps. L'esprit ne se porte pas sur ces deux objets. Le drame étant tout idéal, peu importe en quel lieu, en quel temps il se passe. Le concret ne tient dans notre système dramatique que la moindre place possible. Au contraire, il est tout dans le système anglais; de là la réalité du lieu et du temps dans les drames de Shakspeare, et de là, comme conséquence, la diversité des lieux et des temps.

Je comprends que la tragédie classique, telle que je viens de la définir et de l'expliquer, ait beaucoup de peine à plaire aux hommes de notre temps : c'est que nous préférons en tout le sensible à l'intelligible; pour que le cœur humain nous intéresse, il faut qu'il soit mêlé à des événements réels plus ou moins semblables à ceux que nous connaissons. De là notre passion pour les romans. Je comprends encore que l'on proteste contre ceux qui voulaient imposer d'une manière absolue à tous les pays et à tous les temps cette conception dramatique, qui est un des plus beaux types possibles de l'art tragique, mais non pas le seul. Ce que je ne puis comprendre, c'est que l'on ne sente pas l'extrême originalité, la profondeur de ce système, les rares et merveilleuses beautés que Racine et Corneille en ont tirées. Au lieu de les considérer comme des imitateurs, fidèles à un type convenu, je voudrais qu'on les montrât surtout comme des inventeurs qui n'avaient pas eu de modèles, si originaux qu'on n'a pu les imiter, et qu'ils ont emporté avec eux non-seulement leur génie, mais la forme même dans laquelle ils l'avaient exprimé. S'il y a un poëte dans le monde qui ne ressemble à aucun autre, c'est le grand Corneille : j'en dirais autant de Racine, si Virgile n'avait pas existé.

On le voit, c'est à l'aide du principe des vérités générales que M. Nisard a si bien pénétré le vrai caractère de notre génie dramatique : c'est en cherchant dans le drame, non la vérité extérieure ou la vérité de costume, mais la vérité morale, idéale, éternelle, qu'il nous a montré combien ce théâtre est beau. Vienne maintenant sur la scène un artiste de génie, un Talma, une Rachel (que n'a-t-on pu les voir ensemble !), que ces grands interprètes nous donnent un vrai Corneille, un vrai Racine dans toute leur noblesse et leur simplicité, que cette poésie si profonde et si délicate, si mâle et si savante, trouve une expression digne d'elle ; et, malgré nos préjugés, malgré les corruptions de notre goût, malgré quelques défauts inséparables du génie humain, nous nous reconnaîtrons dans le Cid, dans Chimène, dans Polyeucte ou dans Andromaque, dans Auguste et dans Agrippine ; nous y reconnaîtrons nos passions ou nos vertus embellies et agrandies, et nous applaudirons encore à cette image idéale de nous-mêmes, comme si ces immortelles créations étaient nées d'hier.

Dans tous les jugements de M. Nisard que je viens de résumer et d'autres qu'il serait trop long de rappeler, je ne vois donc que l'application d'un seul principe, le principe des vérités générales. Quant au second, le principe de la tradition et de la discipline, M. Nisard semble l'oublier ou ne lui fait qu'une part secondaire et sans importance. Il n'en est pas de même dans d'autres appréciations qu'il nous reste à discuter.

Le principe de la discipline est représenté au XVIIe siècle, selon M. Nisard, par deux grandes autorités, Louis XIV et l'Académie française, et par deux grands écrivains, Boileau et Bossuet. Une foi excessive en ces deux autorités, une admiration presque superstitieuse pour ces deux écrivains, voilà ce qui, dans la doctrine littéraire de M. Nisard, me paraît provoquer le plus d'objections et nous commander le plus de réserves. M. Nisard attribue à Louis XIV sur la littérature française une influence presque aussi grande que celle de Descartes ; il lui consacre un chapitre aussi long, il lui donne autant d'éloges et presque les mêmes éloges : ils semblent être au même titre les représentants de l'esprit français et de la raison humaine. Or, je crois que l'on peut contester l'influence de Louis XIV sur les lettres françaises, et, dans les limites où elle a pu s'exercer, le bienfait de cette influence.

Louis XIV n'a pas eu sur notre littérature une aussi grande influence que le dit M. Nisard. Il n'en a pas eu d'abord sur Descartes, sur Corneille, sur Pascal, qui lui sont antérieurs, ni sur la Rochefoucault, ni sur Mme de Sévigné, ni sur la Fontaine ; il n'en a pas eu sur Fénelon, sur la Bruyère, sur Saint-Simon. Que lui reste-t-il ? Il a défendu Molière contre les courtisans : c'est là littérairement son plus beau titre de gloire ; mais a-t-il eu la moindre influence sur ce génie populaire et hardi, si grand et si simple, si profond et si familier, si français et si humain? Pas la moindre que l'on puisse saisir. Il a inspiré à Boileau le *Passage du Rhin;* mais M. Nisard dira-t-il, comme l'ancienne critique classique, que ce soit là le chef-d'œuvre de Boileau? Non sans doute, son goût naturel et pur sait bien que ce n'est pas dans la poésie de cour que Boileau est lui-même, que c'est dans la solide poésie bourgeoise, la poésie de la raison et de la conscience : là l'influence de la cour est nulle. J'accorderai que Racine a pu devoir une partie de sa noblesse, de son goût exquis et délicat, et sa connaissance des passions au commerce de la cour ; mais franchement la Champmeslé lui en avait appris bien plus sur les mystères du cœur que le spectacle plus ou moins intime des galanteries de Versailles. Enfin Bossuet est le dernier grand écrivain qui ait vu de près Louis XIV et qui ait pu ressentir son influence. Grâce au ciel le grand roi n'a pas eu assez d'empire sur ce merveilleux génie pour polir et discipliner cette imagination biblique et orientale, naïve et sublime. J'accorde qu'il lui a fourni l'occasion de faire des chefs-d'œuvre ; mais le génie a-t-il besoin d'occasions? Ne les trouve-t-il pas en lui-même? Pascal n'a pas eu besoin de Louis XIV pour trouver l'occasion d'écrire les *Provinciales* ou les *Pensées*. Enfin il est possible que le génie impérieux de Louis XIV ait passé jusqu'à un certain point dans le génie dominateur de Bossuet ; mais ce n'est pas ce que j'aime le mieux ni de l'un ni de l'autre.

Que Louis XIV et sa cour aient pu avoir quelque action heureuse sur le goût, je ne me refuse pas à l'admettre. Toutefois, après avoir fait la juste part à cette influence, je voudrais que l'on me dît en même temps ce qu'elle a pu avoir de fâcheux, ce que le goût du roi, noble sans doute, mais sec et froid, a pu retrancher de beautés libres et hardies à notre littérature. Un trait le résume : la création de Versailles. M. Nisard ici cite Saint-Simon : « Saint-Germain, dit celui-ci, offrait à Louis XIV une ville toute faite ; il l'abandonna pour Versailles, le plus triste et le plus ingrat de tous les lieux, sans vue, sans bois, sans eau, parce que tout y est sable mouvant et marécage ; il se plut à y tyranniser la nature et à la dompter à force d'art et de trésors. Il n'y avait là qu'un très-misérable cabaret ; il y bâtit une ville entière. » C'est là, nous dit M. Nisard, « le plus bel éloge des travaux de Louis XIV ». Je m'étonne de ce jugement dans cet esprit si juste et si droit. Eh quoi ! « tyranniser la nature » serait le comble du génie humain ! Abandonner Saint-Germain pour Versailles, c'était quitter le naturel et l'historique pour le nouveau créé à froid. Dans Versailles, je vois précisément l'amour du factice, le goût du despotisme exercé jusque sur une nature inerte, la haine et l'oubli de la tradition, le contraire enfin du génie libre et spontané. Après cela je ne veux point dire que Versailles ne soit pas une grande chose ; c'est une grandeur froide qui impose, mais qui éteint. Ce qu'il y a de plus beau d'ailleurs à Versailles, c'est la mélancolie de cette grandeur évanouie et déserte ; ce n'est pas là l'œuvre de Louis XIV.

C'est encore un excès du même genre que je trouve dans ce jugement de l'auteur sur l'Académie française. Il dit, à propos de ce grand corps : « La règle, en France, a précédé les chefs-d'œuvre ; la discipline a prévenu la liberté. » J'accorde que, pour la date, la création de l'Académie française est antérieure à la plupart des chefs-d'œuvre du XVIIe siècle ; mais y a-t-elle été pour quelque chose ? C'est là une autre question. Jusqu'au moment où l'Académie s'est trouvée remplie par les hommes de génie du siècle, par ceux-là mêmes qui ont fait les chefs-d'œuvre qu'elle aurait précédés, jusque-là, dis-je, l'Académie me paraît avoir eu bien peu d'influence sur les œuvres littéraires. Eh quoi! Chapelain, Conrart et tant d'autres oubliés auraient provoqué et dirigé les comédies de Molière et les tragédies de Racine? Les mauvais auteurs contre lesquels écrivait Boileau étaient de l'Académie française. Ici encore, la raison et la discipline ne marchaient pas ensemble. La discipline représentée par l'Académie était ennuyeuse, médiocre et sans goût; la raison représentée par Boileau était alors une indiscipline.

Boileau est la passion de M. Nisard. J'avoue que je partage assez volontiers ce goût suranné; seulement, je fais deux parts dans Boileau, et, comme un scolastique, je dis à M. Nisard : *Distinguo*. Lorsque je vois Boileau s'échauffer contre les mauvais ouvrages, comme si c'étaient de mauvaises actions, louer et célébrer avec foi et passion et avec une admiration désintéressée Racine et Molière, lorsque j'entends sa voix mâle et émue demander au poëte l'honnêteté, la dignité, la fierté du cœur, je l'aime et je l'admire avec M. Nisard, et je ne lui chicane pas le titre de poëte. Boileau n'est pas, comme on l'a cru, un poëte de cour ou un poëte académique : c'est un poëte vrai, plus fort qu'élégant, plus mâle que délicat, c'est une raison vivante, un cœur sans molle tendresse, mais plein d'ardeur pour la vertu. c'est une âme d'honnête homme. C'est le vieux bourgeois de Paris, non le bourgeois badaud comme l'Étoile, notant jour par jour ce qui se passe dans la rue; non le bourgeois railleur et frondeur comme Gui Patin, qui se dédommage dans les lettres familières du décorum des fonctions officielles; non le bourgeois pédant et esprit fort comme Naudé, qui fait le politique parce qu'il a été le secrétaire d'un cardinal italien; non le bourgeois naïf et licencieux, comme la Fontaine, qui flâne en rêvant; — c'est le bourgeois parlementaire, né près du palais de justice, ayant jeté aux orties le froc de la basoche, mais ayant conservé le goût des mœurs solides et des sérieuses pensées, le bourgeois demi-janséniste, quoique dévoué au roi, aimant Paris, peu sensible à la campagne, détestant les mauvais poëtes et les fausses élégances des ruelles et des salons, peu mondain, indifférent aux femmes, et par cela même un peu gauche, un peu lourd, mais franc du collier. Comment, vous critiques, qui regrettez sans cesse dans notre littérature l'élément gaulois et populaire, comment n'avez-vous pas vu que ce poëte est de race gauloise, de race populaire, que c'est là le Parisien, mais le Parisien à l'âge mûr, frère de Molière et de la Fontaine, quoique au-dessous. Par sa passion du vrai, par son horreur du faux, Boileau a instruit le goût public, et, s'il n'a pas formé les grands poëtes de son temps, qui auraient pu se passer de lui, il a rendu le public attentif et sensible aux beautés de leurs chefs-d'œuvre ; par là, il s'est associé à leur gloire, et avec justice.

Maintenant, lorsque Boileau, dans un ouvrage spécial et presque technique, nous donne en termes un peu froids des recettes pour faire des chefs-d'œuvre, lorsqu'il imite Descartes et fait en quelque sorte le *Discours sur la méthode* de la poésie, je crains qu'il n'ait donné au didactique plus que la poésie n'en peut supporter, et qu'il n'ait cru à la vertu des règles plus qu'elles ne le méritent. Ce rapprochement même si ingénieux et si vrai que M. Nisard établit entre Descartes et Boileau me fait pressentir ce que la poétique de celui-ci peut avoir de sec et d'étroit, car comment cet esprit de méthode, si excellent dans les sciences, serait-il en même temps bon pour la poésie, sans que celle-ci en fût un peu diminuée et refroidie ? Horace à la vérité a fait aussi un art poétique; mais ce sont les rhéteurs qui l'ont baptisé ainsi : pour lui, ce n'était qu'une *lettre aux Pisons*, lettre familière à des jeunes gens auxquels il donne des conseils en se jouant dans le langage de la plus libre et de la plus aimable conversation. Au contraire, dans l'*Art poétique* de Boileau, tout est solennel, méthodique, dogmatique : c'est évidemment un code. Or, la poésie a-t-elle besoin de code? Homère et Sophocle en avaient-ils un? Ce n'est pas qu'il faille dédaigner l'*Art poétique* de Boileau; les conditions saines et solides de toute poésie y sont vivement exprimées; mais j'ai besoin, après l'avoir lu, et pour ne pas oublier que la poésie est chose divine et légère, de relire la *Lettre à l'Académie française* de Fénelon.

J'aurais également, et même plus encore, à contredire dans le chapitre très-fort d'ailleurs et très-nourri que M. Nisard consacre à Bossuet. Il cherche quelle est la qualité distinctive de ce grand écrivain, et il trouve que c'est le bon sens, c'est-à-dire « la faculté de voir juste et de se conduire en conséquence ». J'accorde que Bossuet est éminent par le bon sens, que le bon sens est une belle et excellente chose, assez rare, quoi qu'en dise Descartes [1], surtout dans les vérités de cette hauteur. J'approuve l'ingénieux et hardi rapprochement que M. Nisard ne craint pas de faire entre Bossuet et Voltaire, supérieurs l'un et l'autre par le bon sens, l'un dans les vérités familières, l'autre dans les plus hautes vérités morales; mais enfin le bon sens suffit-il à constituer le génie? Au moins le bon sens de Voltaire s'est-il exercé à des vérités nouvelles et hardies; au contraire, en essayant de décrire le bon sens de Bossuet, M. Nisard s'attache surtout à prouver qu'il n'a rien découvert, qu'il n'a rien inventé. Il semble plutôt relever en lui des mérites négatifs que des mérites positifs; il le loue d'avoir évité les témérités en philosophie, en politique, en religion. Je veux croire que c'est un grand mérite de n'avoir pas fait de système métaphysique, de n'avoir inventé ni utopies ni hérésies; mais il est un grand nombre d'honnêtes gens qui sur ce point ne sont pas plus téméraires que Bossuet. Si le trait distinctif de Bossuet est le bon sens, je ne vois vraiment pas ce qui le distingue de Bergier, le solide apologiste

---

1. « Le bon sens (dit Descartes dans la première phrase du *Discours de la méthode*) est la chose du monde la mieux partagée. »

du xviiie siècle. Bergier avait du bon sens, il a défendu la tradition, il n'a pas été métaphysicien, ni utopiste, ni hérésiarque, enfin il n'y a pas en lui la moindre trace de l'esprit de chimère. Et cependant qui pense à Bergier ?

Je m'étonne que M. Nisard, dans son admiration pour Bossuet, ait à peine pensé à nous faire remarquer l'imagination de cet admirable écrivain. Eh quoi ! Bossuet est la plus grande imagination que nous ayons dans notre littérature, c'est une imagination biblique, homérique, grande, fière, simple, naïve, hardie, ayant toutes les qualités sans un seul défaut, et dans cet écrivain si surprenant, le premier de la France sans aucun doute, et qui n'a peut-être de rival dans toutes les littératures du monde que Platon, vous vous oubliez à nous faire admirer son bon sens, à nous montrer les limites de ses pensées, à lui faire un mérite de ces limites mêmes ! Je ne doute pas que, si M. Nisard eût été moins préoccupé de défendre dans Bossuet son principe de la discipline, il se serait attaché beaucoup plus à mettre en relief les qualités incomparables de Bossuet que des mérites secondaires et négatifs qui ne peuvent que nous refroidir.

Je suppose que c'est un scrupule de ce genre, et

la remarque faite après coup, que, pour avoir voulu trop louer Bossuet, il ne l'avait pas assez loué, qui a déterminé M. Nisard à revenir encore, dans son dernier volume, sur Bossuet, quoiqu'il ne soit cependant pas un écrivain du xviiie siècle. Massillon lui est une occasion de traiter de nouveau Bossuet comme sermonnaire, et cette fois il le loue surtout de la liberté de son génie. A merveille, voilà le vrai Bossuet supérieurement saisi ; mais il y avait donc quelque chose de nouveau à dire, et le premier jugement était incomplet.

Après avoir trouvé que M. Nisard ne loue pas assez Bossuet, je vais dire qu'il le loue trop, et qu'il lui fait en quelque sorte une place trop élevée au-dessus de l'humanité. Il nous dit par exemple « qu'il n'y a pas d'écrivain qui ait eu plus souvent et plus naturellement raison. Bossuet tombe toujours sur le vrai ». Cependant il reconnaît que Bossuet s'est trompé sur deux points : « Il s'est trompé quand il a cru le protestantisme incompatible avec de grandes sociétés réglées et prospères; il s'est trompé quand il a vu l'idéal des gouvernements dans la royauté absolue tempérée par des lois fondamentales. » Mais ce ne sont pas là deux petites erreurs, à ce qu'il me semble, et je ne crois pas qu'on puisse dire que celui qui les a commises soit toujours tombé sur le vrai. N'avoir pas deviné la grandeur des sociétés protestantes ni la grandeur des sociétés libres, c'est avoir eu les yeux fermés sur les plus grands faits des temps modernes, sur l'esprit moderne lui-même, tel qu'il est sorti du xvi° siècle, génie momentanément interrompu dans ses destinées par la halte glorieuse de Louis XIV, mais qui devait en avoir de tout autres que celles que rêvait Bossuet. Oserai-je dire ce qui l'a trompé? C'est que Bossuet ne savait pas l'histoire. « Quel paradoxe! s'écriera-t-on, Bossuet, l'auteur du *Discours sur l'Histoire universelle*, ne savait pas l'histoire! De quelle histoire voulez-vous parler? » Je m'explique : Bossuet savait l'histoire ancienne et l'histoire de l'Église; mais ces deux histoires ne lui servent de rien pour comprendre les temps modernes. Ce que Bossuet ne savait pas, ce qu'on ne savait pas de son temps, c'était l'histoire de notre pays, de ses crises, de ses révolutions, de ses institutions changeantes, autrefois libres dans une certaine mesure, peu à peu supprimées et absorbées par le pouvoir absolu; c'était l'histoire de l'Europe au moyen âge, au xv°, au xvi° siècle, dans ces temps où l'ordre politique des temps modernes s'était lentement et péniblement élaboré. Enfin dans ce magnifique *Discours sur l'Histoire universelle*, fait à l'usage d'un prince moderne et d'un prince français, il ne manque que deux petites choses : l'histoire moderne et l'histoire de France. En cela, Bossuet était bien du siècle de Louis XIV. Chose étrange, ce règne de la tradition n'avait pas de tradition ! Ce grand triomphe du génie français n'a pas pu nous laisser une histoire nationale ! Il a fallu la Révolution pour donner à la France le souci du passé et le sentiment de la tradition française. Sous Louis XIV personne ne s'intéresse aux âges précédents. La Fronde, bien entendu, est un événement perdu auquel on ne fait que de vagues et lointaines allusions : à plus forte raison a-t-on oublié le XVIe siècle. A peine parle-t-on de Henri IV, car il ne fallait pas qu'aucun nom pût effacer et ternir celui du grand roi. Ainsi ce règne de l'autorité a voulu, comme plus tard la révolution française, que tout datât de lui. La philosophie faisait table rase avec Descartes de tout le passé, la tragédie cherchait des héros dans la fable antique, dans l'histoire turque ou romaine, jamais en France. Ainsi nulle tradition en aucun genre, excepté en histoire ecclésiastique : hors de là, on sautait directement de Rome à

Louis XIV. Cette ignorance de la tradition dut enfanter, comme il arrive toujours, l'utopie. Il y a deux sortes d'utopies : l'utopie de ce qui est et l'utopie de ce qui peut être. On est utopique en considérant comme un idéal absolu et éternel l'état de choses dans lequel on vit; on l'est en rêvant un état nouveau : Bossuet est utopique de la première manière, Fénelon de la seconde. Ne saisissant pas l'origine historique et tout humaine du spectacle qu'il avait devant les yeux, Bossuet n'en vit que la beauté idéale, et crut y reconnaître une œuvre divine. L'ignorance et l'indifférence du passé lui fermaient les yeux sur l'avenir. Que dis-je? le XVIIe siècle ne pense jamais à l'avenir, et Bossuet, en cela, est encore l'interprète de son temps. Ce temps est comme Dieu : il vit dans un éternel présent, sans passé et sans futur.

Ce n'est pas seulement sur deux points particuliers que Bossuet me paraît s'être trompé : c'est sur tout un ensemble de faits qui, dans la politique, dans la science, dans la conscience, se sont produits à partir du XVe siècle, et qui, espérons-le, sont appelés à conquérir le monde. Tous ces faits se résument en deux mots : droit et liberté. « Là où Bossuet a manqué, nous dit M. Nisard, c'est de l'humanité et non d'un homme en particulier. Il n'y a eu ni chute par trop d'ambition, ni mauvaise foi, ni erreur de jugement, ni une volonté libre, à qui la passion fait prendre le faux pour le vrai : il y a eu l'impossible. Si je résiste à Bossuet, c'est pour obéir à Dieu. » Il me semble que les erreurs de Bossuet n'ont pas un caractère si particulier et si miraculeux. Sans doute, je ne lui en veux pas de ses erreurs : elles ne viennent ni de la mauvaise foi ni de l'amour-propre. Ne viendraient-elles pas cependant d'une sorte d'orgueil, de cet orgueil de domination que Louis XIV avait dans la politique et Bossuet dans la controverse ? N'avait-il pas, lui aussi, le besoin de régner, le goût du pouvoir absolu, une involontaire répulsion contre tous ceux qui s'affranchissaient de son empire ? Sa dureté à l'égard de Fénelon et de Malebranche pour des opinions toutes spéculatives, son allusion barbare à la mort de Molière, qui mourut, comme on sait, dans un dernier acte de dévouement pour ses pauvres compagnons de scène, le ton perpétuel d'autorité impérieuse avec lequel il décrète et promulgue ses pensées comme des lois et des dogmes, tout cela, dis-je, est-il absolument exempt de tout orgueil humain, et la vérité est-elle si hautaine et si insolente? Tels sont mes doutes à l'égard de Bossuet, et, si je les exprime, ce n'est point pour diminuer cette grande figure, mais par impartialité, et pour lui appliquer la même méthode de stricte justice que M. Nisard applique sans remords et sans scrupule à d'aussi grands hommes que lui.

CHAPITRE III

LA LITTÉRATURE DU XVIIIe ET DU XIXe SIÈCLE

Les théories précédentes semblent nous annoncer dans M. Nisard un juge sévère et prévenu du XVIIIe siècle. Défenseur de la tradition et de la discipline, comment goûtera-t-il ce siècle d'indépendance et de liberté? Il est évident que M. Nisard a vu le péril, et qu'en abordant le XVIIIe siècle il s'est imposé d'être équitable. On voit dans son livre une sorte de combat. Par le principe des vérités générales, il est accessible et sympathique à tout ce que le XVIIIe siècle a pu dire de vrai; mais en même temps, par le principe de la discipline, il se défie même de ses plus grands écrivains, et il est toujours plus près de la restriction de l'éloge; cependant, à peine a-t-il hasardé une critique, que sa raison et sa conscience lui font craindre d'être trop sévère, et le voilà qui loue de nouveau pour blâmer encore aussitôt après. Enfin, après une lutte assez prolongée, la passion contenue éclate à la fin : il est un écrivain qui paye pour tous les autres : c'est Jean-Jacques Rousseau.

Distinguons d'abord deux choses dans le xviiie siècle : la littérature proprement dite, et la philosophie, c'est-à-dire par là j'entends la prose sérieuse (histoire, science, politique). Pour ce qui est de la littérature, on ne peut que louer sans réserve tout le dernier volume de M. Nisard. Son goût littéraire n'a pas eu de peine à s'affranchir des banales admirations qui se retranchaient sous la protection d'une fausse tradition. Ce sera l'un des mérites de cet ouvrage d'avoir rejeté cette tradition et d'avoir fait avec précision le partage du vrai et du faux classique.

Il y a eu en effet en France un faux classique, non sans honneur et sans gloire, mais qui a nui au classique véritable en imitant et en discréditant les formes extérieures de celui-ci. Ce faux classique commence avec Jean-Baptiste Rousseau, et même, il faut le dire, avec les tragédies et *la Henriade* de Voltaire; il produit au xviiie siècle les tristes tragédies de la Harpe et de Marmontel, trouve plus tard un éclat, non tout à fait immérité, dans les poésies de l'ingénieux Delille, se lance dans les témérités avec Ducis, atteint l'apogée du médiocre et de l'ennuyeux avec la littérature impériale, jette ses dernières flammes et rend le dernier soupir avec l'aimable, le spirituel, l'élégant Casimir Delavigne. M. Nisard juge toute cette littérature de la manière la plus saine et la plus éclairée. C'est au nom du classique bien entendu qu'il critique, en y mêlant les éloges mérités, et les odes de Jean-Baptiste Rousseau, et les tragédies de Voltaire, et les comédies du XVIII° siècle : même dans un autre genre, il va jusqu'à baisser d'un degré le rang de Massillon. Enfin il est facile de voir que la critique classique s'est réconciliée avec la critique romantique dans ce que celle-ci avait de judicieux et de conforme au bon goût, lorsqu'on lit ce jugement si délicat et si juste de M. Nisard sur André Chénier : « Avec André Chénier, l'imagination, la sensibilité, le naturel rentrent dans les vers... André Chénier est le dernier-né des poëtes du XVII° siècle. Il est de ce beau temps des lettres françaises par la mesure, les images modérées et justes, par l'éclat doux et égal, par les beautés antiques pensées et senties de nouveau, par le style, où il a la noblesse du grand siècle sans en avoir l'étiquette. S'il eût vécu en ce temps-là, Boileau l'eût rendu peut-être plus difficile sur la correction; mais en retour il eût appris à Boileau un idéal de l'élégie et de l'idylle bien autrement aimable que celui de l'*Art poétique.* »

Cependant, quelque agrément et quelque intérêt que puisse avoir la littérature proprement dite au XVIII° siècle, il est clair que ce grand siècle n'est pas là, il est tout entier dans la philosophie et dans ces quatre hommes illustres : Voltaire, Buffon, Montesquieu et Rousseau. De ces quatre grands écrivains, il en est deux que M. Nisard me paraît avoir jugés avec une parfaite justesse : c'est Voltaire et Buffon; on lira avec plaisir et instruction les chapitres qu'il leur a consacrés, mais il est difficile de ne pas faire d'assez nombreuses réserves quant aux deux autres.

Le jugement de M. Nisard sur Montesquieu est plein de vues fines et neuves, il fait penser. L'auteur s'y montre sensible aux grandes beautés de ce noble génie, et on ne peut l'accuser de ne l'avoir pas goûté. Néanmoins, on est étonné des dispositions restrictives qu'il apporte presque à chaque ligne à son admiration. Pour les écrivains du XVII° siècle, il fait d'ordinaire un partage égal. Il commence par nous pénétrer de leurs beautés, et ne mêle rien d'abord à ses louanges : ce n'est qu'ensuite qu'il nous instruit en relevant leurs défauts ; mais ici l'approbation est sans cesse accompagnée d'un avertissement indirect, d'une demi-réserve, d'une discrète ironie, qui ne nous laissent pas jouir un seul instant en paix de notre admiration. Quelles que soient les réserves que l'on puisse faire au sujet de Montesquieu, il me semble que le premier hommage à lui rendre est tout d'abord de signaler son génie comme un des plus beaux qui honorent l'espèce humaine. Je ne voudrais pas le voir seulement comparé et balancé avec Bossuet ; je voudrais qu'on me le mît à part comme un homme de premier rang, qui est avant tout lui même ; je voudrais que l'on me dît que, dans cette science noble et excellente qu'on appelle la politique, Montesquieu n'est pas seulement le premier dans son siècle, mais l'un des premiers dans tous les siècles, et qu'Aristote excepté, il n'a ni supérieur ni égal. Que Bossuet, par son beau chapitre sur les Romains, puisse être comparé avec Montesquieu sur le même sujet, je le veux bien ; mais l'*Esprit des Lois*, à quoi le comparez-vous ?

M. Nisard critique finement ce grand livre en paraissant le louer. « La morale de l'*Esprit des*

Lois, nous dit-il, n'oblige le lecteur qu'à des vœux d'humanité, de justice, de liberté pour tous, qui l'acquittent à son insu de toute obligation particulière. Elle ne lui dit pas ce qu'il aurait à faire de sa personne pour que ces vœux fussent accomplis et pour mériter sa part dans le bien commun. Il est juste, libéral, humain, dès qu'il veut que tout le monde soit de même. De plus, le voilà en possession d'une faculté nouvelle : il appelle les rois, les ministres, les gouvernements à son tribunal; il ne pense plus guère qu'à juger, à décider, à charger tout le monde de devoirs dont il s'exempte. » Voilà une critique spirituelle d'un travers que nous connaissons : mais est-ce bien là une critique de l'*Esprit des Lois?* Il me semble que c'est exagérer le rôle de la morale que de vouloir qu'elle soit partout. Que de choses belles, bonnes, excellentes, dignes d'admiration, qui ne nous apprennent pas nos devoirs : la science par exemple et les beaux-arts! En lisant Newton et Buffon, en admirant Raphaël et Poussin, pensons-nous bien sérieusement à nous améliorer? Et même la littérature, dans son idée précise, a-t-elle bien ce but? est-il vrai que Racine nous apprenne à gouverner nos passions? A porter la question sur ce terrain, croyez-vous que l'on résisterait avec avantage aux objections de Bossuet, de Nicole, de Rousseau contre la comédie? Pourquoi donc tout juger au point de vue de la morale? Montesquieu ne nous apprend pas à dompter nos passions; mais ce n'est pas son objet : il nous apprend autre chose. Enfin, si nous acceptions ce nouveau critérium littéraire, je ne vois guère que les sermonnaires qui pourraient y résister.

Je vais plus loin, et je dis que dans Montesquieu il y a une morale que le XVII° siècle n'a pas connue : c'est la morale publique, la morale du citoyen. Pour le XVII° siècle, cette sorte de morale consiste à être un sujet obéissant, et cette morale de sujet avait fini par porter atteinte à la morale privée elle-même. C'est ainsi qu'on avait vu les parlements, ces vieilles citadelles de l'honneur bourgeois s'abaisser jusqu'à légitimer les enfants adultérins du roi, tant il est vrai que sans une certaine vertu civique la vertu domestique elle-même vient à succomber. Eh bien, Montesquieu nous apprend la vertu civique. « Il ne nous apprend pas, dites-vous, ce que nous aurions à faire de notre personne pour que ses vœux fussent accomplis ; » mais si vraiment, il nous l'apprend. Qu'on lise et qu'on relise les admirables chapitres sur la corruption des démocraties ; on verra quels sont les devoirs difficiles qui attendent les citoyens le jour où ils veulent être libres. On y apprendra comment l'amour de l'égalité devient la ruine de l'égalité même, s'il ne sait pas se renfermer dans ses vraies limites, si, non contents d'être égaux comme citoyens, nous voulons l'être comme fils et comme pères, comme jeunes et comme vieux, comme sujets et comme magistrats ; on apprendra encore combien l'obéissance à la loi est nécessaire dans un pays où la loi est faite par les citoyens eux-mêmes, comment la modération est le salut de tous les gouvernements, mais surtout des gouvernements populaires, enfin combien la probité est indispensable aux magistrats dans ces sortes de gouvernement. Si l'on peut trouver que Montesquieu obéit trop aux préjugés antiques en considérant la frugalité comme nécessaire aux démocraties, il lui faut accorder qu'une certaine mesure dans la jouissance, une certaine sobriété est la garantie de la liberté, et que là où l'on voit un amour désordonné des plaisirs des sens, la patrie et la loi courent bien risque de ne plus être que des objets de peu de prix. Telle est la morale que je recueille dans Montesquieu, et elle ne me paraît pas sans application. Est-elle efficace? direz-vous. A quoi je réponds : Celle de Bossuet l'est-elle davantage ? Au reste, en louant la morale de Montesquieu, je ne fais que développer ce que M. Nisard dit lui-même quelques pages plus loin. « Il peut se faire, dit-il, qu'on sorte du commerce de Montesquieu un peu trop content de son esprit, mais on en sortira toujours meilleur citoyen. »

En outre, on peut trouver que M. Nisard semble avoir trop à cœur d'effacer et d'amortir le rôle du réformateur dans Montesquieu. Il prend à la lettre ces paroles de sa préface : « Je n'ai pas naturellement l'esprit désapprobateur. » Il le loue d'avoir fait contre-poids par des idées de respect pour les choses existantes à l'esprit de censure qui s'attaquait au bien comme au mal. Enfin il nous dit que « Montesquieu, a paru plus près de vouloir le maintien des abus que le renversement de l'ordre établi ». Il nous semble, quant à nous, que Montesquieu n'est pas si conservateur que cela. A l'époque de l'*Esprit des Lois*, l'esprit de censure ne s'était pas encore déchaîné, comme il l'a fait à la fin du siècle. Il n'avait donc pas encore besoin de contre-poids. L'*Esprit des Lois* est lui-même, après les *Lettres persanes*, le commencement et un des premiers grands exemples de l'esprit de censure. Montesquieu a voulu autant qu'homme de son temps une société nouvelle, si nouvelle même que l'on peut encore désirer une partie de ce qu'il rêvait. Seulement, comme il avait plus de profondeur qu'aucun de ses contemporains on le critiquait et on le trouvait trop modéré, parce qu'on ne le comprenait pas.

Si l'on excepte la vénalité des charges, qu'un reste de préjugé domestique l'a conduit à ménager, et qui d'ailleurs était elle-même une sorte de garantie contre l'aristocratie [1], quel est l'abus que Montesquieu n'ait pas attaqué avec autant de force qu'aucun philosophe de son temps? Avant Voltaire et Beccaria, il a demandé la réforme de la pénalité. Avant Rousseau et Raynal, il a flétri l'esclavage. Avant l'*Encyclopédie*, il a plaidé la cause de la tolérance. Serait-ce dans la politique que Montesquieu se serait montré si plein de respect pour les choses existantes? Au contraire, tout ce qu'il a écrit sur la monarchie n'est qu'une censure

---

1. Richelieu lui-même, qui trouvait la vénalité détestable, la défendait cependant par cette raison. Il lui paraissait meilleur de recruter la magistrature par l'argent que par la faveur.

indirecte et amère du gouvernement de Richelieu et de Louis XIV, qui, « ayant détruit tous les pouvoirs intermédiaires », n'ont plus laissé d'issue « que l'état despotique ou l'état populaire ».

Enfin, parmi les grandes nouveautés de Montesquieu, comment oublier le principe de la liberté politique? On peut discuter dans la pratique sur le plus ou moins d'opportunité de cette liberté, sur les conditions plus ou moins larges qui lui seront faites; mais, dans l'ordre spéculatif, philosophique et moral, qui oserait nier que le principe de la liberté politique ne soit au nombre des quatre ou cinq plus grandes idées de l'esprit humain? La liberté est, avec la patrie, le devoir, l'âme, Dieu, l'une des premières inspirations de la pensée, du sentiment et de l'éloquence. Elle est donc une conquête dans une littérature. Or, cette grande idée, à qui appartient-elle parmi nous? Ce n'est pas à Voltaire, ce n'est pas à Buffon, ce n'est pas même à Rousseau, plus soucieux du pouvoir du peuple que de la liberté, ce n'est pas à Descartes, ce n'est pas à Pascal, ce n'est pas à Bossuet, ce n'est pas non plus à Fénelon, plus aristocrate que libéral. Ainsi le principe de la liberté appartient en propre à Montesquieu, au moins dans notre pays. En Angleterre même, Locke ne l'avait exposé avant lui que dans un livre solide sans doute, mais pâle, diffus et sans éloquence.

L'écrivain le plus sacrifié au XVIIIe siècle par M. Nisard est Jean-Jacques Rousseau. Il est facile de le comprendre : Jean-Jacques Rousseau, c'est l'esprit d'indiscipline et de révolte, c'est en outre l'esprit d'utopie; c'est en un mot tout ce qu'il y a de plus contraire au principe de la tradition et de la discipline. Ajoutez que, dans Rousseau, le faux est presque toujours mêlé avec le vrai, et qu'il se trouve par là en contradiction avec le principe des vérités générales. Aussi M. Nisard ne dissimule pas son éloignement pour cet écrivain. « Entre ceux qui aiment Jean-Jacques Rousseau, dit-il, et ceux qui ne lui rendent que justice, il se range décidément parmi les seconds. » Mais rend-on bien justice à ceux que l'on n'aime pas?

Cet éloignement de M. Nisard pour Jean-Jacques Rousseau le rend très-clairvoyant à l'endroit de ses défauts. La personnalité, la chimère, la moralité de tête, la sensualité, la déclamation, tels sont les vices que M. Nisard reproche à ce célèbre écrivain; et les plus sympathiques amis de Rousseau sont obligés de reconnaître que tous ces reproches sont fondés. Est-ce à dire que nous adhérions au jugement définitif de M. Nisard? Non, sans doute, car il nous semble que, s'il a relevé avec justesse les défauts et les travers de Jean-Jacques Rousseau, il n'a pas fait la part assez large à ses rares et fortes qualités.

M. Nisard a cependant signalé la plus grande nouveauté du talent de Jean-Jacques Rousseau, à savoir l'amour de la nature; mais peut-être n'en a-t-il pas assez fait ressortir l'importance. C'est là, à ce qu'il nous semble, une très-grande chose, et non pas un mérite de détail que l'on relève en passant. L'homme à qui nous devons en quelque sorte un nouveau sentiment n'a-t-il pas fait un bien grand don à l'espèce humaine? Je ne veux pas dire que Rousseau ait inventé l'amour de la nature, car on n'invente pas le cœur humain; mais il a senti si vivement et peint si énergiquement cette grande passion, qu'elle lui appartient comme en propre, ainsi que l'héroïsme à Corneille. Rousseau nous a découvert la Suisse, et a eu le premier l'idée des grandes beautés sauvages et naturelles. Au XVIe siècle, Montaigne, visitant la chute du Rhin, n'y trouve rien à remarquer, si ce n'est qu'elle « interrompt la navigation». Au xvii⁰ siècle, quelques auteurs, la Fontaine et Fénelon, aiment la campagne, et nous décrivent surtout les beautés aimables des prairies et des ruisseaux; mais la grande nature leur est inconnue. Rousseau en a été à la fois le peintre et le révélateur.

Un autre sentiment que Rousseau a également introduit dans notre littérature, c'est la mélancolie. La mélancolie, dira-t-on, est un sentiment de décadence : c'est un sentiment qui naît de la vue des ruines, du doute, du dégoût de la vie, c'est donc un sentiment peu viril et sans beauté. Je réponds : Il y a sans doute une mélancolie de décadence et de faiblesse, mais il y a aussi une mélancolie éternelle, très-convenable au cœur humain, composée à la fois, comme l'a très-bien défini M. Nisard, « d'amour et de dégoût de la vie », du sentiment de la vanité des choses uni à un désir insatiable d'être et de vérité; c'est le sentiment que l'âme éprouve en présence du problème de sa destinée, comme le disait M. Jouffroy. Ce sentiment ne se rencontre guère aux époques réglées, il a peu de place aux époques de dissolution et de désordre. Il naît à l'approche des ruines ou après elles. Rousseau est le premier écrivain du xviii⁰ siècle qui l'ait connu.

M. Nisard en fait honneur à Chateaubriand. Il l'admire dans *René*, et en toute justice; mais n'est-ce pas à Rousseau qu'il doit son origine? Les *Lettres à M. de Malesherbes*, les *Promenades d'un rêveur solitaire*, quelques pages des *Confessions*, ont donné les premières notes de ce chant plaintif que depuis nous avons entendu si souvent retentir, et que les générations froides et positives d'aujourd'hui commencent à dédaigner.

Il y a encore dans Rousseau un autre sentiment original et personnel, et en même temps durable et fécond : c'est le sentiment des beautés chrétiennes. Sans doute Rousseau était en dehors de la foi orthodoxe. Néanmoins, dans l'incrédulité de son siècle, avoir eu un sentiment si juste et si élevé du christianisme, n'est-ce pas le signe d'une âme largement douée pour le beau? Et ce n'est pas comme Chateaubriand la beauté poétique et littéraire du christianisme qui a touché Rousseau, c'est la beauté morale. « L'Évangile parle à mon cœur, » disait-il. Quel beau mot! combien il est profond et touchant! Quelles que soient les destinées des croyances dogmatiques, il y aura toujours des hommes qui pourront dire : « L'Évangile parle à mon cœur. » Ceux-là seront de race chrétienne, lors même qu'ils ne croiront pas à tout ce que croient les fidèles. Leur cœur sera avec le Christ, lors même que leur esprit est avec Descartes ou avec Kant. Avoir trouvé un nouveau sentiment chrétien séparé du dogmatisme, c'est encore une des nouveautés heureuses et bienfaisantes de Jean-Jacques Rousseau. C'est là une nouveauté dangereuse, dira-t-on, c'est séduire les croyants à l'infidélité. Non, car ceux qui ne seraient pas avec Rousseau seraient avec Voltaire, et la foi n'y gagnerait rien.

« Vous ne nous parlez, s'écriera-t-on, que de sentiments : où sont les principes, où sont les règles dans Jean-Jacques Rousseau? » Mais le sentiment est-il déjà une si petite chose? J'accorde d'ailleurs que la règle manque dans Jean-Jacques Rousseau. N'oublions pas cependant que cette idée, personne ne l'avait au XVIII° siècle. Montesquieu lui-même paraît avoir plutôt un sentiment juste des convenances qu'un respect réfléchi de la loi. Cela posé, il faudrait convenir que Rousseau avait le goût et l'instinct de quelque chose de meilleur que ce qui suffisait à son siècle : ni le plaisir seul ni les convenances, ne satisfaisaient cette âme gâtée mais généreuse. Je ne veux rien excuser de Jean-Jacques Rousseau; mais je reste persuadé qu'il avait un amour sincère, quoique mal éclairé, d'une certaine perfection morale. Il en avait le souci, il en était tourmenté, préoccupé. Or, ce souci moral, cette passion forcée de la vertu, qui était peut-être le sentiment douloureux de son impuissance morale, est encore chez lui quelque chose d'original dans un siècle où nul, excepté Vauvenargues, n'a éprouvé cette sorte de souci. Le XVIII° siècle n'a aimé passionnément que deux choses, le plaisir et l'humanité. Rousseau aimait quelque chose de plus. Était-ce son imagination? était-ce son cœur? Qui sera assez éclairé pour faire ce partage avec assurance et ne rien laisser à l'honneur de ce pauvre grand homme dans cette lutte misérable avec lui-même? Vous l'avez dit en parlant de Montesquieu : « Il lui a manqué d'avoir combattu et souffert. » Pardonnez donc à Rousseau, car il a combattu et il a souffert. Toute sa vie n'est qu'une souffrance, imaginaire si vous le voulez, mais non moins cruelle pour cela. De ces souffrances sont sorties les beautés les plus fortes de ses écrits : pardonnons-lui ce qui a fait son malheur et son éloquence.

Si des sentiments nous passons aux idées, je me demande s'il ne faut voir en Rousseau qu'un utopiste. En politique par exemple, il ne me paraît pas avoir été si utopiste que le dit M. Nisard. Au fond, qu'y a-t-il dans le *Contrat social ?* Le principe de la souveraineté du peuple. C'est à quoi se réduit ce livre célèbre. Eh bien, si je regarde autour de nous, et si je considère les principaux événements de l'histoire du monde depuis le *Contrat social*, il me semble que le principe de la souveraineté sort de plus en plus de l'utopie pour entrer dans la réalité des faits. Est-ce un bien? est-ce un mal? Je ne l'examine pas; mais j'interroge toutes les écoles politiques de notre temps, et il n'y en a pas une qui, soit pour louer, soit pour blâmer, ne résume l'état actuel de la société par le mot démocratie : c'est le mot du *Contrat social*. En éducation, Rousseau a répandu des principes dont on peut abuser, dont il abuse lui-même, mais qui sont d'une grande portée : laisser agir la nature et parler à la raison. En théologie, il a essayé de trouver un milieu entre la religion révélée et l'athéisme : à ceux qui ne verraient là qu'une chimère, je demanderai de vouloir bien nous dire avec précision lequel de ces deux termes extrêmes ils ont eux-mêmes choisi.

Enfin, dans une histoire littéraire, je ne voudrais pas oublier qu'il est en quelque sorte l'auteur du renouvellement littéraire de notre pays. Il a eu de mauvais imitateurs, soit; mais nos plus grands écrivains modernes ne viennent-ils pas de lui en droite ligne et par une filiation facile à saisir? Bernardin de Saint-Pierre, Chateaubriand, Mme de Staël, Lamennais, M. Cousin, Mme Sand, nos grand poëtes lyriques. Dans la politique aussi, on peut reconnaître son influence même chez ses adversaires les plus déclarés, — Royer-Collard, M. Guizot. Cette influence s'est étendue jusqu'à l'étranger, et l'on ne peut dire que Byron et Goethe ne lui aient rien dû. Une si puissante action ne peut s'expliquer que par un grand génie, génie auquel ont manqué la sérénité, la pureté, le naturel, mais qui ne doit pas être classé au dernier rang des grands hommes. Il n'y a pas de rang pour un génie de cette sorte. Il faut lui faire une place à part, et ne pas le comparer à d'autres avec lesquels il n'a pas de commune mesure.

En résumé, voici l'impression qui me reste du volume de M. Nisard sur le xviiie siècle : il comprend ce siècle, il en accepte, il en approuve les principes, il lui sait gré de les avoir répandus; mais c'est sa raison seule qui approuve, il n'aime pas. Ce siècle ne dit rien à son cœur, il ne parle qu'à son esprit. Pour nous, aussi sévère que M. Nisard pour les mauvais côtés du xviiie siècle, irréconciliable avec son

matérialisme et son sensualisme, nous en aimons la
philosophie sociale comme ayant ouvert un monde
nouveau à l'humanité. Notre siècle n'a qu'une foi,
la foi à la Révolution, c'est-à-dire au xviiie siècle; ne
la lui enlevez pas, vous lui ôteriez sa force et sa grandeur. Cette foi est aveugle, dites-vous, elle est grossière, elle est dangereuse; soit, il lui faut des cor-
rectifs et des contre-poids. Enseignez donc à ce
siècle-ci le respect de la tradition, l'intelligence du
passé, le goût de la stabilité, l'amour de ce qui dure,
rien de mieux. C'est le xviie siècle qui nous apprendra ces choses. Soyez l'interprète, l'avocat de cette
grande époque, et réveillez dans ma conscience le
goût de ces sortes de vérités que j'oublie trop, j'y
donne les mains; mais, pour me toucher, il faut que
vous partagiez ma passion, car vouloir que je sois
un contemporain de Bossuet qui accorde quelque
chose à Voltaire et à Montesquieu, voilà qui est
impossible : ce n'est pas là la réalité. Pour qu'il en
fût ainsi, il faudrait oublier trop de choses que nous
savons, en rapprendre d'autres que nous avons oubliées. La vérité est que nous sommes sortis du
xviiie siècle, que nous vivons de son esprit et de sa
flamme, là est notre véritable origine. Maintenant,
l'expérience et la réflexion nous apprennent que ce

siècle ne se suffit pas à lui-même, qu'il n'a pas en lui un principe d'ordre et de durée, que parmi les pensées du siècle précédent, s'il y en a qui ont pu disparaître avec le temps, il en est d'autres qui sont éternelles, et sans lesquelles aucun ordre de société ne peut durer. C'est ainsi que doit se concilier le débat entre ces deux siècles, qui répondent à deux besoins éternels du cœur humain : le besoin du mouvement et du progrès, le besoin de la stabilité et de la conservation. M. Nisard me paraît avoir très-bien exprimé ce compromis dans ce passage : « Si la pensée a eu quelque chose de trop timide au XVIIe siècle sur certaines matières de grande conséquence, le XVIIIe siècle y supplée et rend à l'esprit humain, avec la liberté, la vérité. Si c'est au contraire le XVIIIe siècle qui a été téméraire, le XVIIe siècle vient, avec sa science plus tranquille et plus mûre de l'homme, rabattre ces témérités et remettre les choses au vrai point de vue. »

C'est surtout dans le jugement de M. Nisard sur la littérature contemporaine depuis Chateaubriand jusqu'à nos jours, que l'on voit la différence de la nouvelle critique classique avec la critique de l'école impériale, fermée à toutes les beautés nouvelles et aussi injuste qu'aveugle pour les hardiesses heureuses de la littérature de notre temps. M. Nisard juge cette littérature non-seulement avec équité, mais avec une sympathie pénétrante. La critique novatrice elle-même, devenue sceptique avec le temps, serait à peine plus sensible que la sienne à toutes ces nouvelles beautés. Et même, à mesure que l'on s'éloigne de ces grands noms qui ont troublé et passionné nos pères, ils semblent eux-mêmes devenir à leur tour comme des classiques qui ont quelque besoin d'être protégés par la tradition contre les attaques irrespectueuses des nouvelles générations. C'est ainsi que Chateaubriand et Lamartine ont déjà perdu la plus grande part de leur faveur, et M. Nisard, en les louant, paraîtra plutôt au-dessus qu'au-dessous de l'admiration que l'on est disposé aujourd'hui à leur accorder.

Je le demande maintenant (pour revenir au point de dissentiment qui nous partage), quel principe guide M. Nisard lorsqu'il juge les œuvres contemporaines? Est-ce le principe des vérités générales? est-ce le principe de la discipline? A coup sûr, c'est le premier. Qu'y a-t-il en en effet de beau et de durable dans cette nouvelle littérature? Ce sont, ou des vérités descriptives, ou des vérités de sentiment intime, ou des vérités de peintures domestiques, ou enfin des vérités historiques, politiques, philosophiques : ce sont ces vérités nouvelles, exprimées dans une langue inégale sans doute et dégénérée, mais tantôt brillante, tantôt ardente, tantôt molle et mélodieuse, tantôt austère et nerveuse, qui assurent à la littérature du xix° siècle, malgré ses défauts, une sorte de solidité, et lui permettent de soutenir avec quelque honneur la comparaison avec les siècles précédents. Ainsi le principe des vérités générales explique les beautés de nos écrivains, il en explique aussi les défauts. L'abus du détail dans les descriptions, les sentiments trop particuliers et trop raffinés, les paradoxes de l'utopie, le spécial introduit dans l'histoire, enfin la disproportion de l'imagination et de la raison, c'est-à-dire la prépondérance de la forme sur le fond, et quelquefois le contraire, — tels sont les défauts qui ne permettent pas à la littérature contemporaine de se considérer comme classique. Tous ces défauts viennent de l'oubli du principe des vérités générales.

Appliquez maintenant à ces écrivains le principe de la discipline et de la tradition, nous n'en comprendrons plus les beautés. De quelle règle de Boileau peut-on faire sortir la poésie de Lamartine ou les romans de George Sand? A quelle discipline rapporter la poésie désolée d'Alfred de Musset et les charmantes fantaisies de ses comédies? De quelle tradition Augustin Thierry est-il parti pour renouveler l'histoire de France? Enfin comment veut-on que le génie soit soumis à des règles, puisque ces règles sont faites précisément après coup et d'après les œuvres du génie? Le génie est essentiellement créateur : il consiste à découvrir une part de vérité non encore aperçue et à l'exprimer dans une forme non encore essayée. Comment faire de cela une loi? Chaque génie se fait sa poétique à lui-même. Racine n'avait pas besoin de Boileau. Dans certains cas, la tradition et l'imitation éloignent du beau au lieu d'y conduire. On imite les hommes de génie en inventant comme eux. Lamartine est plus classique que Delille et Ducis. Sans doute il y a des époques plus ou moins favorables au beau; mais, à toutes les époques, c'est en recherchant le beau sous des formes nouvelles, inspirées par le génie du temps, que l'on peut n'être pas tout à fait indigne des grandes époques de l'art. L'imitation froide et convenue du classique en est précisément le contraire. M. Nisard est si peu dupe de cette sorte de tradition et de fausse discipline, qu'il ne mentionne même pas l'espèce de renaissance qu'a eue la tragédie classique il y a quinze ou vingt ans. Il sait parfaitement que cela ne vit pas, et que les vers hardis et nouveaux d'Alfred de Musset ont une autre vitalité que ces pâles ombres que l'on décore du nom de tragédies.

En soutenant qu'il n'y a pas de discipline absolue dans les beaux-arts, ou du moins que cette discipline ne se compose que de quelques principes très-généraux qui se plient à d'innombrables applications, veux-je dire que tout est également beau, que toutes les époques littéraires se valent, ou encore que toutes les beautés passent à leur tour, qu'elles ne charment que pendant un temps ou doivent céder la place à des beautés nouvelles, également mobiles, également périssables? Non sans doute : je crois aux beautés stables, durables, éternelles. Je crois à Homère, à Virgile et à Racine. J'accorde donc qu'il y a de grandes époques littéraires, que le goût a ses révolutions et ses décadences, que les époques politiques, scientifiques, industrielles, sont peu favorables à la beauté pure, que les langues se gâtent avec le temps, et qu'en général il n'y a qu'un temps où se rencontre une parfaite harmonie entre la forme et le fond, que ce sont ces époques que l'on appelle classiques, et que les autres s'approchent d'autant plus de la beauté qu'elles s'approchent de cet idéal. Tel est le fond de la théorie classique, et c'est là ce qui nous paraît incontestable dans la théorie de M. Nisard.

Mais nous croyons en même temps qu'il y a bien des places dans la maison du Seigneur; qu'un certain classique n'est pas tout le classique; que le parfait a toujours quelque imperfection qui permet de concevoir un autre genre de parfait; que, par exemple, le classique du XVIIe siècle n'est qu'une forme de classique qui n'est pas sans défaut; qu'on pourrait soutenir très-fortement que le classique grec lui est supérieur, et peut-être aussi que le classique anglais ou allemand (si l'on peut employer une telle expression) lui est égal; que, pour comparer en toute justice ces différents genres de chefs-d'œuvre, il faudrait lire Gœthe et Shakspeare avec la même préparation que nous lisons Racine ou Corneille : il faudrait se faire Anglais ou Allemand, tandis qu'il nous est si facile d'être Français. Lorsque M. Nisard avance, comme

une critique, que les Grecs ont été plus sensibles
à la liberté qu'à la discipline, ne ferait-il pas, sans
le vouloir le suprême éloge de cette littérature?
N'indiquerait-il pas précisément par où Homère et
Pindare, Démosthènes et Platon sont supérieurs
même à Racine, même à Bossuet? Lorsqu'il nous
dit que, dans les littératures du Nord, « l'équilibre
est à chaque instant rompu entre l'imagination et
la raison », cela est-il bien prouvé? Sommes-nous
en mesure de juger de la part que la raison peut
avoir dans des écrits que nous connaissons si mal,
qui ne répondent pas à nos habitudes, à nos
mœurs, à notre tournure d'esprit? Il faut beaucoup de réserve dans les jugements que les littératures portent les unes sur les autres. N'oublions
pas que Schlegel, qui avait tant d'esprit, ne comprenait absolument rien à Racine ou à Molière. La
proportion de la raison et de l'imagination dans
les œuvres d'art ne peut être fixée d'une manière
absolue. Peut-être notre poésie est-elle trop près
de l'abstraction : habitués à cette mesure, peut-être
sommes-nous disposés à croire que tout ce qui
dépasse ce degré d'imagination est désordonné.
C'est ainsi que la vivacité française (que nous trouvons très-aimable) n'est pas loin de paraître de la

folie aux flegmatiques habitants du Nord. En revanche, leur poésie nous fait le même effet. Qui a raison? qui a tort? Nous sommes juges et parties.

La largeur de l'esprit et du goût en littérature comme en toutes choses a sans doute ses inconvénients, car elle peut dégénérer souvent en un éclectisme banal qui admire tout, ou un scepticisme blasé qui n'admire rien : en outre, elle peut faire perdre à une nation le sentiment de ses qualités propres et l'entraîner à la poursuite de qualités qui ne sont pas les siennes. A ce point de vue, on ne peut que louer le livre de M. Nisard et les efforts qu'il fait pour nous donner une image idéale et fidèle de l'esprit français; mais, malgré tout, la vérité est la vérité. Nous avons été rendus sensibles aux beautés des littératures étrangères, nous ne pouvons plus maintenant fermer volontairement les yeux. L'innocence du premier âge a un prix inestimable; on ne peut cependant pas empêcher que l'expérience ne nous l'enlève, et ne nous apprenne bien des choses avec lesquelles il faut compter. Aujourd'hui, l'esprit français n'a plus cette candide innocence qui lui faisait croire qu'il était le modèle unique et parfait de la civilisation, de la littérature et du goût. Nous voudrions le croire, nous ne le pourrions pas, car nous ne pouvons oublier que cette assertion est contestée, et qu'il y a d'autres modèles dans le monde. Il faut donc renoncer à cette passion de monarchie universelle que nous portons en toutes choses, et que l'on nous fait payer par des invasions.

LIVRE III

LA SCIENCE

CHAPITRE PREMIER

DE LA MÉTHODE EN GÉNÉRAL[1]

La civilisation, comme tout ce qui est humain, a dû passer successivement par deux états différents : elle a été d'abord instinctive et spontanée, puis réfléchie et raisonnée. Les hommes ont commencé par améliorer leur situation sur la terre, soit par un instinct plus ou moins semblable à celui des animaux, soit par une sorte de tâtonnement empi-

---

1. Ce travail a été publié dans la *Revue des Deux Mondes*, à l'occasion de l'*Introduction à la médecine expérimentale* de M. Claude Bernard.

rique, se développant au jour le jour, en raison des circonstances et des besoins : c'est ainsi que se formèrent les premières industries et les premières sociétés ; puis un premier degré de réflexion survint. La religion, la philosophie, la poésie, contribuèrent à perfectionner les mœurs et les lois, mais toujours d'une manière spontanée, sans que l'on s'aperçût encore que l'homme peut par la science se rendre maître de la nature et de la société elle-même, et donner à ses progrès une direction choisie et voulue. Cette grande idée, l'idée de la civilisation par la science, ne date guère que du XVI° siècle ; elle a eu pour principal organe l'illustre Bacon, dont elle est la gloire. Bacon l'a résumée dans cet aphorisme célèbre : *Homo minister et interpres naturæ ; quantum scit, tantum potest ;* il semble avoir prévu avec une perspicacité merveilleuse la société moderne, la nature vaincue par la science, l'industrie affranchie des tâtonnements lents et incertains de l'empirisme, puisant dans les principes généraux établis par les savants de certaines et innombrables applications.

Si l'on voulait transporter cette vue dans une autre sphère, on pourrait dire que la philosophie du XVIII° siècle a essayé d'appliquer la même idée au gouvernement et au perfectionnement des sociétés. La révolution française a été une expérience tentée pour construire un état conformément aux lois de la raison. On peut trouver que cette expérience n'a pas été d'abord très-heureuse, car il n'est pas aussi facile d'expérimenter sur les sociétés vivantes que sur les corps bruts. Toujours est-il que le caractère remarquable de la société contemporaine est précisément cet effort d'appliquer la science à l'amélioration de la destinée humaine. A la politique la société a pris le principe de la division des pouvoirs ; à l'économie politique celui de la liberté du commerce, à la philosophie celui de l'égalité des droits, tout comme l'industrie empruntait aux sciences physiques et chimiques le principe de l'élasticité de la vapeur, le principe de la communication de l'électricité dans un courant magnétique, ou enfin le principe de l'action chimique de la lumière. Ainsi les hommes commencent à vouloir gouverner la société comme ils gouvernent la nature, mais d'une manière bien plus incertaine, les faits étant infiniment plus nombreux et plus compliqués.

Or, ce qui caractérise la science, c'est la méthode : c'est par la précision et la rigueur des méthodes que la science se distingue de la poésie, de la littérature, de la religion, de l'inspiration enfin et du sentiment ; c'est par la diversité des méthodes autant que des objets que les sciences se distinguent les unes des autres. C'est par la méthode que la science réalise ce qui paraît impossible à l'ignorance étonnée. Par elle, l'esprit découvre une planète que les sens n'ont jamais vue ; par elle, il explique une langue qu'aucun homme ne comprenait plus ; il déchiffre des caractères mystérieux dont le secret était perdu ; il pénètre bien au delà des époques historiques, et, en l'absence de tout témoignage direct, jusqu'aux origines de la civilisation indo-européenne ; il calcule enfin ce qui paraît échapper à toute prise, le hasard et l'infini. Ainsi la méthode est l'arme de la science, comme la science est l'arme de la civilisation.

Rien n'est donc plus intéressant, non-seulement pour les philosophes et pour les savants, mais pour tous les esprits éclairés, que de voir un des maîtres de la science nous exposer les principes de sa méthode, les éclairer par de nombreux exemples empruntés à son expérience personnelle, nous faire assister avec ingénuité à toutes les opérations de son esprit, nous apprendre comment les erreurs mêmes peuvent être profitables et instructives, à quel prix enfin se font les découvertes et les solides progrès. S'il s'agit surtout d'une science toute jeune, et qui commence à peine à se constituer en science positive, de la science la plus complexe et la plus délicate d'entre les sciences physiques, de celle qui nous touche de plus près, puisque par un côté elle confine à la médecine, par l'autre à la psychologie et à la morale, on attachera plus d'importance encore à cette entreprise. Tel a été l'objet que s'est proposé notre illustre physiologiste, M. Claude Bernard, dans son *Introduction à la médecine expérimentale*, œuvre à la fois fine et élevée, qui est une sorte de manuel de logique physiologique.

L'intérêt d'un tel livre est dans ce sentiment précis et vivant de la réalité, qui ne se rencontrera jamais dans les traités de pure logique. Celui qui manie l'instrument peut mieux que personne nous en faire connaître les avantages et les inconvénients : seul, il sait les difficultés qu'il rencontre et les moyens de les éluder, ou, ce qui vaut mieux encore, de les tourner à son profit. Sans une connaissance exacte et précise des sciences, la théorie des méthodes se perdra toujours en vagues et arides généralités. Sans doute, lorsqu'il s'agit de la théorie abstraite de l'induction ou de la déduction, la philosophie est sur son propre terrain, et elle seule peut accomplir cette œuvre difficile ; mais, lorsque, passant du sujet à l'objet, elle cherche à quelles règles ces procédés doivent obéir pour discerner la vérité dans telle ou telle science, quels sont en mathématiques les principes de la méthode analytique, en physique ceux de la méthode expérimentale, la philosophie ne peut plus alors se passer du concours des sciences ; et, sur ce terrain pratique, les savants seront nécessairement les meilleurs logiciens.

Au reste, ce n'est pas la première fois qu'on a vu un savant s'interroger avec curiosité sur les principes de la méthode, et on pourrait faire une curieuse histoire de la logique composée presque exclusivement des ouvrages des savants. Il est inutile de mentionner les livres si connus de Descartes [1], de Pascal [2], de Newton [3] ; mais je rappellerai quelques ouvrages du XVIIIe siècle, peu lus aujourd'hui, et où nos logiciens pourront trou-

---

1. Descartes, *Discours de la Méthode.* — *Règles pour la direction de l'esprit.*
2. Pascal, *De l'esprit géométrique.* — *De l'art de persuader.*
3. Newton, *Regulæ philosophandi,* dans ses *Principia philosophiæ naturalis.*

ver des détails intéressants : par exemple, la *Logique*[1] de Mariotte, le célèbre et ingénieux physicien, le premier ouvrage français de ce genre où la méthode expérimentale ait pris la place qui lui appartient (encore n'y est-elle pas très-nettement distinguée de la méthode géométrique) ; le *Traité de l'expérience*, du docteur Zimmermann, célèbre médecin du XVIII° siècle, né en Suisse et connu surtout par son beau livre sur *la Solitude;* l'*Essai sur l'art d'observer*, de Jean Sénebier, ministre protestant de Genève, traducteur de Spallanzani, et lui-même naturaliste distingué de cette grande école de Genève qui a produit les Réaumur, les Trembley, les Bonnet, les de Saussure, les de Candolle et tant d'autres hommes supérieurs ; les *Fragments* de Lesage, de Genève [2], personnage original, doué d'un esprit méditatif et profond, connu surtout comme l'auteur d'une hypothèse sur la cause mécanique de la gravitation; enfin le *Discours sur l'étude de la philosophie naturelle*, de W. Herschell, fils de l'illustre astronome, et lui-

---

1. Mariotte, œuvres complètes ; Leyde 1717.
2. Publiés à la suite des *Essais de philosophie* de Prévost de Genève. Voir aussi *Notice de la vie et des écrits de Lesage*, par Pierre Prévost ; Genève, 1805.

même savant distingué, ouvrage qui est en quelque sorte une édition nouvelle du *Novum Organum*, accommodé à l'état de nos connaissances et renouvelé par des exemples plus récents. Je ne cite d'ailleurs que les traités de méthodologie composés par les savants, car, si je voulais parler des philosophes, cette énumération serait interminable. L'Angleterre et l'Écosse en particulier, même de nos jours, se sont signalées dans ces recherches. Dugald Stewart dans ses *Éléments de la philosophie et de l'esprit humain*, M. le docteur Whewell dans son *Histoire des sciences inductives*, M. Mill dans sa *Logique*, beaucoup d'autres moins connus ont traité des méthodes avec une abondance de vues et de faits qui ne laisse rien à désirer; mais nous tenons surtout à indiquer la tradition logique parmi les savants et non parmi les philosophes.

De nos jours et parmi nous, les plus illustres savants ont continué à suivre cette tradition, soit dans quelques parties de leurs œuvres, soit dans des traités spéciaux. Pour les méthodes mathématiques par exemple, on lira avec un grand intérêt la préface de M. Chasles à son *Traité de géométrie supérieure*; on consultera surtout un profond et éminent travail de M. Duhamel sur la *Méthode dans les sciences de raisonnement*, œuvre d'un esprit serré et philosophique auquel je ne reprocherai qu'une chose : c'est de trop dédaigner les philosophes, car il pourrait retrouver parmi eux beaucoup de ses propres idées. Pour les sciences naturelles et zoologiques, je rappellerai la préface du *Règne animal*, de George Cuvier, et la *Philosophie zoologique*, de Geoffroy Saint-Hilaire, dans laquelle ce grand savant défend contre son illustre rival sa méthode de comparaison analogique. En chimie, sans remonter jusqu'à Lavoisier, dont la préface si souvent citée rend hommage à l'influence heureuse de la logique de Condillac sur son esprit, on trouvera encore chez les chimistes de nos jours de remarquables travaux de méthodologie scientifique. M. Chevreul, par exemple, a consacré un ouvrage à la question de la méthode; M. Dumas, dans sa *Philosophie chimique*, a jeté çà et là sur ce sujet quelques vues précises et pénétrantes; M. Berthelot enfin, dans une remarquable introduction à sa *Chimie organique*, a largement développé le rôle de l'analyse et de la synthèse, en insistant particulièrement sur les progrès qu'il a fait faire lui-même à la méthode synthétique.

Ainsi l'on voit tous les grands savants, à toutes

les époques, se plaire à recueillir leurs idées sur les opérations de leur esprit, à expliquer les procédés qui leur ont réussi, à en donner les exemples et les règles. Par une étude approfondie de ces divers travaux, le philosophe réussirait à se former ce que j'appellerai volontiers la psychologie de l'esprit scientifique. On arriverait ainsi à comprendre ce que c'est que l'esprit du savant, de quel point de vue il considère les choses, comment il associe les idées, comment il passe du connu à l'inconnu, comment il se trompe, comment il se corrige, comment il invente, et on pourrait tirer de là de grandes conséquences pour l'éducation même de l'esprit humain; mais laissons là ces vues ambitieuses, et bornons-nous, quant à présent, à bien faire connaître le livre que nous avons sous les yeux, et qui vient enrichir d'une œuvre nouvelle cette histoire de la logique faite par les savants dont nous avons esquissé quelques traits.

Commençons par une petite querelle : c'est à propos du chancelier Bacon, notre maître à tous, mais dont le nom a toujours été et est encore une pomme de discorde entre les savants et les philosophes [1]. L'auteur, sans contredit, parle très-noblement de la philosophie, et il ajoute qu'il aime beaucoup les philosophes. Je lui répondrai que, pour ma part, j'aime infiniment les savants; mais enfin il faut reconnaître que, tout en s'aimant beaucoup, philosophes et savants sont assez disposés à prendre leurs avantages un peu aux dépens les uns des autres. Les philosophes ont longtemps essayé, selon l'expression de M. Claude Bernard, « de régenter dogmatiquement » les sciences. Ils ont eu tort, et ce n'est plus le temps aujourd'hui de régenter personne; mais ce n'est pas une raison pour méconnaître ou trop affaiblir la part qu'ils ont pu avoir dans l'avancement des sciences. Celle de Bacon me paraît considérable, et un peu trop réduite ici par notre savant physiologiste : qu'il nous soit donc permis de dire en quelques pages, ou plutôt de répéter après M. de Rémusat [2], tout

---

1. Depuis que ces pages ont été écrites, un illustre savant allemand, M. Liebig, a encore relevé le gant contre le pauvre Bacon. Il a écrit contre lui un livre très-curieux, récemment traduit en français par M. de Tschitchabef, où il accuse Bacon de plagiat, d'ignorance, d'impuissance scientifique. Les pages présentes répondent à quelques-unes des objections de M. Liebig.

2. Le livre de M. de Rémusat sur Bacon est l'un des plus intéressants, des plus instructifs et des mieux faits de la philosophie

ce qui peut être allégué en faveur de l'illustre auteur de l'*Instauratio magna*.

Venons d'abord aux critiques. Bacon, nous dit-on, n'a pas fait d'expériences, ou en a fait de mauvaises. Cela prouve tout simplement qu'il faut distinguer la théorie de la pratique. Autre chose est trouver les principes, autre chose donner les applications. M. Claude Bernard, dans son livre, propose de fonder une médecine vraiment scientifique sur la physiologie expérimentale. Fort bien; mais pratique-t-il lui-même cette médecine? s'en sert-il pour soigner et guérir les malades? Non sans doute, il a autre chose à faire : à lui la théorie et la science, à d'autres l'application de ses idées. Pourquoi cette distinction de la théorie et de la pratique, que les savants font tous les jours pour leur propre compte? pourquoi ne l'applique-t-on pas au logicien, qui, lui aussi, n'est qu'un théoricien? Galilée, nous dit-on, faisait des expériences pendant que Bacon se contentait de dire qu'il en allait faire; le premier fondait cette science, que le second ne faisait qu'annoncer.

---

contemporaine. Il a établi sur Bacon la vérité définitive sans rien exagérer, sans rien diminuer. Le livre de Joseph de Maistre est un pamphlet amusant, mais sans aucune valeur philosophique.

Mais pourquoi deux hommes de génie n'auraient-ils pas à la fois la même idée, l'un en pratique, l'autre en théorie? Et en quoi la gloire de Galilée contredit-elle celle de Bacon? N'est-ce pas d'ailleurs un vrai trait de génie de la part de celui-ci d'avoir deviné que cette méthode toute neuve et à peine éprouvée était le renouvellement de la science et de l'esprit humain? Descartes sans doute était un homme de génie plus inventeur que Bacon; il lui est passablement postérieur; il a certainement connu les expériences de Galilée et même de Toricelli et d'autres encore; il en a fait lui-même. Et cependant il n'a pas deviné la révolution faite par ces grands expérimentateurs. Il a continué à voir dans la méthode expérimentale une méthode subalterne et d'une importance secondaire. Il n'était donc pas si facile d'avoir l'idée de Bacon, même en ayant sous les yeux plus d'exemples qu'il n'en avait eu. On est frappé de la même vue en lisant les écrits des savants et des logiciens au xviie siècle, Newton excepté. En veut-on un exemple bien frappant? Pascal a fait lui-même de grandes expériences et associé son nom à celui de Toricelli dans la théorie de la pesanteur de l'air. Eh bien, il nous a laissé quelques fragments de logique : de quoi traitent-ils? De la méthode géométrique; pas un mot sur la méthode expérimentale. Dans Leibnitz, qui est si ouvert à toutes choses et presque d'un siècle postérieur à Bacon, la méthode expérimentale est à peine indiquée et comme noyée dans l'ensemble des procédés recommandés par les logiciens. Quant à Galilée, est-il bien certain qu'il ait eu lui-même l'idée claire de la révolution scientifique qu'il accomplissait, et n'attachait-il pas beaucoup plus d'importance à la démonstration géométrique de la rotation de la terre qu'à ses expériences sur la chute des corps?

M. Claude Bernard nous dit que les préceptes de Bacon sont absolument inapplicables aujourd'hui; mais il serait étrange qu'il en fût autrement. Comment! depuis trois siècles que l'on pratique la méthode baconienne, on ne l'aurait point perfectionnée, simplifiée, facilitée! Ce serait la seule machine que les âges auraient laissée dans l'état où l'ont mise ses premiers inventeurs. Pour ma part, en comparant le *Novum Organum* aux méthodes modernes, je suis beaucoup moins frappé de ce qu'il y a de suranné que de ce qu'on y trouve au contraire de neuf, de vivant, d'applicable encore. Entrer dans trop de détails serait trop nous éloigner de notre sujet ; cependant, je ne puis m'empêcher de citer quelques exemples qui nous ramèneront d'ailleurs aux idées mêmes de M. Claude Bernard.

Dans cette longue énumération que nous donne Bacon des diverses espèces de faits, que l'on peut trouver longue sans doute, mais qui est semée des vues les plus pénétrantes, il en est un certain nombre qui méritent particulièrement considération, par exemple les faits *fortuits*. Bacon a parfaitement vu et signalé l'importance d'un fait qui se présente accidentellement à l'observateur, et qui est comme la première piste que la sagacité du savant doit savoir poursuivre. Or, que nous dit M. Claude Bernard ? Précisément que toute recherche expérimentale a la plupart du temps pour point de départ une observation fortuite. On sait que c'est en laissant tomber par terre un minéral, qui se brisa, que l'abbé Haüy découvrit la propriété du clivage chez les minéraux, d'où il déduisit toutes les lois de la cristallographie. Malus, en regardant par hasard au travers d'une fenêtre du Luxembourg un morceau de spath d'Islande, fut conduit à la découverte de la polarisation de la lumière.

Rien de plus ingénieux que ce que Bacon nous

dit des faits *cruciaux* ou expériences *cruciales*. Ces expériences sont les expériences décisives, qui tranchent le débat entre deux hypothèses, ou qui établissent d'une manière définitive une vérité contestée. La découverte des interférences lumineuses fut l'expérience cruciale qui trancha la question entre l'hypothèse de Descartes et celle de Newton sur la nature de la lumière. L'expérience de M. Claude Bernard faisant voir qu'il y a plus de sucre dans les vaisseaux qui sortent du foie que dans ceux qui y conduisent est une expérience *cruciale* qui démontra contre toute objection que le foie sécrète du sucre.

Quoi de plus ingénieux que ce que Bacon nous dit des faits *clandestins*, qui sont ceux, dit-il, où la nature cherchée se trouve dans son état le plus faible et le plus imparfait? Il donne lui-même pour exemple la cohésion des fluides, qui est le premier degré de la consistance et de la solidité. On peut citer encore les faits de l'embryologie, qui sont les faits clandestins de la physiologie. Puis viennent les faits *limitrophes*, qui sont sur les confins de deux classes de phénomènes, et servent de passage de l'un à l'autre. On sait l'importance qu'ont prise les faits *limitrophes* en anatomie comparée. Toute l'école de M. Darwin est aujourd'hui à la poursuite des faits limitrophes.

Quant aux règles que donne Bacon sur l'art de faire des expériences, elles sont loin d'être aujourd'hui aussi surannées que le dit M. Claude Bernard, et je les retrouve à peine modifiées dans son livre même. Par exemple, j'y lis : « Pour conclure avec certitude qu'une condition donnée est la cause prochaine d'un phénomène, il ne suffit pas d'avoir prouvé que cette condition précède ou accompagne toujours le phénomène; mais il faut établir encore que, cette condition étant supprimée, le phénomène ne se montrera plus. » N'est-ce pas là une des maximes capitales de Bacon? N'est-ce pas lui qui a conseillé de *renverser* l'expérience, c'est-à-dire précisément de supprimer la cause supposée, afin de voir si le phénomène aura lieu encore? N'est-ce pas lui qui, dans ses *tables d'absence*, conseille d'enregistrer les faits négatifs, comme contrôle et contre-épreuve des faits positifs?

Rappelons encore la règle de Bacon sur la *production* ou le *prolongement*[1] de l'expérience, dont

---

1. Par *prolonger* l'expérience (*producere experimentum*), il ne faut pas entendre la faire durer, mais la pousser plus loin, comme dans les exemples que je cite.

on peut citer des exemples importants dans la science moderne. C'est en prolongeant l'expérience que M. Regnault a démontré que la loi de Mariotte n'est applicable à la dilatation des gaz que jusqu'à un certain degré : Mariotte s'était arrêté trop tôt. C'est aussi en prolongeant l'expérience que M. Claude Bernard a montré que c'est un préjugé de croire que le crapaud ne s'empoisonne pas de son propre venin : la vérité est qu'il lui faut une plus forte dose; ceux qui avaient fait l'expérience avaient négligé de la pousser assez loin.

Je ne veux pas prolonger ce débat, qui après tout ne se présente ici qu'incidemment, et je sais que M. Claude Bernard, dont l'esprit est très-bien fait, et qui tient beaucoup moins à ses opinions qu'à ses découvertes, fera volontiers toutes les concessions. Un peu plus, un peu moins de mérite accordé à Bacon n'est pas pour lui une affaire. Ce sont les choses et non pas les livres qui l'intéressent. Il ne faut pas oublier toutefois qu'il y a ici un peu plus qu'une question d'histoire. C'est la question même de l'esprit philosophique qui est en jeu. Il s'agit de savoir si le philosophe n'est jamais que la mouche du coche, résumant sous une forme vague et abstraite les solides découvertes des savants, ou s'il est, non pas sans doute un révélateur tombé du ciel sans précédents et sans contemporains, mais au moins un précurseur anticipant sur l'avenir, et généralisant d'avance ce que la science positive réalisera et démontrera.

Quoi qu'il en soit, il est un point où M. Claude Bernard se sépare de Bacon, et je crois qu'il a raison : c'est sur l'emploi des hypothèses dans la science. C'est là une des vues les plus intéressantes de son livre, et il importe d'y insister. On sait combien le XVIII° siècle s'est élevé contre l'usage des hypothèses; on sait que dans l'école de Bacon il n'y avait en quelque sorte qu'un cri contre ce genre de procédés. On répétait sans cesse sous mille formes le célèbre mot de Newton : *Hypotheses non fingo*, je ne fais point d'hypothèses. Voici au contraire aujourd'hui le savant le plus positif, le plus circonspect, le plus fidèle à la méthode expérimentale, qui nous déclare que non-seulement l'hypothèse est légitime dans les sciences, mais qu'elle y est absolument nécessaire, que l'expérience est impuissante et inféconde, si elle n'est pas stimulée et guidée par une anticipation de l'esprit, que faire des expériences sans idée et sans théorie anticipée, c'est faire des expériences à l'aventure, sans savoir pourquoi. Assurément il faut observer les faits sans idée préconçue, autrement on ne verrait que ce qu'on voudrait voir; mais cette première observation, dégagée de l'hypothèse, suggère elle-même une hypothèse, et c'est cette hypothèse qui provoque l'expérience et qui la conduit. En un mot, le fait suggère l'idée, l'idée suggère l'expérience, et l'expérience juge l'idée : voilà l'ordre logique et naturel des opérations scientifiques. Si l'hypothèse précède l'observation, celle-ci risque d'être fausse et infidèle; si elle ne la suit pas, elle est stérile.

Quant à l'idée elle-même, comment vient-elle naître dans l'esprit? C'est ici que les règles sont insuffisantes, et qu'il faut avoir recours à la spontanéité de l'esprit. M. Claude Bernard nous décrit avec vivacité, et avec toute l'autorité de l'expérience personnelle, cette remarquable vertu de l'invention scientifique, supérieure à toutes les méthodes et à toutes les règles. « Il n'y a pas de règles à fixer, nous dit-il, pour faire naître à propos d'une observation donnée une idée juste et féconde : cette idée une fois émise, on peut la soumettre à des préceptes et à des règles; mais son apparition a été toute spontanée, et sa nature est tout individuelle. C'est un sentiment particulier, un *quid proprium* qui constitue l'originalité, l'invention ou le génie de chacun. Il est des faits qui ne disent rien à l'esprit du plus grand nombre, tandis qu'ils sont lumineux pour d'autres. Il arrive même qu'un fait ou une observation reste longtemps devant les yeux d'un savant sans lui rien inspirer; puis tout à coup vient un trait de lumière. — L'idée neuve apparaît avec la rapidité de l'éclair comme une révélation subite. — La méthode expérimentale ne donnera donc pas des idées vraies et fécondes à ceux qui n'en ont pas; elle servira seulement à diriger les idées chez ceux qui en ont. »

Au reste, il est encore juste de reconnaître que ces réclamations en faveur de l'hypothèse dans les sciences expérimentales ne sont pas absolument neuves, et que les philosophes ont sur ce point précédé les savants. Je citerai, par exemple, un excellent chapitre de Dugald Stewart dans ses *Éléments de la philosophie de l'esprit humain*, où se trouve rassemblé tout ce que l'on peut dire en faveur de l'hypothèse considérée comme moyen de recherches. Il se séparait entièrement en cette doctrine de son maître Reid, aussi opposé à la méthode hypothétique que qui que ce soit au XVIIIe siècle.

Reid avait dit : « Que l'on nous cite une seule découverte dans la nature qui ait été faite par cette méthode. » Dugald Stewart n'a pas de peine à répondre à ce défi : il cite le système de Copernic, et même celui de Newton, qui ne fut d'abord qu'une hypothèse jusqu'au moment où le calcul lui permit d'en faire une théorie rigoureuse et démontrée. Il cite encore l'anneau de Saturne, deviné et supposé par Huyghens sans aucun fait analogue, et qui est l'une des découvertes les plus brillantes de l'astronomie. Reid et d'Alembert, très-ennemis des hypothèses, supposent toujours qu'il s'agit de conjectures absolument gratuites, sans aucun fondement dans l'expérience. Dugald Stewart répond qu'il ne défend point de telles hypothèses, mais les conjectures fondées sur les faits et susceptibles d'être controlées par les faits. Au reste, Dugald Stewart rapporte les opinions d'un grand nombre de savants et de philosophes tels que Hooke, Hartley, S'Gravesande, Lesage, Boscowitch, qui tous s'accordent à défendre la méthode hypothétique dans le sens et dans les limites que nous venons de dire.

On n'apprendra pas sans quelque intérêt que cette question de méthode a été agitée dans une école toute récente à laquelle on n'a pas l'habitude

de demander des règles de logique : je veux dire
l'école saint-simonienne. Elle défendit l'usage des
hypothèses contre une autre école, sortie d'elle et
qui devait faire plus tard beaucoup de bruit dans le
monde, l'école de M. Auguste Comte. Celui-ci
avait dit que l'hypothèse dans les sciences joue de
plus en plus un rôle *subalterne;* on lui répondit
avec raison que « l'hypothèse est toujours le premier pas qu'il faut faire pour procéder à chaque
nouvelle coordination des faits », qu'à la vérité
« l'hypothèse ne précède pas l'observation, car la
perception des faits est elle-même une condition indispensable de la production des hypothèses », mais
qu'elle la suit, et qu'elle-même précède le raisonnement sur les faits, « car on ne peut raisonner
sur les faits observés qu'au moyen d'une idée préalablement adoptée : *on ne cherche à démontrer que
les théorèmes qu'on s'est posés* [1]. » On trouvera dans
la même leçon beaucoup d'autres idées très-dignes
d'être méditées, et, dans cette lutte curieuse entre
l'Église et l'hérésie, nous croyons que c'est l'Église
qui avait raison. Enfin, pour ne négliger aucun
des anneaux de cette chaîne d'idées, disons que
cette doctrine de l'utilité de l'hypothèse dans les

[1]. *Exposition de la doctrine saint-simonienne,* XVᵉ séance.

sciences expérimentales est passée de l'école saint-simonienne dans l'école de M. Buchez, qui l'a fort bien développée dans un des chapitres de sa logique.

Au reste, en cherchant des précédents à M. Claude Bernard en cette question, nous ne voulons pas affaiblir la valeur de son témoignage, car on comprend la différence qu'il y a entre une opinion spéculative, comme celle de quelques philosophes qui n'ont pas pratiqué la science elle-même, ou encore de quelques savants tels que Hartley ou Lesage, trop portés eux-mêmes aux vaines hypothèses, et l'opinion autorisée d'un savant éminemment doué du génie expérimental, dont la gloire est précisément d'avoir donné à l'expérimentation, au moins en physiologie, une rigueur et une précision dont on ne la croyait pas susceptible. Un tel savant, venant à défendre le droit de l'idée, c'est-à-dire le droit de l'esprit, dans l'interprétation de la nature, mérite particulièrement d'être écouté. Ce n'est pas le préjugé d'une philosophie spéculative qui le fait parler, c'est le souvenir vivant de l'expérience personnelle.

Et, pour le dire en passant, combien il est difficile d'admettre que l'esprit ne soit qu'un produit mécanique de la nature, même dans les questions qu'il lui fait, lorsque nous le voyons diriger son interrogatoire comme le juge celui d'un témoin, et penser les choses avant de les rencontrer réalisées devant lui! Dira-t-on qu'il ne pense et ne réfléchit qu'après avoir observé? Soit; mais qu'est-ce qu'observer, si ce n'est penser les phénomènes que l'on a devant les yeux? On peut voir mille fois le même phénomène sans l'observer. Observer, c'est choisir, car celui qui regarde tout à la fois n'observe pas. Observer, c'est idéaliser le phénomène qui est devant nous, c'est le changer en pensée. Un enfant voit osciller une lampe ou tomber une pomme : c'est un jeu pour ses sens et pour son imagination ; pour un Galilée, pour un Newton, ces deux phénomènes ne sont que les signes des lois générales et universelles. Ce n'est plus une pomme qui tombe, c'est la lune qu'une force attractive de la terre empêche de s'échapper suivant la tangente; ce n'est plus une lampe qui se joue, c'est le pendule qui décrit des oscillations égales dans des temps égaux. Cet esprit qui dans le phénomène aperçoit la loi, et dans le particulier le général, ne serait-il lui-même qu'un phénomène particulier, ou, ce qui serait plus étrange encore, la rencontre fortuite de phénomènes accidentels?

Quoi qu'il en soit, on peut se demander jusqu'où doit aller cette justification des hypothèses, et comment on distinguera, en cette matière délicate, ce qui est permis et ce qui est défendu. Effacera-t-on toute différence entre la méthode de Descartes et celle de Galilée et de Newton? Ou la différence serait-elle uniquement dans la pratique, les uns tombant sur de bonnes hypothèses, les autres sur de mauvaises? Non sans doute, et la vraie limite a été ici indiquée par Bacon lui-même. Ce qu'il blâmait dans la méthode hypothétique, c'était de s'élever subitement de quelques faits particuliers aux plus hautes généralités, à ce qu'il appelait les *axiomes généralissimes;* il recommandait au contraire de ne s'élever que par degrés dans la voie des généralités, et c'est pourquoi il disait, faisant allusion à un mythe célèbre de Platon, que ce qu'il faut à l'homme, ce ne sont pas des ailes, c'est du plomb. En d'autres termes, ce qui est utile, ce sont les hypothèses prochaines, liées par l'analogie aux faits observés; ce qui est nuisible, ce sont les hypothèses éloignées, trop vides de faits, trop nuageuses et trop générales. Lorsque Franklin supposait que la foudre pouvait bien n'être qu'une étincelle électrique, il faisait une hypothèse prochaine, c'est-à-dire qu'il passait d'un fait à un autre tout voisin. Lorsque Descartes au contraire supposait que le monde planétaire était mû par des tourbillons, il s'élançait immédiatement et sans intermédiaire à une généralité plus ou moins vraisemblable. Au reste, même de telles hypothèses, si ambitieuses qu'elles soient, sont bien loin d'être sans utilité, et, pour le dire en passant, nous croyons que les systèmes philosophiques eux-mêmes peuvent avoir pour la science plus d'utilité que ne le croient les savants.

Un autre correctif de la méthode hypothétique indiqué par M. Claude Bernard, c'est le doute, et il loue ici avec raison le doute méthodique de Descartes; n'oublions pas cependant, pour être justes, que Descartes doutait volontiers des opinions des autres, mais assez peu des siennes propres. Le doute doit porter, non pas sur les faits, mais sur les théories; ce ne sont pas les faits qu'il faut sacrifier aux théories, ce sont les théories qu'il faut subordonner aux faits. Les théories ne sont que des moyens de recherche, des représentations approximatives et partielles de la vérité absolue; elles ne sont pas la vérité absolue elle-même. Le doute, en un mot, n'est autre chose que la liberté de l'esprit. Rien de plus excellent et de plus solide que ces idées, populaires d'ailleurs parmi les vrais savants, et dont M. Dumas a donné une formule ingénieuse et saisissante. « Une théorie établie sur vingt faits, dit-il, doit servir à en expliquer trente, et conduit à découvrir les dix autres; mais presque toujours elle se modifie ou succombe devant dix faits nouveaux ajoutés à ces derniers [1]. » De là la nécessité du doute scientifique, qu'il ne faut pas confondre avec le scepticisme; celui-ci doute de la science elle-même, le premier ne doute que des conceptions arbitraires de notre esprit.

[1]. Dumas, *Philosophie chimique*, p. 60.

CHAPITRE II

DE LA MÉTHODE EXPÉRIMENTALE
EN PHYSIOLOGIE

Quelque justes et lumineux que soient les principes exposés par M. Claude Bernard dans la première partie de son livre, ce n'est pas là cependant qu'est le principal intérêt de cet ouvrage : cet intérêt gît surtout dans la seconde et la troisième partie. C'est là qu'il est neuf, fort et particulièrement intéressant. Il y établit avec un surcroît de preuves tout à fait décisives que la méthode expérimentale, qui a produit de si beaux résultats dans la physique et dans la chimie, est également applicable à la physiologie. Cette démonstration, au premier abord, peut paraître superflue; mais cette impression cessera, si l'on réfléchit qu'il n'est pas évident qu'on puisse agir sur les corps vivants comme sur les corps bruts, c'est-à-dire en séparer les parties, en modifier les rapports, en troubler l'économie. Que de telles tentatives puissent avoir lieu, et cela avec la même précision et la même certitude que dans les corps inertes et inorganiques, c'est ce qui étonne beaucoup au premier abord, et, je le répète, il y avait à établir là d'une manière démonstrative un point des plus importants de la théorie des méthodes.

Les ennemis de la théorie en toutes choses diront peut-être que tout cela est bien inutile : « Faites-nous de bonnes expériences, nous vous tiendrons quitte du reste. » Je ne veux pas dire que la pratique ne soit pas ici plus importante que la théorie; cependant il faut aussi savoir un peu ce que l'on fait et se rendre compte des opérations de son esprit. Il n'est pas évident *à priori* que la vie puisse être matière à expérience, et *à posteriori* on peut dire qu'il est surprenant qu'il en soit ainsi. A ceux qui le nient, il faut donc démontrer que la chose est possible; à ceux qui l'accordent, il faut expliquer comment elle l'est. J'ajoute enfin que, pour pratiquer avec succès la méthode expérimentale dans les sciences physiologiques, il faut en bien connaître les conditions et les principes, et c'est ainsi que la théorie elle-même peut être utile à la pratique.

Pour bien comprendre la question, il ne faut

pas oublier qu'il y a deux sortes de sciences : les sciences d'observation et les sciences d'expérimentation. Les premières sont celles où le savant se contente de constater les phénomènes sans pouvoir les modifier : telles sont, par exemple, l'astronomie et, jusqu'ici du moins, la météorologie, pendant longtemps aussi la minéralogie, la géologie, la botanique, etc. Les secondes sont celles où le savant passe de l'observation à l'expérience, produit lui-même les phénomènes qu'il veut étudier, en change les conditions, les isole, les combine, les reproduit à volonté, et par là obtient sur la nature une puissance bien plus grande que ne peut en avoir le simple contemplateur. L'expérimentateur, selon l'expression de M. Claude Bernard, est « un inventeur de phénomènes, un véritable contre-maître de la création ». L'expérience est ingénieusement définie « une observation provoquée ».

La question est maintenant de savoir si la physiologie est une science d'observation ou une science d'expérience, si elle peut agir artificiellement sur les phénomènes et se fournir à elle-même des sujets d'observation, ou si elle doit les attendre. comme l'astronomie qui ne peut rien changer au système planétaire, et qui en contemple immobile les révolutions.

A la vérité, la méthode expérimentale ne date pas d'hier en physiologie. Déjà, dans l'antiquité, Galien avait fait beaucoup d'expériences sur les animaux, et il nous en a laissé d'assez exactes descriptions. Chez les modernes, Césalpin et Harvey ont aussi pratiqué cette méthode. Au XVIII° siècle, Spallanzani s'illustra par ses admirables expériences sur les animaux inférieurs. Enfin, vers la fin du siècle, Haller introduisit avec conscience et d'une manière régulière l'expérimentation physiologique. Malgré ces exemples imposants, mais trop rares, trop éloignés, trop peu décisifs, le préjugé subsista longtemps, et dure encore, que la matière vivante, par sa complexité infinie, par les causes mystérieuses qui s'y manifestent, échappe à l'analyse artificielle de l'expérimentateur. Les contradictions nombreuses dans lesquelles sont tombés les physiologistes semblaient autoriser cette manière de voir, qu'on ne trouvera pas indigne d'être discutée lorsqu'on saura que le grand Cuvier lui-même en était pénétré, et qu'il considérait comme tout à fait illusoire d'introduire l'expérience dans la science de la vie. Il s'exprimait ainsi dans une lettre à Mertroud : « Toutes les parties d'un corps vivant sont liées, elles ne peuvent agir qu'autant qu'elles agissent toutes ensemble; vouloir en séparer une de la masse, c'est la reporter dans l'ordre des substances mortes, c'est en changer complétement l'essence. »

Ce n'est pas là, chez Cuvier, une opinion de circonstance et de fantaisie, une boutade émise en passant dans une lettre à un ami : c'est un principe important de sa philosophie scientifique, car il l'a reproduit et développé dans la *Préface du règne animal*, morceau mémorable qui contient les grands principes de sa philosophie zoologique. C'est là, suivant lui, le critérium qui distingue la physique des sciences naturelles. « Dans la première, on n'examine que des phénomènes dont on règle toutes les circonstances, pour arriver par leur analyse à des lois générales; dans l'autre, les phénomènes se passent dans des conditions qui ne dépendent pas de celui qui étudie... Il ne lui est pas permis de les soustraire successivement, et de réduire le problème à ses éléments, comme fait l'expérimentateur; mais il faut qu'il le prenne tout entier avec toutes ses conditions à la fois et ne l'analyse que par la pensée. Qu'on essaye d'isoler les phénomènes nombreux dont se compose la vie d'un animal un peu élevé dans l'échelle, un seul d'entre eux supprimé, la vie disparaît. »

C'est bien là, en effet, la plus grande objection que l'on puisse faire contre l'expérimentation physiologique. L'être vivant est une harmonie, un tout, un cercle ; or, la méthode d'expérience consiste à isoler les phénomènes pour les mieux étudier séparément, pour déterminer leur essence propre; mais cette séparation n'a-t-elle pas pour effet de les altérer, et d'altérer tout ensemble les conditions mêmes de la vie ? C'est trop, sans doute, de dire avec Cuvier que la vie disparaît pour peu qu'on touche à l'un de ses éléments (car on ne voit pas que l'homme meure quand on lui coupe une jambe, ce qui est cependant pour lui une révolution assez grave); mais on peut croire que, tout étant lié à tout dans l'organisme, il n'est pas possible de bien étudier les parties en dehors du tout et de leurs relations naturelles avec le tout.

Une autre difficulté qui s'élève contre la méthode expérimentale en physiologie, c'est le préjugé répandu et bien naturel de la spontanéité des corps vivants. L'être vivant, en effet, nous apparaît comme animé d'une force intérieure qui préside à des manifestations vitales de plus en plus indépendantes des influences cosmiques, à mesure que l'être s'élève davantage dans l'échelle de l'organisation. Or, comme nous ne pouvons atteindre les phénomènes que par l'intermédiaire du milieu, si ces phénomènes vitaux sont en dehors de tout milieu et indépendants de lui, nous ne pouvons agir sur eux par aucun moyen : nous ne pouvons que les regarder, sans y toucher, sans les modifier. Ils tombent sous l'observation, mais non pas sous l'expérience.

Enfin une dernière illusion, également funeste à la vraie méthode, est celle de ce vitalisme superstitieux qui considère la vie comme une influence mystérieuse et surnaturelle, agissant arbitrairement, introduisant dans les phénomènes une irrégularité essentielle, pourvue enfin d'une sorte de liberté désordonnée qui trouble tout, change les aspects des choses, et déroute l'expérience à chaque pas : semblable au destin jaloux des anciens, la vie, selon ces médecins superstitieux, serait une sorte de dieu capricieux et de Protée menteur, échappant à toute prise, et avec lequel on ne peut lutter qu'au moyen de cette autre force, non moins aveugle et capricieuse, qu'ils appellent l'inspiration.

M. Claude Bernard s'est appliqué à combattre ces divers préjugés, et, à nos yeux du moins, sa réfutation est irrésistible, sa démonstration péremptoire. Il établit que l'expérimentation peut avoir lieu sur les corps vivants tout aussi bien que sur les corps bruts, et même que les principes d'expérimentation sont absolument les mêmes de part et d'autre. Seulement, les phénomènes étant plus complexes, la méthode y est plus difficile à appliquer, plus lente à faire des progrès. Il faut tenir compte de ces difficultés et les bien connaître pour ne pas se laisser tromper par de fausses apparences; mais au fond il n'y a qu'une seule méthode pour les sciences naturelles comme pour les sciences physiques, et les premières ne feront de vrais progrès que lorsqu'elles seront largement et décidément entrées dans cette voie.

Au reste, en assimilant la science des corps vivants à celle des corps bruts, il ne faut pas croire que M. Claude Bernard veuille effacer les différences radicales qui les séparent les uns des autres : c'est la méthode qui est identique, ce ne sont pas les phénomènes. Il s'exprime à ce sujet avec une très-grande précision. « Je serais d'accord avec les vitalistes, dit-il, s'ils voulaient simplement reconnaître que les êtres vivants présentent des phénomènes qui ne se retrouvent pas dans la nature brute, et qui par conséquent leur sont spéciaux. J'admets, en effet, que les manifestations vitales ne sauraient être expliquées par les seuls phénomènes physico-chimiques de la matière brute... Mais, si les phénomènes vitaux ont une complexité et une apparence différentes de ceux des corps bruts, il n'offrent cette différence qu'en vertu de conditions déterminées ou déterminables qui leur sont propres. Donc, si les sciences vitales doivent différer des autres par leurs explications et par leurs lois spéciales, elles ne s'en distinguent pas par leurs méthodes scientifiques. La biologie doit prendre aux sciences physico-chimiques la méthode expérimentale, mais garder ses phénomènes spéciaux et ses lois propres. »

Arrivera-t-on un jour à réduire tous les phénomènes vitaux aux phénomènes physico-chimiques, comme on l'a fait déjà pour quelques-uns d'entre eux ? Cela est possible, et M. Claude Bernard n'est pas systématiquement opposé à cette hypothèse ; il semble même y incliner dans beaucoup de passages de ses écrits, mais c'est là une pure hypothèse qu'il n'est pas même nécessaire d'admettre pour affirmer que la méthode expérimentale est applicable à la vie. Par exemple, le fait vital par excellence, le fait de l'irritation, est certainement quant à présent irréductible à toute action physico-chimique, et cependant dès à présent il peut être l'objet d'expériences précises et démonstratives. La sensibilité, moins encore que l'irritabilité, est aujourd'hui susceptible d'être expliquée mécaniquement. Cependant, combien d'expériences décisives ont été faites sur la sensibilité du système nerveux! Il pourrait donc se faire qu'il y eût des phénomènes élémentaires à jamais irréductibles et qui seraient en quelque sorte élémentaires; l'expérience aurait alors précisément pour but de déterminer quels sont ces phénomènes élémentaires et à quelles conditions ils se produisent.

Il faut bien distinguer deux opinions : l'une veut que les phénomènes vitaux ne soient que des cas particuliers des phénomènes physico-chimiques, l'autre que les phénomènes physico-chimiques soient la condition *sine qua non* des phénomènes vitaux. Dans la première hypothèse, on assimile entièrement l'une à l'autre les deux classes de phénomènes; dans la seconde, on les lie ensemble d'une manière certaine et indissoluble, mais sans les confondre. La première hypothèse réduit la vie à n'être qu'un phénomène mécanique; la seconde enchaîne la vie à des conditions mécaniques, mais sans l'y réduire et sans la sacrifier. Ce que la science physiologique étudie, c'est, d'après M. Claude Bernard, « le phénomène vital avec ses conditions matérielles ». Le phénomène vital n'est donc pas la même chose que ces conditions mêmes, et il s'en distingue, quoiqu'il en soit inséparable.

Tel est le sens véritable du vitalisme, considéré au point de vue expérimental et rigoureusement physiologique. Sans doute introduire une force vitale comme un *deus ex machina* qui dispenserait de l'étude des phénomènes, c'est retomber dans la scolastique, c'est ressusciter la vertu dormitive et toutes les facultés occultes : c'est ce que Leibnitz appelait la philosophie *paresseuse*, qui prend les mots pour les choses; mais en un autre sens l'expression de force vitale est d'une grande utilité. Elle représente une limite, à savoir l'ensemble des phénomènes irréductibles à la physique et à la chimie. Elle représente ainsi une protestation contre une hypothèse non démontrée, et elle sauve par là même le physiologiste des illusions où pourrait l'entraîner le désir bien naturel de simplifier les choses, de réduire les propriétés vitales aux propriétés générales de la matière. Je ne condamne pas une telle réduction quand elle est possible : je dis seulement qu'il ne faut pas la supposer d'avance contre les données de l'expérience elle-même.

Qu'il y ait d'ailleurs une force vitale ou qu'il n'y en ait pas, M. Claude Bernard me paraît établir avec une parfaite rigueur qu'il y a un déterminisme absolu des phénomènes tout aussi bien dans l'ordre de la vie que dans l'ordre de la matière brute [1]. La force vitale elle-même, fût-elle distincte des autres forces naturelles, devrait se manifester par une série de phénomènes rigoureusement liés, s'enchaînant les uns aux autres dans un ordre fixe et précis, de telle sorte que, l'un étant donné, l'autre s'ensuit nécessairement; de telle sorte encore que,

---

1. On a combattu la doctrine de M. Cl. Bernard, comme si le *déterminisme physiologique* entraînait nécessairement comme conséquence le *déterminisme moral*. Mais ce sont deux choses distinctes. Sans doute, il est un point limite où le conflit peut surgir : c'est quand il s'agit des conditions physiologiques de la volonté. Mais, jusque-là, le partisan le plus déclaré du libre arbitre ne peut éprouver aucun difficulté à admettre le déterminisme rigoureux des fonctions organiques.

telle condition venant à manquer, le phénomène ou se modifie ou disparaît, et qu'à telle autre condition correspond tel autre phénomène ; en un mot, rien n'est arbitraire, rien n'est laissé au hasard, à l'inconnu, à la fantaisie. Il s'ensuit que l'expérience a prise sur les phénomènes, car elle peut écarter successivement toutes les conditions accessoires d'un phénomène jusqu'à ce qu'elle ait trouvé celle qui lui est essentiellement liée ; quand elle l'a trouvée, elle produit ou supprime le phénomène à volonté, ce qui n'aurait pas lieu si la production des phénomènes était capricieuse ou arbitraire et dépendait du seul bon plaisir de la force vitale.

Les hommes aiment tellement le pouvoir arbitraire, qu'ils sont toujours tentés de le supposer partout : ils l'imaginent dans la force vitale lorsqu'ils lui attribuent la faculté de troubler et d'embrouiller les phénomènes par son activité désordonnée ; ils le supposent dans l'homme lorsqu'ils imaginent un libre arbitre absolument indifférent entre le oui et le non, et décidant entre les deux sans savoir pourquoi. Enfin ils le placent jusqu'en Dieu lorsqu'ils lui prêtent une volonté absolue, supérieure au bien et au mal, au vrai et au faux, décidant et créant par un *sic volo, sic jubeo* absolu. Ils ne s'aperçoivent pas que cette volonté souveraine, sans l'intelligence, n'est que le hasard lui-même, car le hasard n'est autre chose qu'une cause vide, une cause nue, une cause dans laquelle rien n'est prédéterminé, et où il n'y a pas de proportion entre la cause et l'effet.

Quoi qu'il en soit, M. Claude Bernard a parfaitement raison d'affirmer à plusieurs reprises que « l'indéterminé n'est pas scientifique ». C'est là un axiome fondamental de sa logique, et nous n'hésitons pas à l'admettre. Admettre des phénomènes indéterminés, c'est admettre des phénomènes sans cause. Par la même raison, il n'admet pas d'expériences contradictoires, car une même cause dans les mêmes circonstances ne peut pas produire deux phénomènes contraires. Lorsque deux expérimentateurs arrivent à des résultats différents, c'est donc tout simplement qu'ils ne se sont pas placés dans les mêmes conditions : si l'on ne tient pas compte par exemple de l'âge, de l'état de santé, de l'état de sommeil ou de veille, d'abstinence ou de nourriture, on obtiendra sans doute des résultats différents; mais placez-vous dans les mêmes conditions, vous aurez les mêmes résultats. Par la même raison, dit M. Claude Bernard, il n'y a pas d'*exception*, et cette expression n'exprime que notre ignorance. « On entend tous les jours les médecins employer ces mots, *le plus ordinairement*, *le plus souvent*, ou bien s'exprimer numériquement en disant : « Huit fois sur dix, les choses arrivent ainsi. » J'ai entendu de vieux praticiens dire que les mots *toujours* et *jamais* doivent être rayés de la médecine. Je ne blâme pas ces restrictions ; mais certains médecins semblent raisonner comme si les exceptions étaient nécessaires. Or, il ne saurait en être ainsi : ce qu'on appelle exception est simplement un phénomène dont une ou plusieurs conditions sont inconnues. »

La seconde difficulté qui s'élève contre l'expérimentation sur la vie est dans la spontanéité des êtres vivants et leur indépendance à l'égard du milieu qui les environne. Cette indépendance, qui affranchit en apparence le corps vivant des influences physico-chimiques, le rend par là très-difficilement accessible à l'expérimentation. C'est là une illusion. La spontanéité des êtres vivants n'est qu'apparente. En réalité, la matière vivante, tout comme la matière morte, est soumise à la grande loi de l'inertie. Sans doute les corps organisés manifestent des propriétés que ne connaissent pas les corps bruts : par exemple, ils sont irritables, ils réagissent sous l'influence de certains excitants ; mais jamais on ne verra se produire chez eux un mouvement absolument spontané. La fibre musculaire a la propriété de se contracter ; toutefois, pour que cette fibre se contracte, il faut qu'elle y soit provoquée par quelque excitation qui lui vienne soit du sang, soit d'un nerf ; et, si rien ne change dans les conditions environnantes ou intérieures, elle restera en repos. A la vérité, tous les organes peuvent exercer les uns sur les autres le rôle d'excitants, ce qui semblerait donner à l'organisme vivant, considéré dans son ensemble, une sorte d'indépendance et de spontanéité générale ; ce n'est cependant qu'une apparence. Les propriétés vitales elles-mêmes n'entrent en action que sous l'influence des agents physico-chimiques, externes ou internes, et ainsi la loi de l'inertie se trouve partout vérifiée. Il suit de là que, chaque phénomène vital étant toujours lié à un phénomène antérieur, il est possible à l'expérimentateur de reproduire cette liaison, et de provoquer l'apparition des phénomènes en réalisant les conditions qui les précèdent et les déterminent.

Quelquefois néanmoins, on serait tenté de croire que l'agent vital est presque indépendant des actions physico-chimiques, lorsqu'on le voit supporter avec tant de flexibilité les plus grands écarts dans les conditions du milieu extérieur où il est plongé, — l'extrême froid ou l'extrême chaud, l'humidité ou la sécheresse, la lumière ou la nuit, la présence ou l'absence, ou du moins l'extrême inégalité de l'électricité atmosphérique. Cette indépendance est d'autant plus grande que l'animal est plus élevé dans l'échelle des êtres vivants. Eh bien, suivant M. Claude Bernard, c'est encore là une illusion. L'être vivant ne paraît indépendant du milieu extérieur que parce qu'il porte avec lui un milieu intérieur dans lequel ses organes baignent en quelque sorte, et qui contient, comme emmagasinées dans son sein, toutes les conditions physico-chimiques (chaleur, électricité, humidité, etc.) nécessaires à la provocation des actions vitales. Ce milieu intérieur est le sang. C'est le sang qui permet à l'être vivant de supporter les plus grands changements dans le milieu externe, parce qu'il se maintient lui-même dans une sorte d'équilibre moyen, dont les perturbations accidentelles sont les principales causes des maladies. Par un remarquable enchaînement, ce milieu intérieur, si nécessaire à l'organisme, est le produit de l'organisme. C'est le corps vivant qui se fait à lui-même son milieu, tandis qu'il doit sa propre vitalité initiale au milieu maternel où il a pris naissance. Il y a donc là une corrélation réciproque du milieu avec l'organisme et de l'organisme avec le milieu, l'un étant nécessaire à l'autre : cercle qui rend presque impossible à comprendre et à expliquer, dans l'état actuel de nos idées, l'origine première de la vie. Quoi qu'il en soit, il est certain que dans l'être vivant aucun phénomène ne peut se produire sans certaines conditions physico-chimiques, et que, ces conditions étant données, les propriétés vitales entrent immédiatement en fonction. Il est donc possible à l'expérimentateur d'agir sur les organes en agissant sur le milieu, et, sous ce rapport, le physiologiste est exactement dans les mêmes conditions que le chimiste et le physicien.

Reste enfin l'objection de Cuvier, l'harmonie et la solidarité qui existent entre toutes les parties du corps vivant. Cette harmonie incontestable serait-elle un obstacle à toute analyse? Les phénomènes seraient-ils tellement liés les uns aux autres qu'en s'efforçant de les séparer on les détruisît nécessairement? C'est là une grande exagération démentie par l'expérience. En définitive, même dans une machine brute, toutes les parties ont un rôle à remplir dans l'ensemble, et se correspondent en quelque sorte sympathiquement : cependant on peut analyser cette machine, isoler l'action de chacune de ces pièces distinctes, sauf à les replacer ensuite toutes dans leur action totale. Il est également possible de transporter les actes physiologiques en dehors de l'organisme afin de les mieux voir. Les digestions et les fécondations artificielles n'ont rien qui diffère des digestions et des fécondations naturelles, si ce n'est qu'elles se passent dans un autre milieu. Les tissus organiques ayant chacun leur vitalité autonome, on peut également les isoler, et, par la circulation artificielle, en mieux étudier les propriétés. « On isole encore un organe, dit l'auteur, en détruisant par des anesthésiques les réactions du *consensus* général ; on arrive au même résultat en divisant les nerfs qui se rendent à une partie tout en conservant les vaisseaux sanguins. A l'aide de l'expérimentation analytique, j'ai pu transformer des animaux à sang chaud en animaux à sang froid pour mieux étudier les propriétés de leurs éléments histologiques. » Toutefois, après avoir ainsi fait l'analyse, il faut faire la synthèse et ne pas perdre de vue l'unité de l'organisme.

Le logicien n'est pas le seul qui trouvera à s'instruire dans le livre de M. Claude Bernard; le métaphysicien y rencontrera également matière à de sérieuses réflexions. Ce n'est pas que l'auteur prétende en aucune façon à la métaphysique; au contraire, il sépare la science positive de la philosophie avec autant de rigueur que pourrait le faire le positiviste le plus déclaré. Tout en traitant les philosophes avec beaucoup d'égards et même de sympathie, il leur fait en réalité une part assez médiocre, car il ne leur laisse que l'inconnu, et revendique pour la science positive tout le domaine du connu ou de ce qui peut l'être. Ne le chicanons pas sur cette distinction. Autant on doit être sévère pour les philosophes qui nient la philosophie, autant nous trouvons naturel et excusable l'orgueil du savant qui, marchant d'un pied ferme sur le terrain solide de la réalité, ne peut s'empêcher de contempler avec quelque pitié nos fragiles systèmes et nos éternelles controverses.

Cependant, quelque séparation que l'on établisse entre la métaphysique et la science, dans l'intérêt de l'une ou de l'autre, il est impossible que les vues du savant n'aient quelque influence sur celles du métaphysicien : tout en séparant les deux domaines, il faut encore se demander s'ils peuvent s'entendre et se concilier. Il est même telle question où la séparation absolue est impossible, et où le métaphysicien ne peut parler que dans le vide, s'il ne s'appuie pas sur quelques données positives. Telle est, par exemple, la question du principe de la vie ; comment en effet conjecturer la cause de la vie, si l'on ignore les phénomènes par lesquels elle se manifeste? Résumons donc l'ensemble des idées émises par M. Claude Bernard sur les phénomènes de la vie ; on verra ensuite ce que la métaphysique en doit penser.

Suivant lui, comme nous l'avons vu, rien n'arrive dans l'ordre physiologique sans une condition antécédente, absolument déterminée, liée elle-même à une condition antérieure; de condition en condition, il faut toujours arriver à une excitation externe, c'est-à-dire à un phénomène physico-chimique sans lequel aucun phénomène vital ne peut se produire. Il y a donc un *circulus* vital, mais qui n'a pas en lui son commencement absolu, et qui, même lorsqu'il nous apparaît comme entièrement indépendant, ne l'est pas en réalité, ne se soutient que grâce à des conditions physico-chimiques, externes ou internes, sans lesquelles la machine s'arrête, se désorganise et meurt.

Telle est l'idée générale d'après laquelle M. Claude Bernard se représente la vie, et cette idée générale, nous n'avons aucune raison de nous refuser à l'admettre, d'abord parce qu'il nous manquerait l'autorité nécessaire pour la contester, en second lieu parce qu'elle nous paraît conforme aux vrais principes, et en particulier au célèbre principe de la raison suffisante ou déterminante. Un phénomène dont on ne pourrait donner la raison serait produit par le pur hasard. Il ne suffit pas même d'admettre une cause quelconque, un pouvoir d'agir, une faculté occulte; il faut encore que cette cause, cette faculté soient déterminées à l'action par quelque raison particulière, par quelque condition antécédente et précise. En outre, l'idée que M. Claude Bernard se fait de la vie est encore conforme à cette grande loi, admise par tous les métaphysiciens, à savoir que l'inférieur est la condition du supérieur. Ainsi les forces physico-chimiques sont nécessaires à la vie nutritive, la nutrition l'est à la sensibilité, la sensibilité l'est à l'intelligence. Aucune force nouvelle ne se déploie sans y être sollicitée par des forces inférieures. Il faut donc accorder à M. Claude Bernard ces deux propositions fondamentales : — Tous les phénomènes vitaux sont liés entre eux d'une manière déterminée ; — ils sont liés aussi à des excitations physico-chimiques. Quoi que puissent penser ultérieurement les métaphysiciens, quelque système qu'ils veuillent soutenir, ces deux propositions sont inébranlables, et elles suffisent pour rendre la science possible. Ainsi l'intérêt de la physiologie est sain et sauf, et le physiologiste peut s'arrêter là. Qu'il y ait d'ailleurs une force vitale ou qu'il n'y en ait pas, cela ne modifie en rien le résultat de ses recherches. Il n'en est pas de même du métaphysicien.

La vie, en effet, est en quelque sorte le nœud du problème que nous présente l'univers, car la vie tient d'une part à la matière en général, et de l'autre elle tient à la sensibilité et à la pensée. D'une part en effet, la vie ne se manifeste que dans la matière, et dans une matière dont les éléments, séparés par la chimie, sont identiquement les mêmes que ceux de la matière inerte. Elle est liée à des forces physiques et chimiques qui agissent dans l'organisation suivant les mêmes lois que dans les corps inorganiques. Les fonctions, même les plus importantes, la respiration, la digestion, la sécrétion, sont en grande partie des actions chimiques, et Hegel a pu définir avec justesse la vie « un travail chimique qui dure ». Par un autre côté, la vie se lie à l'être pensant, sentant et voulant. En effet, l'intelligence est étroitement liée à la sensibilité, et la sensibilité, à son tour, est étroitement liée à l'organisme vivant, dont elle est, suivant les physiologistes, une des propriétés les plus importantes.

On voit quelle place considérable occupe la vie dans l'échelle de la nature, et combien elle complique la question si difficile par elle-même de l'âme et du corps. Lorsque le philosophe prend d'un côté un morceau de marbre, et de l'autre une grande pensée, un grand sentiment, un acte de vertu, il n'a pas de peine à démontrer que ces phénomènes répugnent à la nature du marbre; mais, lorsque d'intermédiaire en intermédiaire il s'est élevé du minéral au végétal, du végétal à l'animal, de l'animal à l'homme, lorsqu'il passe du travail chimique au travail vital, de là au travail psychologique, — lorsque enfin il vient à remarquer que de la vie consciente à la vie inconsciente, et réciproquement, il y a un va-et-vient perpétuel et un passage insensible et continu, il ne peut s'empêcher de demander en quoi consiste ce moyen terme entre l'âme pensante et la matière brute, qui lie l'une à l'autre, et qui, sans pouvoir se séparer de la seconde, est ici-bas la condition indispensable de la première.

Je ne voudrais pas rentrer ici dans un problème souvent discuté, et dont nous avons déjà parlé incidemment; je me contenterai de dire que l'hypothèse d'une force vitale distincte des forces physico-chimiques me paraît résister assez solidement jusqu'ici aux objections de ses adversaires. J'avoue que se servir de la force vitale comme d'un moyen pour expliquer tel ou tel phénomène en particulier, c'est faire appel aux qualités occultes, à un *deus ex machina*. La force vitale ne peut expliquer aucun phénomène en particulier, parce qu'elle est au delà des *phénomènes*[1]; elle est ce sans quoi les *phénomènes* ne seraient pas possibles. A quoi sert-elle donc? Elle répond, selon nous, à un besoin mé-

---

1. C'est ce que disait Leibniz : « L'opinion des *formes substantielles* (ou forces) a quelque chose de solide; mais ces formes ne changent rien dans ces phénomènes, et ne doivent pas être employées pour expliquer les effets particuliers. » (*Correspondance de Leibniz et d'Arnaud*, lett. I.)

taphysique. L'explication métaphysique se distingue essentiellement de toute explication physique et empirique : celle-ci consiste toujours à rattacher un *phénomène* à un autre ; de là vient que pour le physicien les forces ne sont jamais que des formules, des manières de s'exprimer. Il n'en est pas de même pour le métaphysicien, car pour lui le problème est précisément de savoir comment les phénomènes sont possibles. Il ne comprend point un phénomène sortant du néant tout seul, spontanément, uniquement parce qu'il a été précédé d'un autre ; il ne comprend point un phénomène qui ne serait le phénomène de rien, ou qui ne serait produit par rien. Il lui faut un *au delà*, un *noumène*, comme on voudra l'appeler, une substance, une cause. Cette cause ne sert à rien physiquement parlant, elle est une qualité occulte ; mais elle répond à cette loi de l'esprit qui nous fait passer du phénomène à l'être, et qui est la raison d'être de la métaphysique.

Maintenant, combien de causes distinctes reconnaîtrons-nous en dehors de nous-mêmes? Ici nous n'avons d'autre mesure et d'autre critérium que les phénomènes eux-mêmes : autant de groupes irréductibles de phénomènes, autant de forces distinctes. — Mais, dira-t-on, de ce que deux groupes de phénomènes sont actuellement irréductibles, s'ensuit-il qu'ils ne pourront pas se résoudre un jour l'un dans l'autre? Sans aucun doute. Aussi la distinction objective des causes n'est jamais que relative à l'état de nos connaissances, et nul ne peut affirmer d'une manière absolue que deux ordres de causes ne se réduiront pas plus tard à un seul. Toutefois, s'il est imprudent de dire qu'une telle réduction n'aura pas lieu, il est imprudent aussi de dire qu'elle aura lieu nécessairement, car il n'y a aucune contradiction dans les termes à supposer qu'il puisse y avoir dans la nature plusieurs causes distinctes, et on est autorisé à reconnaître la distinction des causes jusqu'à démonstration du contraire. La force vitale serait donc, selon moi, cette portion d'inconnu qui, dans le domaine de l'intelligible, correspond à cet ordre particulier de phénomènes qui est propre aux êtres organisés. J'avoue que cette notion est tout à fait vide de contenu quand nous essayons de la concevoir hors des phénomènes qui la manifestent : ce n'est pas cependant un pur rien, car c'est l'idée d'une activité qui dure, tandis que les phénomènes paraissent et disparaissent continuellement : c'est aussi l'idée d'une activité identique dans son essence, tandis que les phénomènes changent sans cesse ; c'est enfin l'idée d'une activité productrice, tandis que les phénomènes ne sont que des apparences produites.

Quant à la réduction possible et ultérieure de tous les phénomènes vitaux aux phénomènes physico-chimiques, je me contenterai de rappeler que, suivant M. Claude Bernard, les forces physiques et chimiques ne sont que les conditions des phénomènes vitaux, mais qu'elles ne les constituent pas essentiellement. La nutrition ne s'opère dans un animal qu'avec accompagnement de phénomènes physiques et chimiques, mais elle n'est pas dans son essence un phénomène de ce genre. Si l'on convient de cette loi, signalée plus haut, que dans la nature l'inférieur est la condition du supérieur, on ne s'étonnera pas de voir la vie liée à des conditions mécaniques sans se réduire à un pur mécanisme, de même que la pensée est liée à des faits physiologiques et organiques sans être en elle-même et dans son essence un fait organique et physiologique. Au reste, M. Claude Bernard lui-même signale le fait caractéristique qui sépare d'une manière absolue les corps vivants des corps bruts, et il n'hésite pas à employer l'expression si discréditée de *force vitale*. « Ce qui est essentiellement du domaine de la vie, dit-il, ce qui n'appartient ni à la chimie, ni à la physique, ni à rien autre chose, c'est l'*idée directrice de l'évolution vitale*. Dans tout germe vivant, il y a une idée créatrice qui se développe et se manifeste par l'organisation. Pendant toute sa durée, l'être vivant reste sous l'influence de cette même *force vitale* créatrice, et la mort arrive lorsqu'elle ne peut plus se réaliser. Tout dérive de l'idée qui seule dirige et crée ; ces moyens de manifestation physico-chimiques sont communs à tous les phénomènes de la nature, et restent confondus pêle-mêle comme les lettres de l'alphabet dans une boîte où cette force va les chercher pour exprimer les pensées ou les mécanismes les plus divers. » Cette remarquable page, où l'auteur développe à sa façon le principe que les philosophes appellent principe des causes finales, prouve qu'il y a dans les êtres vivants au moins une force initiale qui ne se réduit pas aux forces physiques et chimiques, et rien jusqu'ici ne porte à croire qu'elle s'y réduira jamais.

Quelle que soit d'ailleurs la solution que la science puisse donner plus tard au problème de la vie, n'oublions pas qu'elle ne peut compromettre en rien l'existence du principe immatériel que nous appelons l'âme pensante, car, si la vie se distingue des forces brutes par des caractères *différents*, l'âme pensante se distingue de la matière par des caractères *opposés*. Nous concevons comme possible que la vie ne soit que le résultat de l'organisation, mais nous ne concevons pas comme possible qu'il en soit de même de la pensée. L'homme vivant peut être une machine, l'homme pensant et voulant n'en est pas une : c'est un point qu'il ne faut pas oublier, si l'on veut garantir l'âme pensante des destinées plus ou moins incertaines de la force vitale.

Nous parlons de l'homme libre ; mais la liberté, j'entends la liberté morale, peut-elle subsister, si l'on représente la vie, ainsi que le fait M. Claude Bernard, comme un enchaînement déterminé de phénomènes tels que, l'un étant donné, l'autre s'ensuive toujours d'après des lois nécessaires ? La physiologie n'entre-t-elle pas ici en conflit avec la psychologie et avec la morale ? M. Claude Bernard essaye de les concilier en distinguant le fatalisme du déterminisme. Suivant lui, ces deux idées, bien loin d'être identiques, sont absolument contraires. Le fatalisme suppose une force aveugle, capricieuse, indéterminée, agissant au hasard, sans raison, sans règle, sans loi : c'est donc tout l'opposé du déterminisme, qui admet la liaison des phénomènes suivant des lois fixes et rationnelles.

Cette explication du fatalisme est un peu hasardée, et on pourrait dire qu'elle est amenée par les besoins de la cause. Sans doute, dans la mythologie antique, le *fatum* était bien quelque chose de semblable à cette force aveugle et capricieuse dont parle M. Claude Bernard. Les anciens se la représentaient comme une divinité jalouse, qui élevait ou abaissait, rendait heureux ou malheureux, par pur caprice, ses victimes ou ses favoris. Aujourd'hui encore, on voit les joueurs croire à quelque divinité occulte de ce genre, qu'ils appellent la chance, et qui se joue de toutes les combinaisons, de tous les desseins ; c'est bien là en effet une sorte de fatalisme, mais ce n'est pas là le fatalisme philosophique.

On en peut distinguer de deux espèces, ou le fatalisme géométrique de Spinoza, ou le fatalisme physique de Hobbes, de Collins, de Lamettrie. Dans le fatalisme géométrique, tous les phénomènes de l'âme humaine se déduisent de son essence aussi logiquement, aussi nécessairement que les propriétés du triangle se déduisent de la définition du triangle. Dans le fatalisme physique, tous les phénomènes de l'âme ne sont autre chose que des faits physiques soumis aux mêmes lois de nécessité que les autres phénomènes physiques. Or, on conviendra aisément que, si les actions de l'âme sont gouvernées par les mêmes lois que la chute des pierres, on ne voit guère par où elles mériteraient d'être appelées libres. Le mot de liberté n'exprimerait que la partie inconnue des causes de nos actions : à mesure que ces causes seraient connues, la part de la liberté diminuerait d'autant, et, lorsque toutes ces causes seraient déterminées, la liberté disparaîtrait absolument. On ne voit donc pas comment le déterminisme physique pourrait se concilier avec l'idée de la liberté morale.

Renvoyer la liberté, comme le fait M. Claude Bernard, au domaine des causes occultes et des causes premières, peut s'entendre sans doute dans un bon sens; mais je fais observer que les causes efficientes des phénomènes physiques sont aussi des causes occultes, dont le mode d'action interne nous est inconnu, et cependant nous ne supposons pas que ces causes soient libres. Il est vrai que, si l'on remonte jusqu'à la cause créatrice, jusqu'à la cause suprême, on doit croire que tous les phénomènes de la nature sont les produits d'une cause libre ; mais ce n'est pas de celle-là que nous parlons, ce n'est pas de la liberté de Dieu qu'il s'agit, c'est de la mienne, de la vôtre, de celle des autres hommes : il s'agit en un mot de la liberté d'une cause seconde appelée l'homme, et si cette cause seconde est assimilée aux autres causes qui agissent dans la nature, on ne voit plus à quels signes et à quelles conditions se manifesterait sa liberté.

A notre avis, le physiologiste devrait se débarrasser de toutes ces difficultés en écartant le problème de la liberté comme ne lui appartenant en aucune manière, comme relevant d'une autre science. Que le psychologue, le moraliste, le métaphysicien s'arrangent comme ils le pourront, le physiologiste n'a rien à y voir ; ce qu'il affirme, c'est que dans le domaine de sa propre science tout est déterminé, c'est qu'aucun phénomène ne se produit sans une condition précise, toujours la même pour tout phénomène semblable, toujours différente pour tout phénomène différent. Qu'il y ait un monde où les choses ne se passent pas ainsi, qu'il y ait un ordre de causes métaphysiques qui agissent d'après d'autres lois, c'est ce que le physiologiste n'affirme ni ne nie ; c'est ce qu'il ignore, c'est ce dont il n'a pas à s'occuper.

La vérité est qu'il y a dans l'homme deux domaines intimement unis sans doute, mais essentiellement différents : le domaine du subjectif et celui de l'objectif, pour employer une distinction si aimée des Allemands et par elle-même si importante. Le corps humain est encore du domaine de l'objectif : c'est un objet extérieur susceptible d'être étudié comme tous les objets extérieurs ; ce qui se passe au contraire dans l'intérieur du sujet ne peut être saisi que par le sujet lui-même. Vous pouvez voir et toucher mon cerveau, vous ne pouvez pas voir et toucher ma pensée. Ne dites pas qu'il en est de même des fonctions physiologiques, dont le comment échappe à nos sens : je répondrais que le comment de la pensée nous échappe également, mais que le phénomène de la pensée nous est parfaitement connu et qu'il ne nous est connu qu'intérieurement ; bien plus, qu'il ne peut être en aucune façon représenté sous une forme objective. La distinction du subjectif et de l'objectif demeure inébranlable, et cette distinction peut avoir lieu dans l'homme lui-même, le corps se rapportant à l'objet et l'âme au sujet.

Si donc il y a dans l'homme quelque chose qu'on appelle la liberté morale, c'est dans le sujet qu'il faut le chercher, c'est dans le sein de cette cause qui se sent elle-même, tandis qu'elle ne connaît toutes les autres que par leurs manifestations externes. Se représenter cette cause intérieure sous la forme des phénomènes externes, n'est-ce pas comme si on voulait changer un cercle en carré? L'observation extérieure ne vous donne que des phénomènes; dans la conscience, il y a tout à la fois le sentiment d'une activité productrice et des phénomènes produits; c'est le sentiment de cette activité productrice continue qui nous fournit les idées appelées métaphysiques, les idées de cause, de substance, d'existence, d'unité, etc. C'est également dans ce sentiment intérieur que nous puisons l'idée de la liberté. En quoi consiste précisément cette idée, c'est ce qu'il n'est point facile de dire; mais le sens intime nous atteste que nous avons un tel pouvoir, quoi qu'en puisse dire la physiologie.

En même temps que l'expérience subjective nous atteste notre liberté avec une évidence éclatante, la conscience morale nous en démontre la nécessité, et Kant n'a pas eu besoin d'autre preuve que celle-là; car, s'il est un ordre de choses auquel nous devons coopérer par nos actions, il est de toute évidence qu'un tel devoir suppose le pouvoir, nul n'étant tenu à l'impossible. En conséquence, on doit admettre avec Kant l'existence de deux *règnes*, comme il les appelle, le règne de la nature et le règne de la liberté: le premier, où domine la nécessité, où chaque phénomène est déterminé par un phénomène antérieur, d'après un mécanisme rigoureux ; le second, où des volontés raisonnables se savent assujetties à une loi idéale, loi qui ne peut agir physiquement, mécaniquement sur elles, et qui, tout en déterminant leur action d'une façon en quelque sorte métaphysique, leur laisse leur entière spontanéité. C'est par là, suivant Kant, que la *personne* se distingue de la *chose*. De là vient le droit, c'est-à-dire l'accord de la liberté de chacun avec la liberté de tous.

Le devoir et le droit sont des forces, mais non des forces physiques et mécaniques, agissant suivant la loi de la nécessité. A proprement parler, ce sont des idées, et ces idées suffisent pour empêcher l'action ou la déterminer. Lorsque le besoin que j'ai d'une chose s'arrête devant le droit d'autrui, on peut dire que c'est la série mécanique des phénomènes de la nature qui vient se choquer contre une idée. Il n'y a pas de commune mesure entre ces deux choses, et c'est ce qu'on exprime en opposant le fait au droit, la force à la justice. L'esclavage, quel qu'il soit (civil ou politique), a pour effet de changer la personne en chose, de faire retomber l'homme du règne de la liberté dans le règne de la nature, et de l'ordre idéal, pour lequel il est fait, dans l'ordre mécanique, où il plonge naturellement.

Ces vues de Kant, renouvelées du stoïcisme, seront éternellement admirées, et représentent sans doute un des progrès les plus réels de la philosophie morale; mais, tout en éclaircissant certains points, elles laissent planer sur beaucoup d'autres une très-grande obscurité. Il ne suffit pas de distinguer deux règnes dans l'univers; il faut les concilier, les mettre en harmonie l'un avec l'autre, les faire marcher d'accord. Admettrons-nous donc que ces deux règnes coexistent sans se toucher, sans se mêler, sans agir l'un sur l'autre? Faut-il croire que la nature et la liberté sont, comme le corps et l'âme dans le système de Leibnitz, deux horloges allant d'accord parce qu'elles ont été primitivement montées ensemble, mais en réalité ne se connaissant pas, et n'ayant aucun empire l'une sur l'autre?

Ces deux mondes coexistent en effet dans l'homme lui-même. Non-seulement l'homme est en rapport avec la nature, mais il est lui-même une partie de la nature; la moitié de son être, sa partie corporelle, appartient à la nature. Bien plus, la nature pénètre jusque dans son âme par les sensations, par les images, par les appétits, par les passions, en un mot par tous les phénomènes qui lui sont communs avec les animaux, et qui sont régis par des lois quasi-mécaniques. Réciproquement, la liberté ne reste pas concentrée en elle-même, elle n'agit pas exclusivement dans le monde intérieur; la volonté commande au corps, elle en dirige, elle en suspend, elle en accélère les mouvements. Il y a donc mélange des deux règnes, action et réaction de l'un sur l'autre. Comment ce commerce est-il possible? Comment les lois physiques peuvent-elles se plier sans fléchir aux lois de la liberté? Comment les lois de la liberté peuvent-elles admettre, sans être détruites, l'action de la nature? Comment ce déterminisme physiologique, dont M. Claude Bernard nous démontre si nettement la nécessité physique, peut-il se concilier avec cette liberté métaphysique dont Kant nous démontre non moins clairement la nécessité morale? Ce problème a inspiré au philosophe Fichte, dans son livre de la *Destination de l'homme*, les pages les plus éloquentes et les plus profondes : c'est un de ceux que la philosophie de notre temps doit s'efforcer le plus de creuser, et dont l'examen permettra peut-être à l'esprit humain de faire quelques pas nouveaux.

LIVRE IV

LA PHILOSOPHIE

I

LA MÉTAPHYSIQUE SPIRITUALISTE AU XIXᵉ SIÈCLE

CHAPITRE PREMIER

PRINCIPE DE LA MÉTAPHYSIQUE SPIRITUALISTE

De toutes les doctrines philosophiques qui se partagent les esprits au temps où nous sommes, la moins étudiée est peut-être la doctrine spiritualiste. Nous ne croyons pas avancer un paradoxe en affirmant qu'elle est à peu près aussi connue que celle de Bouddha ou de Lao-tseu. On n'en connaît ni l'histoire, ni les principes, ni la vraie originalité. On ne cesse de la représenter sous les couleurs les plus fausses, tantôt comme une simple philosophie du sens commun, tantôt comme la restauration surannée de la métaphysique d'un autre siècle, tantôt comme la théologie des séminaires moins les miracles. Quant au caractère original et propre du spiritualisme de notre siècle, il est absolument ignoré. On prononce sans cesse les noms de Kant et de Hegel; mais qui donc sait, si ce n'est parmi les initiés, que la France a eu au commencement de notre siècle un penseur dont le nom doit être mis à côté de ceux-là, et qui depuis Malebranche est le plus grand et peut-être le seul métaphysicien que la France ait possédé? Je veux parler de Maine de Biran. Qui donc sait qu'un physicien illustre, dont le nom est marqué dans la science d'une manière ineffaçable, Ampère, a consacré plus de temps peut-être aux méditations philosophiques qu'à ses études de mathématiques et de physique, et qu'il a travaillé en commun avec Maine de Biran au renouvellement de la métaphysique? Qui donc sait que dans cette entreprise commune à ces deux penseurs se rencontrait une vue neuve et profonde, qui, développée avec la patience du génie allemand, eût peut-être donné naissance à un mouvement philosophique aussi considérable dans l'histoire que l'a été le mouvement kanto-hégélien, si des circonstances favorables se fussent prêtées à un semblable développement?

Ce qui a manqué à la philosophie de Biran et d'Ampère, ce sont les circonstances. Pour ce qui regarde ce dernier par exemple, il y a quelques années à peine que, par la publication du Journal de Maine de Biran, nous apprenions qu'Ampère était son collaborateur philosophique et qu'ils avaient une doctrine commune; c'est d'hier seulement et par les soins de M. Barthélemy Saint-Hilaire que nous avons été mis en possession d'une partie de sa correspondance philosophique avec Maine de Biran; encore ne possédons-nous cette correspondance que par fragments, et toute une moitié précieuse nous fait défaut, à savoir les lettres de Biran lui-même. Ampère avait sans doute déjà marqué son rang dans la philosophie par son éminent ouvrage sur la *Classification des sciences*, auquel avaient été joints des fragments d'une psychologie à la fois fine et confuse; mais la part qu'il pouvait avoir eue à l'établissement du spiritualisme nouveau était presque entièrement inconnue.

Quant à Maine de Biran, très-peu de ses écrits furent publiés de son vivant. Il avait le goût d'écrire et l'habitude assez étrange de recommencer sans cesse un même ouvrage; mais il n'avait pas le goût de la publication, il la craignait. Sa doctrine ne se faisait jour que dans un cercle assez étroit, dans une petite société philosophique dont il était le président, et dont les habitués n'étaient rien moins que M. Royer-Collard, MM. Cuvier (Georges et Frédéric), M. Ampère et vers la fin M. Cousin. C'est M. Cousin qui a fait pour Biran ce qu'il a fait pour Schelling et Hegel, ce qu'il a fait pour Abélard, pour Plotin et pour Proclus, c'est-à-dire qui a mis en circulation son nom et ses œuvres, et qui lui a communiqué le premier quelque chose de cet éclat qu'il prêtait à tout ce qu'il touchait; mais la fougue de cette imagination toujours en mouvement la transportait successivement sur trop de choses pour qu'aucune pensée eût le temps de mûrir silencieusement, ce qui est la condition du progrès scientifique. Aujourd'hui, il nous transportait en Écosse, puis en Allemagne, puis à Athènes ou à Alexandrie, puis au moyen âge, puis au XVIIe siècle, et toujours la dernière pensée était dominante. Comment l'idée de Maine de Biran aurait-elle pu jeter des racines et se développer dans cette dispersion indéfinie? Lorsqu'en 1840 M. Cousin publia les œuvres de Maine de Biran, il semble que le moment était déjà passé où le germe philosophique déposé dans ces œuvres eût pu fructifier. On savait trop de choses. En philosophie, l'ignorance est très-favorable à l'invention. En lisant Kant, on est confondu du peu de lectures qu'il avait fait en philosophie. Leibnitz et Hegel sont les seuls philosophes parmi les modernes qui aient joint une grande érudition à une grande spontanéité. La philosophie de Biran aurait trouvé sans doute dans Jouffroy un disciple et un maître tout prêt à la transformer en la développant, comme a fait Fichte à l'égard de Kant; mais Jouffroy, que je sache, n'a pas connu Biran, et il mourait à peu près vers le temps où les œuvres de celui-ci trouvaient dans M. Cousin leur premier éditeur.

M. Cousin avait publié quatre volumes d'œuvres inédites; ce n'était pas tout. Les œuvres les plus importantes peut-être lui avaient échappé. L'histoire des papiers de Biran est vraiment curieuse. C'est une odyssée parfaitement authentique qui fait pendant à celle des papiers d'Aristote, que nous a racontée Stobée. Suivant celui-ci, les papiers d'Aristote auraient moisi pendant deux siècles dans une cave. Ceux de Biran dormirent je ne sais combien d'années dans un grenier. Les papiers d'Aris-

-tote trouvèrent leur éditeur dans Apellicon de Téos. Les papiers de Biran eurent le bonheur de rencontrer également un éditeur dévoué et passionné qui, avec des soins infinis et de sérieux sacrifices, nous a donné tout ce qui restait de lui, à savoir un *Journal*, confession psychologique des plus attachantes, et trois volumes d'écrits philosophiques, parmi lesquels l'œuvre la plus complète et la plus étendue de Maine de Biran : l'*Essai sur les Fondements de la Psychologie*. Cet éditeur a été M. Naville, de Genève, qui, étant mort avant d'avoir achevé sa tâche, a laissé à son fils, M. Ernest Naville, l'honneur de l'exécuter. C'est en 1859 que parurent par les soins de ce dernier les *Œuvres inédites* de Maine de Biran.

Cette fois encore, l'opportunité manquait à cette importante publication. C'était le moment où de toutes parts commençait à éclater un évident besoin d'émancipation à l'égard de la philosophie régnante. On était peu disposé à en remonter le courant jusqu'à sa source, on voulait y échapper absolument. La curiosité était éveillée par une philosophie engageante et hardie, qui promettait beaucoup, comme tout ce qui est nouveau, et qui a peu tenu, comme il arrive presque toujours. D'ailleurs, il faut le dire, la lecture de Biran est âpre et ingrate. Sans avoir jamais su l'allemand, il pense et écrit en philòsophie comme un Allemand. Il a des profondeurs et des replis où il est difficile de le suivre. Ajoutez que les problèmes philosophiques, toujours identiques dans le fond des choses, se présentent à chaque époque sous des aspects différents. Les écrits posthumes de Biran et d'Ampère ne semblent guère répondre aux interrogations anxieuses du temps présent. Ce monologue ou ce dialogue, ce moi parlant à un autre moi ou se parlant à lui-même dans une sorte de solitude semblable à celle de Fichte, ce monde de la conscience, si ténébreux pour l'imagination, si fermé à la lumière des sens, cette analyse subjective si subtile et en apparence si arbitraire, toute cette spiritualité abstraite, n'avaient rien qui pût parler à ce temps de réalisme objectif, où l'on veut toucher et compter, et où l'on ne reconnaît de science que dans ce qui est susceptible de poids et mesure. Le spiritualisme lui-même, souvent trop timide et qui craint trop d'ennuyer, plus occupé d'ailleurs de se défendre que de développer ses doctrines, n'a pas rendu jusqu'ici à son vrai maître, Maine de Biran, tout l'honneur qui lui était dû[1]. Il n'est pas encore trop tard pour le faire. Au reste, notre objet, dans les pages qui suivent, n'est pas tant de faire connaître historiquement et analytiquement la philosophie de Biran que d'en exposer librement la pensée principale dans ce qu'elle a d'essentiel et de caractéristique.

Le principe de la philosophie de Biran peut être formulé ainsi : « Le point de vue d'un être qui se connaît lui-même ne doit pas être assimilé à celui de l'être connu extérieurement. » Toute la philosophie du xviii° siècle avait considéré l'homme comme une chose que l'on aperçoit du dehors. Condillac imaginait une statue dont il animait successivement les organes; Hartley et Priestley expliquaient la pensée par les vibrations cérébrales; le pieux Bonnet lui-même, dans son *Essai analytique des facultés de l'âme*, avait également imaginé sa

[1]. Je dois cependant rappeler deux travaux publiés dans la *Revue des Deux Mondes* : celui de M. F. Ravaisson (1er novembre 1840), où l'auteur opposait au point de vue sceptique de la philosophie écossaise le point de vue de Maine de Biran, et celui de M. Naville sur *Maine de Biran, sa vie intime et ses écrits* (15 juillet 1851). M. Vacherot a également, dans l'article *Conscience* du Dictionnaire des sciences philosophiques, développé avec beaucoup de force le point de vue de Biran ; et malgré les changements ultérieurs de sa pensée en Théodicée, il est resté, en psychologie, profondément attaché à ce point de vue.

statue et essayait aussi d'expliquer la pensée par la
mécanique. L'*homme-machine* de Lamettrie était
l'exagération, mais l'exagération très-conséquente
de la méthode généralement adoptée. La même
philosophie confondait encore la pensée avec les
signes qui l'expriment, et elle assimilait la psychologie tantôt à la physiologie et tantôt à la gram-
maire. Elle imaginait en outre les causes intérieures sur le modèle des causes externes, et,
appliquant la méthode baconienne à la psychologie,
elle ne voyait dans les facultés de l'âme et dans
l'esprit lui-même que des noms abstraits représentant des causes inconnues. Ainsi l'extériorité
était partout, l'intériorité nulle part. Tel était le
point de vue du xviiie siècle, tel est celui qui reparaît de nos jours à côté de nous. Si Maine de Biran
a combattu partout cette doctrine, on ne peut pas
dire que ce soit pour l'avoir ignorée ou méconnue,
ou pour en avoir été séparé par des préjugés théologiques. C'est dans cette doctrine précisément
qu'il a été élevé et nourri, c'est celle qu'il a pro-
fessée pendant toute la première période de sa
carrière. Bien plus, ce n'est pas par une influence
extérieure, par esprit de révolte ou par rupture
soudaine qu'il s'est séparé de cette philosophie;

c'est par un progrès naturel, c'est en croyant l'approfondir et la développer, c'est en y appliquant une analyse plus exacte et plus rigoureuse; depuis longtemps il l'avait dépassée qu'il croyait y être encore. C'est ainsi que dans son *Mémoire sur l'habitude*, où à chaque page il se donne très-sincèrement comme le disciple de Condillac et de Tracy, il n'est pas difficile à celui qui connaît sa philosophie future d'en découvrir non seulement les germes, mais les principes essentiels sous la terminologie de Condillac, encore conservée. Rien ne prouve mieux l'insuffisance du principe matérialiste et sensualiste que ce progrès spontané et régulier de la pensée qui conduit un Biran et un Cabanis[1] à s'élever d'eux-mêmes au-dessus de leurs propres principes jusqu'à une philosophie plus délicate et plus haute.

Ce fut donc par le mouvement régulier de sa pensée et sans savoir même où il serait conduit que Biran fut ramené pas à pas du point de vue objectif au point de vue subjectif, de l'extérieur à l'inté-

---

1. On sait que Cabanis, si franchement matérialiste dans les *Rapports du physique et du moral*, est parvenu à une philosophie toute différente dans sa *Lettre à Fauriel sur les causes premières*.

rieur. La profonde philosophie chrétienne avait depuis longtemps avec saint Paul distingué l'homme extérieur et l'homme intérieur, le vieil homme et l'homme nouveau, la chair et l'esprit ; mais cette distinction mystique et morale n'avait point pénétré en métaphysique. Descartes lui-même, malgré le *cogito*, n'avait guère fait que traverser un instant le point de vue de l'intériorité, et avait immédiatement passé à la chose pensante, à la chose en soi, pour parler le langage de Kant. Leibniz était plus près de ce point de vue ; toutefois Biran, dans son écrit admirable sur ce grand philosophe, nous le montre encore plus attaché à l'idée ontologique de la substance qu'à l'idée psychologique du sujet pensant. En général, pour les métaphysiciens, l'âme était considérée, non comme un sujet, mais comme un objet, objet de raison pure, non des sens, mais toujours conçu et aperçu du dehors, non du dedans.

Les grands métaphysiciens, quel que soit leur langage, ne peuvent jamais s'éloigner beaucoup de la vérité. Cependant leurs idées, lorsqu'elles passent dans le vulgaire, prennent en quelque sorte une forme solide et grossière qui fournit par là même de nouveaux prétextes aux réactions sceptiques et matérialistes. C'est ainsi qu'un spiritualisme de collége se substitue bien vite au spiritualisme vivant, dont on retrouve le sentiment chez tous les grands philosophes. De là, par exemple, cette représentation tout imaginative de l'âme, qui nous la montre dans le corps « comme un pilote dans son navire », selon l'expression d'Aristote, et en dehors de Dieu comme un homme est en dehors de sa maison; de là cette idée de substance suivant laquelle l'âme serait une espèce de bloc solide, revêtu de ses attributs comme un homme de son manteau. Voilà la doctrine de l'esprit telle que se la représentent le sens commun et l'école: c'est une sorte de matérialisme spiritualiste qui révolte les esprits raffinés et délicats tout autant que l'autre. Entre la substance abstraite de l'âme et la substance abstraite du corps, ils ne voient aucune différence, et ils ont raison; mais l'esprit est tout autre chose, et c'est ce qu'ils n'aperçoivent pas.

Il est très-remarquable que Biran s'est trouvé placé en philosophie dans une situation tout à fait analogue à celle de Kant, et qu'il a fait et voulu faire une révolution toute semblable. Kant avait cherché un milieu entre ce qu'il appelait le dogmatisme et le scepticisme, entre l'ancienne métaphysique, représentée surtout pour lui par le wolfisme, et la philosophie française et anglaise du xviii⁰ siècle. Biran a cherché exactement la même chose. Ne croyez pas que sa réforme soit un pur retour à la métaphysique du xviii⁰ siècle, et qu'il n'ait échappé à Hume que pour revenir à Descartes. Nullement; il critique toujours alternativement Hume et Descartes, le point de vue empirique et sceptique et le point de vue ontologique. Comme Kant, il distingue le *noumène* et le *phénomène*, ce qui est en soi et ce qui nous apparaît, et, s'il reproche aux sceptiques de ne voir que des phénomènes, il reproche aux dogmatiques de prétendre connaître les choses en soi dans leur absolu, dans leur essence intime et première. Ainsi le problème était posé tout à fait de la même manière et par Kant et par Biran. Tous deux pensaient qu'il devait y avoir un terme moyen entre la chose en soi, inaccessible à l'expérience, et le phénomène, additionné et juxtaposé dans le temps et dans l'espace; tous deux s'entendirent encore en cherchant dans le sujet pensant ce terme moyen, cette racine d'une métaphysique nouvelle. Jusque-là, ils marchent d'accord; c'est ici qu'ils se séparent.

Dans le sujet pensant, ce que Kant a surtout démêlé, ce sont les lois de la pensée. Entre le noumène et le phénomène, il a trouvé un intermédiaire, à savoir les formes *à priori* de l'intuition, de l'expérience, de la pensée en général, temps, espace, causalité. Pour Biran, ce moyen terme n'est autre chose que le sujet lui-même immédiatement saisi par un acte d'intuition. Pour Kant, le sujet pensant n'est encore qu'une résultante dont la notion se forme par l'application des lois de la pensée à la multitude des phénomènes intérieurs. Pour Biran, le sujet pensant et conscient est au contraire ce qu'il y a de primitif, et les formes *à priori* de Kant ne sont que les différents points de vue dégagés par l'abstraction du point de vue primitif et fondamental du sujet s'apercevant lui-même. En un mot, on peut résumer ainsi les deux doctrines : pour Kant, le moi est un produit de la pensée ; pour Biran, la pensée est un produit du moi. Chez l'un, c'est l'esprit logique qui domine ; chez l'autre, c'est l'esprit psychologique. Enfin Kant, avec ses formes de la pensée pure, ne trouve aucun moyen de passer du monde sensible au monde intelligible, du monde des phénomènes à celui des noumènes. Biran au contraire, en admettant un sentiment immédiat de l'être, trouve un passage entre les deux mondes et ressaisit l'objet par le moyen du sujet, c'est-à-dire de l'esprit. Pour mieux comprendre ces conséquences, il faut analyser avec plus de précision ce que nous n'avons fait qu'indiquer, à savoir la notion du sujet.

Ce qui est immédiatement présent à soi-même, ce qui existe *pour soi*, comme disent les Allemands, voilà le sujet, voilà l'esprit. Comparons cette notion soit à la notion empirique, celle de Condillac ou de Hume, soit à la notion dogmatique, celle de Descartes et de Leibniz. De l'idée de chose extérieure, il résulte manifestement et immédiatement cette conséquence qu'une telle chose (en supposant qu'il y en ait de semblables) ne peut être connue que par le dehors, c'est-à-dire par ses manifestations. Je ne puis connaître ce qui est en dehors de moi que si cet objet me révèle quelque chose de lui par des signes apparents, qui ne peuvent jamais être la chose elle-même, et qui n'en sont en quelque sorte que le langage. Je ne peux pas plus percevoir intérieurement la chose extérieure que je ne puis penser la pensée d'un autre. On ne peut donc jamais dire que la perception d'une chose externe soit immédiate, et Ampère, dans ses lettres à Biran, est tellement de cet avis, qu'il ne craint point d'appeler ridicule la théorie si vantée de Reid et des Écossais, celle de la perception immédiate et directe des objets extérieurs. Je ne puis percevoir immédiatement que les signes par lesquels la chose me révèle sa présence : pour saisir directement cette chose, il faudrait que je devinsse elle-même, que j'entrasse dans son intérieur, que j'en eusse conscience, et par conséquent qu'elle cessât de m'être extérieure.

Peut-être Ampère est-il bien sévère pour la théorie de Reid, qui peut s'entendre dans un bon sens. Lorsqu'on discute pour savoir si la perception des sens est immédiate et directe, ou si elle a lieu par des intermédiaires (discussion qui a eu une si grande importance dans l'école de Royer-Collard), on peut bien accorder que nous ne percevons pas la chose en elle-même et intérieurement, tout en soutenant qu'elle n'a pas lieu non plus par intermédiaires ou par images représentatives, ce qui était le principal objet de la polémique de Reid. On peut dire que les phénomènes par lesquels se manifeste la chose externe sont des signes qui nous suggèrent immédiatement l'affirmation de son existence. La perception immédiate des Écossais devrait donc s'entendre dans le sens d'une suggestion immédiate, et il n'y aurait pas alors une très-grande différence entre la théorie de Reid et celle d'Ampère lui-même. Quoi qu'il en soit, il suit évidemment de ce qui précède qu'il est de l'essence d'une chose extérieure de n'être connue que par les phénomènes qui la manifestent, et par conséquent de n'être atteinte que par induction, soit immédiate et directe, soit médiate et discursive.

Si nous passons maintenant à l'être qui se connaît lui-même, on peut se demander d'abord s'il existe un tel être; mais la réponse est donnée dans la question même, car celui qui demande cela sait bien qu'il le demande, il sait donc qu'il pense, il sait donc qu'il est. Voilà le principe fondamental de toute philosophie, comme l'a vu si bien Descartes, qui pourtant n'en a pas aperçu toutes les conséquences. Un être qui se connaît soi-même se connaît-il de la même manière que les choses externes, à savoir par des manifestations, par des apparences derrière lesquelles il y aurait une inconnue, un x, supposé et conclu par une induction soit directe, soit discursive, comme pour les choses externes? Dans cette hypothèse, le sujet pensant serait à lui-même une chose externe : il se verrait en dehors de soi. Ce serait en quelque sorte le moi de Sosie, un moi objectif, un moi qui ne serait pas moi. Comment, dans une suite de phénomènes, pourrais-je dire que ces phénomènes sont miens, que ma douleur est mienne, que ma passion est mienne, que mon plaisir est mien, si je n'étais pas intérieurement présent à chacun de ces phénomènes, à cette douleur, à cette passion, à ce plaisir? Comment pourrais-je me les attribuer, me les imputer, si je me voyais du dehors au lieu de me voir du dedans, si, en un mot, dans la conscience du phénomène qui m'affecte n'était impliquée d'une manière indissoluble la conscience même de l'être affecté? De plus, comment pourrais-je affirmer, non-seulement de chaque phénomène en particulier, mais de tous ensemble, qu'ils sont miens au même titre, que tous appartiennent au même moi? Comment pourrais-je même passer de l'un à l'autre sans interruption, sans solution de continuité, s'il n'y avait pas en moi, outre la conscience de cette pluralité phénoménale, la conscience d'une unité continue, qui est la trame de toute ma vie, et qui en fait même l'intérêt, comme dans un drame l'unité d'action est l'âme et la vie du drame?

Je perçois donc intérieurement quelque chose de plus qu'extérieurement, car je perçois d'abord ce qui fait que je m'attribue chaque phénomène séparément, et de plus ce qui fait que je me les attribue tous ensemble. Ce quelque chose de plus, sans lequel la conscience et par conséquent la connaissance seraient impossibles, je l'appelle être. L'esprit humain ne connaît donc pas seulement des phénomènes, il connaît son propre être : il plonge dans l'être, il en a conscience. Il sent en lui de l'être et du phénomène, du demeurer et du devenir, du continu et du divers, de l'un et du plusieurs. Tous ces termes, — être, permanence, unité, continuité, — s'équivalent; tous les autres, — phénomène, devenir, diversité, pluralité, — s'équivalent également. Ce que l'on appelle le moi, c'est cette union de l'un et du plusieurs rendue intérieure à soi-même par la conscience, et par une conscience continue.

L'expérience interne me donne non-seulement l'être et le phénomène, mais le passage de l'un à l'autre : ce passage est l'activité. Le sentiment de mon être intérieur n'est pas uniquement le sentiment d'une existence nue et inerte, à la surface de laquelle se joueraient, nous ne savons comment, les mille fluctuations de la vie phénoménale. Entre cet être vide et immobile et ce jeu superficiel de phénomènes flottants et fuyants, nul passage, nul moyen terme :

comment alors pourrais-je m'attribuer cet être, et encore une fois, si cet être n'est pas le mien, comment ces phénomènes seraient-ils miens? Non, l'être que je sens en moi est un être actif, éternellement tendu, aspirant sans cesse à passer d'un état à l'autre : c'est un effort ou au moins une tendance, à un moindre degré encore une attente, mais toujours quelque chose tourné vers l'avenir, une anticipation perpétuelle d'être, et en quelque sorte une prélibation de l'avenir. Cette appréhension impatiente et avide du futur, si souvent signalée par les moralistes, devient une fatigue quand on en prend conscience; de là, il résulte que la vie est douce dans la jeunesse, malgré toutes les douleurs, parce que, la force de vivre étant toute fraîche, la vie ne coûte aucun effort, tandis qu'elle devient lourde au contraire, même au sein du bonheur, à mesure que l'on avance en âge, par la conscience accumulée de la fatigue passée et la prévision certaine de la fatigue future. Or, la fatigue suppose l'action. La vie n'est donc pas seulement une existence, c'est une action, et le sujet pensant n'est pas seulement un être, c'est une force.

Le sujet pensant ne se perçoit donc pas à la manière des choses externes, comme un phénomène ou une collection de phénomènes; mais ne l'oublions pas, il ne se connaît pas non plus dans son essence, dans son fond absolu. L'âme dans l'absolu, dit Maine de Biran, est un x. Sur ce point, je le répète, Biran et Kant sont d'accord. Ce qui est l'objet de l'intuition, c'est le sujet pensant lui-même, sujet qui ne se disperse pas et ne s'épuise pas dans les phénomènes, mais dont le fond substantiel aussi bien que l'origine et la fin échappe à toute intuition. D'abord il est évident que le sujet pensant, l'esprit, ne sait rien par l'intuition directe de son commencement. Rien ne l'autorise à croire qu'il ait toujours existé. En supposant que cela fût, cette existence éternelle n'a laissé aucune trace dans notre souvenir. Les nations de l'Orient croient à la préexistence; mais c'est là une pure croyance. Même le commencement de notre existence phénoménale est pour nous enveloppé de nuages. Nous ne remontons par la mémoire que jusqu'à une certaine période de notre vie, et les intervalles vides de souvenir s'augmentent et grandissent à mesure que nous rétrogradons par la pensée. Au delà d'un certain temps, nous ne savons plus que par autrui que nous avons vécu et senti. Si nous remontons encore plus loin dans cette vie obscure et parasite qui précède la naissance, ce n'est plus par le témoignage des hommes, c'est par l'induction et l'analogie que nous sommes autorisés à croire que la sensibilité n'a jamais été complétement absente, et que les premiers instincts accompagnés d'une conscience confuse ont dû coïncider avec l'éclosion même de l'être nouveau ; mais enfin à ce dernier moment ou plutôt à ce point initial où a dû commencer, s'il a commencé, l'être qui plus tard dira *je* ou *moi*, à ce moment tout fil conducteur nous fait défaut : la conscience, le souvenir, le témoignage, l'induction, l'analogie, tout vient à nous manquer, et l'œil se perd dans un immense inconnu.

L'esprit ne sait rien intuitivement sur son passé, il n'en sait pas davantage sur son avenir. Il sait par l'expérience extérieure que les conditions organiques auxquelles semble attachée la présence de la conscience se dissoudront un jour, et qu'avec elles disparaîtra tout signe extérieur de conscience. Cette disparition est-elle absolue, ou n'est-elle qu'une transition à un autre état de conscience ? C'est ce que l'intuition ne nous apprend pas, c'est ce qu'aucun témoignage humain ne peut nous révéler, c'est ce que nulle seconde vue ne peut pénétrer. La vie future est l'objet de la foi et de l'espérance, non d'une vision directe : de grandes raisons morales, de solides inductions rationnelles, viennent à l'appui des pressentiments naturels de l'âme ; mais l'expérience intérieure est muette sur cet anxieux problème, et, si l'induction et l'analogie nous autorisent à affirmer la permanence de notre être, nulle induction, nulle analogie, ne nous permettent de nous représenter sous une forme quelconque cet état futur de notre être dans des conditions d'existence absolument différentes de celles que nous connaissons. De là cette terreur de la mort dont la foi la plus vive ne parvient pas toujours à triompher, car la vie dans des conditions absolument inconnues nous est encore comme une espèce de mort, et le néant lui-même semble moins effrayant pour l'imagination que cette transformation radicale où le moi actuel continuerait à subsister dans un autre moi.

Ce n'est pas tout ; non-seulement l'esprit n'a conscience de lui-même que dans une portion limitée du temps, resserrée entre un *avant* et un *après* infinis, mais cette durée même de la conscience n'est pas continue. Elle a ou paraît avoir des intermittences, tout au moins des relâchements et des rémissions, tantôt d'une manière périodique et normale, comme dans le passage de la veille au sommeil, tantôt d'une manière accidentelle, comme dans l'évanouissement, l'extase, l'imbécillité. Ces différents états, susceptibles d'une infinité de degrés, sont comme des passages de la conscience à l'inconscience, sans qu'on puisse affirmer qu'il y ait jamais un état d'inconscience absolue. L'esprit semble ainsi retourner par degrés vers cet état de végétation obscure d'où il est sorti, et par où il se rattache aux êtres inférieurs. Que devient l'âme dans ces états d'évanouissement, dans cette aliénation de conscience, dans cette perte et cet oubli de soi-même, en supposant qu'il y ait oubli complet? Où est-elle? où rentre-t-elle? Dans quel réservoir vont se cacher ces pensées latentes, ces sentiments endormis, cette volonté suspendue, ce moi enfin qui vivait avant, qui revit après, et dont les tronçons, coupés et séparés, se rejoignent et se retrouvent au moment du réveil, comme si un lien inaperçu n'eût cessé de les rattacher l'un à l'autre dans ce vide apparent?

Ce n'est pas tout. Le sujet pensant, avons-nous dit, est plus qu'un phénomène, plus qu'une collection de phénomènes, c'est un être; mais quelle sorte d'être? Un être qui fuit et s'écoule sans cesse, un être qui ne peut jamais s'arrêter ni se contenir, et à ce point de vue on peut dire que cet être lui-même n'est encore qu'un phénomène; mais c'est un phénomène d'un ordre supérieur, puisqu'il est le lien et le centre de tous les autres phénomènes qui composent notre vie. Le sujet ou le moi est donc, à proprement parler, un moyen terme entre le phénomène proprement dit et l'être proprement dit. Par rapport au phénomène, il est comme un tout; par rapport à l'être, il est comme rien; c'est un milieu entre rien et tout, selon la profonde expression de Pascal. C'est là vraiment qu'il faut chercher avec Hegel l'identité de l'être et du non-être, car au moment où je suis, je ne suis déjà plus, et, quand je ne suis plus, je suis de nouveau, de telle sorte que, renaissant sans cesse de ma propre mort, je participe à la fois par un mystère incompréhensible à l'être et au néant. On comprend que des métaphysiciens exacts et rigoureux aient craint de donner le nom de substance à cet être fuyant qui peut dire avec Héraclite : « Nous ne repassons jamais deux fois les eaux du même fleuve. » Il semble qu'une substance doive être quelque chose d'absolument fixe, et en ce sens un tel mot paraît ne pouvoir s'appliquer qu'à l'être infini. A proprement parler, le sujet n'est qu'une ombre de substance, l'image mobile de l'être éternellement immobile. C'est à ce titre qu'il est permis de dire avec Pascal que l'homme est à lui-même « un monstre, un prodige incompréhensible », car il unit les contradictoires, non-seulement dans sa vie et dans ses attributs, mais dans son fond même, et il peut, selon le côté par lequel il se regarde, se confondre avec l'infini ou se perdre dans la poussière de ses propres phénomènes.

Cette situation mixte du moi fait que nous n'avons aucune notion fixe de notre propre être. Vous pouvez peser l'homme physique et le comparer avec les poids des autres choses matérielles, vous pouvez mesurer l'espace qu'il occupe, vous pouvez mesurer sa durée, vous pouvez sinon mesurer, du moins évaluer le mérite intellectuel ou moral des différents hommes; mais, si vous pénétrez plus avant encore, si vous plongez jusqu'à l'être même, que trouverez-vous? *Quot libras invenies?* Combien d'être y a-t-il dans l'homme? Il sent en lui tantôt plus, tantôt moins de phénomènes. L'intensité de sa vie intérieure semble varier à tous les instants, et son être ne fait que monter ou descendre sans qu'on puisse mesurer ces diverses oscillations. Ainsi le sujet ne sait rien de son propre poids, il ne peut rien fixer de son étendue; de plus il ne sait rien de sa profondeur; son dernier fond est inaccessible. Il a bien conscience que ses phénomènes supposent une activité interne, que cette activité suppose un être : il plonge dans l'être, avons-nous dit, — et c'est par là que la doctrine de Biran se sépare du pur empirisme, — mais jusqu'où y plonge-t-il ? Le moi qui pense est-il de roc et d'argile selon l'expression de Descartes ? N'est-ce pas, comme nous venons de le voir, quelque chose de mouvant, de flottant, de fluide, quelque chose qui court, et qui se sent en quelque sorte suspendu au-dessus du vide ? Le regard intérieur, quand il se replie sur nous-mêmes, redescend des phénomènes à l'activité, de l'activité à l'être; mais au-dessous il plonge dans une nuit sans fond. L'esprit n'a nulle conscience d'être son tout à lui-même; il n'a non plus nulle conscience des attaches par lesquelles il tient à la dernière racine. Il flotte dans un éther immense, sans apercevoir ce qui le soutient.

CHAPITRE II

PARTIE CRITIQUE DU SPIRITUALISME

On voit par ces développements comment Maine de Biran a pu dire que l'âme, considérée dans son absolu, c'est-à-dire dans son essence intime, est un x, une inconnue, un noumène, tout en soutenant que l'intuition du sujet par lui-même va au delà du pur phénomène et atteint la force active et continue qui constitue le moi. Mais, si l'on dit que l'âme en soi nous est tout à fait inconnue, n'est-ce point par là donner gain de cause au scepticisme, et permettre toute hypothèse, par exemple celle du matérialisme aussi bien que celle du panthéisme? Si l'âme substance m'est entièrement inconnue, qui m'assure que cette substance n'est pas la matière? Qui m'assure que cette substance n'est pas la substance divine? Que puis-je répondre à Locke, lorsqu'il me dit que Dieu a pu donner à la matière la puissance de penser? Que puis-je répondre à Spinoza, lorsqu'il me dit que l'âme est une idée de Dieu?

Sans rien savoir directement de l'essence de l'âme, j'en sais au moins ceci : c'est qu'elle doit être telle qu'elle ne rende pas impossible l'intuition de soi-même, qui est le fait primitif. Ampère, dans ses lettres à Biran, fait ici une comparaison ingénieuse. Nos sens, dit-il, aperçoivent un ciel apparent, un ciel *phénoménal;* les astronomes nous décrivent un ciel réel, un ciel *nouménal :* ces deux ciels ne se ressemblent pas, et cependant on peut conclure de l'un à l'autre. Le ciel phénoménal ne peut être tel qu'à la condition que le vrai ciel, le ciel nouménal, soit tel qu'il est; ainsi de l'apparence on peut conclure rigoureusement à la réalité. De même, dit Ampère, il y a un moi phénoménal, celui qui apparaît immédiatement à la conscience comme sujet pensant, et un moi nouménal, qui est l'âme elle-même. Or, cette âme, cette chose en soi, doit être telle qu'elle ne rende pas impossible le moi apparent, le moi phénoménal. Tel est le principe qui permet de passer de la psychologie à l'ontologie, et c'est en partant de ce principe que l'on peut échapper soit au matérialisme, soit au panthéisme.

Supposons qu'il y ait en dehors de nous une certaine chose appelée matière, — ce qui peut être mis en doute; — écartons l'idée de cette chose considérée dans son essence, laquelle nous est aussi inconnue que celle de l'âme; prenons enfin l'idée de la matière telle que l'expérience nous la donne et telle qu'elle est représentée par les sens et par l'imagination, à savoir comme une pluralité de choses coexistant dans l'espace, quelles que soient d'ailleurs ces choses (atomes, phénomènes ou monades); — on peut affirmer qu'une telle pluralité, et en général toute pluralité, est hors d'état de se connaître intérieurement comme être, puisque cette pluralité n'a pas d'intérieur. Sans doute une pluralité de parties peut former une unité au point de vue de celui qui la considère extérieurement : la Grande-Ourse forme une constellation dont l'unité est constituée par l'esprit qui la contemple; mais cette constellation n'est pas une unité pour elle-même. L'unité de conscience veut un vrai centre, un centre effectif, et la raison humaine sera toujours hors d'état de comprendre que la pluralité puisse se percevoir elle-même comme unité sans l'être effectivement. Telle est la raison permanente et indestructible du spiritualisme, raison que Kant lui-même appelle l'Achille de l'argumentation dialectique. Il réfute à la vérité cet argument et le réfute bien ; mais c'est que dès l'origine il s'est placé en dehors de la vraie notion du sujet, telle que Biran l'a déterminée.

Si une pluralité de substances coexistantes ne peut arriver à une véritable unité, à une unité intérieure et consciente, une pluralité de substances successives ne peut pas davantage constituer une véritable identité, c'est-à-dire une continuité sentie. Dire avec Kant qu'on peut se représenter une succession de substances se transmettant l'une à l'autre une même conscience comme une succession de billes se transmettent un même mouvement, c'est méconnaître la vraie idée de la conscience, c'est confondre encore le point de vue intérieur avec le point de vue extérieur ; la transmission d'une conscience implique contradiction. Il paraît donc démontré, au moins à nos yeux, qu'une pluralité (de succession ou de coexistence) ne peut parvenir à l'unité et à l'identité sentie, en d'autres termes que la matière ne peut devenir esprit. L'âme, considérée en soi, comme chose absolue, n'est donc pas un *nombre*, une *harmonie*, comme le prétendaient les anciens. Là est l'écueil où viendra toujours échouer toute doctrine matérialiste.

Que si on nous dit que la matière prise en soi n'est peut-être pas une pluralité, puisque nous n'en connaissons pas l'essence, nous répondrons que ce n'est plus alors la matière, ou du moins ce qu'on appelle ainsi. Pour nous qui aimons les idées précises, nous réservons le nom de matérialisme à la doctrine qui, partant de l'idée de matière telle qu'elle est donnée par les sens et représentée par l'imagination (à savoir une pluralité existant dans l'espace), et donnant à cette pluralité apparente une réalité substantielle, en fait non plus seulement la condition, mais le *substratum* de la pensée. L'atomisme épicurien est le vrai et le seul matérialisme rigoureux, parce qu'il se représente les derniers éléments des corps sur le modèle des corps réels : ce sont pour lui comme de petits cailloux insécables qui composent toutes choses. Aussitôt qu'on nous parle d'une autre matière que celle-là, il n'y a pas plus de raison de l'appeler matière que de quelque autre nom, — la substance, l'idée, l'esprit ou même Dieu, — et le matérialisme se transforme en idéalisme ou en panthéisme. Ici la discussion change d'aspect et un nouveau point de vue se présente à nous.

En même temps que l'expérience intérieure nous

donne l'unité du moi, l'expérience externe, aidée de l'induction, nous autorise à affirmer l'existence des autres hommes et par conséquent de consciences semblables à la nôtre. La pluralité des consciences est un postulat que l'on peut considérer comme acquis à la science sans démonstration. Il est très-remarquable en effet qu'aucun sceptique n'ait jamais expressément nié l'existence des autres hommes. L'hypothèse qui ferait de l'intelligence de tous les hommes sans exception une sorte de réfraction ou de diffraction de la mienne propre, cette hypothèse suivant laquelle les pensées d'un Newton ou d'un Laplace seraient encore mes propres pensées, même lorsque je suis absolument incapable de les comprendre, une telle hypothèse, si contraire au sens commun, n'a jamais été explicitement, que je sache, soutenue par aucun philosophe. Les sceptiques, en parlant des contradictions humaines, supposent par là même qu'il y a plusieurs esprits différant les uns des autres. Protagoras disait que « l'homme était la mesure de toutes choses »; mais il reconnaissait ainsi que chacun était pour soi-même la mesure de la vérité, et par conséquent il entendait bien admettre l'existence des divers individus. Berkeley, qui niait la réalité de la matière, admettait expressément l'existence des esprits. Fichte enfin, qui fait tout sortir du moi, démontre dans son *Traité de droit naturel* la pluralité des *moi* (*die Mehrheit der Ichten*). Il y a donc, à n'en pas douter, des consciences individuelles distinctes.

Or, la conscience d'un homme est absolument fermée à celle d'un autre homme. Je ne puis pas avoir conscience du plaisir ou de la douleur d'un autre. Les consciences sont donc nécessairement discontinues. Elles forment des mondes distincts, des *moi* séparés. Il n'y a aucun passage intelligible du moi d'un homme au moi d'un autre homme. Le langage sans doute est un intermédiaire; la sympathie et l'amour sont des liens, une multitude de consciences peuvent vibrer à l'unisson, comme il arrive dans l'enthousiasme et dans l'énergie des passions populaires; enfin il y a entre tous les hommes un lien intime et secret, une essence commune, et, comme on l'a dit, une solidarité qu'il ne faut pas oublier; mais, si intime que soit ce lien, il ne va pas, il ne peut aller jusqu'à effacer la limite qui sépare radicalement les esprits, à savoir ce caractère essentiel d'être présent à soi-même, ce qui implique que l'on ne peut être en autrui comme l'on est en soi.

La pluralité des consciences a donc pour corollaire la discontinuité des consciences : d'où je tire cette conséquence, c'est que, dans l'hypothèse d'une unité primitive, homogène, sans division et absolument continue, la pluralité des consciences serait impossible. Cette grande unité, en lui supposant un moi, n'en aurait qu'un seul, et ne se démembrerait pas en consciences diverses et séparées. Supposez l'être infini, un et homogène, supposez-le affecté de phénomènes multiples, supposez enfin qu'il ait conscience de lui-même, je le répète, il y aura en lui une seule conscience, une conscience totale et unique, mais non une pluralité de consciences fermées les unes aux autres, comme le sont les consciences humaines : d'où je conclus qu'entre l'unité primitive, s'il y a une telle unité, et la multitude infinie des phénomènes, il doit y avoir des principes d'unité distincts, des points de conscience. Je ne les appellerai pas des substances, puisque la chose en soi m'est inconnue et que le mot substance en dit peut-être trop pour ce mode d'existence qui tient encore tant au phénomène; peut-être enfin l'être est-il substantiellement indivisible. Cependant, il doit y avoir au moins des forces individuelles qui à leur base échappent à nos regards, mais qui se manifestent à elles-mêmes leur unité dans le fait de conscience. Ces unités de conscience ne peuvent d'ailleurs s'entendre comme des concentrations successives de la pluralité phénoménale extérieure, car ce serait revenir à l'hypothèse déjà réfutée.

Nous conclurons donc par les deux propositions suivantes: 1° une pluralité quelconque (atomes, forces, phénomènes) ne peut être le principe d'une unité consciente, ce qui se connaît soi-même ne sera jamais une résultante; 2° la pluralité des consciences ne peut s'expliquer dans l'hypothèse d'une unité uniforme et continue sans qu'il y ait quelque intermédiaire entre l'unité primitive et les consciences discontinues. En d'autres termes, la pluralité absolue n'explique point l'unité du moi, — l'unité absolue n'explique pas la pluralité des moi. Entre le matérialisme, qui réduit tout à la pluralité, et le panthéisme, qui réduit tout à l'unité, se place le spiritualisme, qui admet les unités secondaires entre l'unité première et la pluralité infinie. Le spiritualisme n'exclut aucune relation, si intime qu'elle soit, de l'esprit avec la matière. Il n'exclut non plus aucune relation, si intime qu'elle soit, de l'esprit avec Dieu. Le spiritualisme subsiste, pourvu que l'on admette ces deux vérités fondamentales : l'unité de centre pour expliquer la conscience du sujet, — la pluralité des centres pour expliquer la discontinuité des consciences.

Nous avons recueilli et développé librement dans les pages précédentes l'idée mère du spiritualisme français fondé par Maine de Biran; mais nous n'avons pas fait connaître sa philosophie, qui a des aspects bien plus étendus et une portée beaucoup plus vaste qu'on ne peut l'indiquer dans une esquisse rapide. Pour bien faire comprendre cette philosophie, il faudrait pouvoir exposer avec détail et précision toutes ces belles théories, qui resteront dans la science : la théorie de l'effort volontaire, par laquelle Biran établit contre Kant et contre Hume la vraie origine de l'idée de cause; la théorie de l'obstacle, par laquelle il démontre, d'accord avec Ampère, l'objectivité du monde extérieur; la théorie de l'habitude, dont il a le premier démontré les lois; ses vues, si neuves alors, sur le sommeil, le somnambulisme, l'aliénation mentale, et en général sur les rapports du physique et du moral; la classification des opérations de l'âme en quatre systèmes : affectif, sensitif, perceptif et réflexif; enfin sa théorie de l'origine du langage. Dans cette étude, on aurait à faire la part, en consultant avec soin leur correspondance, de ce qui doit être attribué à Ampère ou à Biran dans cette doctrine commune [1]; mais un travail critique d'une telle étendue ne peut pas même être essayé ici.

Maine de Biran a donné à la France une philosophie de l'esprit : il ne lui a donné ni une philosophie de la nature, ni une philosophie religieuse. Ce n'est que vers la fin de sa vie qu'il s'est posé à lui-même le problème de Dieu. Jusque-là, il semblait l'avoir systématiquement écarté. Le moi l'occupait tout entier, et la pensée de l'absolu et du divin semblait dormir dans les profondeurs de sa conscience : une note mystérieuse ajoutée aux *Rapports du physique et du moral* était la seule indication d'une tendance religieuse et déjà mystique qui devait se développer plus tard dans sa dernière phase philosophique. De cette dernière phase, il ne nous reste que des débris, et tout porte à croire

---

1. Ampère lui-même semble avoir fait ce partage dans la dernière lettre de la correspondance publiée par M. Barthélemy Saint-Hilaire.

qu'elle était plutôt un sentiment de l'âme qu'une doctrine rigoureusement philosophique. C'est donc en dehors de Maine de Biran que s'est développée la philosophie religieuse du spiritualisme.

Oserai-je dire toute ma pensée? C'est surtout dans cette partie de la philosophie que le spiritualisme a le plus à faire pour se mettre au niveau des recherches scientifiques et philosophiques de notre temps. On a beaucoup insisté, et avec raison, sur la personnalité divine; mais on s'est trop borné à prouver cette vérité par la psychologie, on a trop cru que tout était démontré lorsqu'on avait dit que tout ce qui est dans l'effet doit se retrouver dans la cause, que, l'homme étant un être intelligent et libre, Dieu doit être aussi, mais infiniment, intelligent et libre. Puisqu'on s'appuyait ainsi sur un axiome cartésien, on n'aurait pas dû oublier que, suivant Descartes, ce ne sont pas seulement les attributs humains, c'est en général tout ce qui est doué d'un certain degré de perfection, c'est-à-dire de réalité, qui doit être conçu en Dieu d'une manière absolue. On n'aurait pas dû oublier que, Descartes admettant l'étendue des corps comme une réalité, puisqu'elle en est l'essence même, il est impossible, tant qu'on reste fidèle à cette doctrine, de ne pas attribuer à Dieu l'étendue infinie aussi bien que la pensée infinie, et de ne pas en faire par là même la substance des corps aussi bien que la substance des esprits ; c'est ce qu'a fait Spinoza. Si au contraire on prétend que c'est, non pas l'étendue réelle qui est en Dieu, mais ce qu'il y a d'essentiel, d'intelligible, d'idéal dans l'étendue corporelle, on est amené par la même considération à avancer que c'est non pas l'intelligence elle-même qui est en Dieu, mais ce qu'il y a d'essentiel et d'absolu dans l'intelligence. On arrive ainsi à s'écrier avec Fénelon : « Dieu n'est pas plus esprit que corps ; il est tout ce qu'il y a de réel et d'effectif dans les corps et dans les esprits. » Dieu ainsi entendu n'est plus que l'être, l'être tout court, dit Malebranche, l'être sans rien ajouter, dit Fénelon. Ce n'est point là une personne. Ainsi la doctrine cartésienne aboutissait de toutes parts à la négation de la personnalité divine.

Si la philosophie cartésienne conduit à nier la personnalité divine, la philosophie allemande, au contraire, conduit nécessairement à l'affirmer, et nous inclinons à croire que cette philosophie si décriée par nous-mêmes peut être, bien comprise, le salut du spiritualisme. Ce que la philosophie allemande a démontré depuis Leibniz jusqu'à Hegel, c'est que la nature et l'esprit ne sont pas opposés l'un à l'autre comme deux choses égales, comme ayant l'un et l'autre une même solidité, mais qu'ils sont l'un à l'autre subordonnés. La nature, à proprement parler, n'a pas de réalité propre : elle est pleine d'esprit; elle n'est, elle ne vit, elle ne respire que par l'esprit. « Tout est plein des dieux, » disait Thalès. Ce qu'il y a d'effectif dans la nature, c'est la force et la loi : l'étendue n'est qu'un *substratum* mort, c'est le vide; la force et la loi, c'est déjà l'esprit, non pas de l'esprit *pour soi*, comme disent les Allemands, mais de l'esprit *en soi*. La matière, dit Schelling, c'est de l'*esprit éteint*. La matière ne vit donc que par l'esprit ou pour l'esprit. L'esprit est la vérité de la matière. Par la même raison, Dieu est la vérité de l'esprit, il est l'esprit en soi, l'esprit absolu. Aussi Hegel est-il plus hardi que Fénelon, et ne craint-il pas de dire que Dieu est esprit, et que c'est là sa vraie définition.

Il est surprenant que la négation de la personnalité divine soit venue de l'école de Hegel; cette école, qui n'admet que le sujet, que la pensée, que l'idée, devait définir Dieu le sujet absolu, ce qui est la plus haute idée que l'on puisse se faire de la personnalité. Même Schelling faisait encore de Dieu un sujet-objet; mais Hegel absorbait entièrement l'objet dans le sujet[1]. Toute vérité était donc dans le sujet et dans le sujet absolu. Il est certain que Hegel n'a jamais bien défini ce qu'il entendait par sujet absolu, esprit absolu, et ce n'est pas le lieu ici de controverser sur le sens de sa doctrine. Nous en prenons, quant à nous, ce qui nous convient, et, partant, comme on l'a vu, du sujet relatif ou du moi, nous en sortons par le phénomène de l'obstacle ou de la résistance pour remonter de là au sujet absolu, qui est, si l'on veut, l'identité des deux termes, ou plutôt l'absorption de l'un dans l'autre. Ce sont les deux pôles de Maine de Biran : « la personne-moi, d'où tout part; la personne-Dieu, où tout aboutit. » Entre le sujet relatif et le sujet absolu, entre ces deux personnalités, quels sont les rapports? Est-ce la personne-Dieu qui enveloppe tout au point que la personne-moi n'en serait qu'un mode ou phénomène? Est-ce au contraire la personne-moi qui

---

[1]. En Allemagne, le système de Schelling est appelé *idéalisme objectif*, et celui de Hegel *idéalisme absolu*, ce qui correspond bien à la différence que nous signalons.

serait la réalisation effective de la personne-Dieu ?
Est-ce l'homme qui a conscience en Dieu ? Est-ce
Dieu qui a conscience en l'homme ? Ni l'un ni l'autre. Si l'homme n'est qu'un mode de Dieu, il n'y
a plus de personnalité humaine, il n'y a plus de
sujet. Tout notre édifice s'écroule. Si c'est Dieu
qui se disperse dans la conscience humaine, il n'y
a plus d'esprit absolu. Nous maintenons fermement
la distinction du sujet absolu et du sujet relatif :
c'est ici la limite ferme et fixe par laquelle nous
nous séparons du panthéisme.

Pour nous, le panthéisme ne consiste essentiellement ni dans la doctrine de l'unité de substance
ni dans la négation de la création *ex nihilo;* ce
n'est pas sur ces deux points que nous lui ferons
la guerre. Il consiste exclusivement dans la confusion et l'absorption des deux personnalités. La
création *ex nihilo* est un mystère incompréhensible
que nous ne voulons ni affirmer ni nier : elle est
en dehors de la science. L'unité de substance est
un dogme obscur et vague, aussi vague que l'est
elle-même la notion de substance. Cette doctrine
répond à un besoin d'imagination, non de raison.
On veut savoir de quelle étoffe les choses sont faites, et l'on croit que Dieu les compose avec sa

substance, comme un tailleur fait un habit avec du drap, à quoi les théologiens répondent que le drap est tiré du néant; mais pour les uns et les autres il faut du drap. Nous n'affirmons ni ne nions l'unité de substance, nous ne la comprenons pas plus que la doctrine opposée. Que l'on pense là-dessus ce qu'on voudra, ce n'est pas sur ce point que la philosophie spiritualiste veut engager ses destinées.

Je vais plus loin : ce n'est pas tout de distinguer le sujet humain et le sujet divin, le moi absolu et le moi fini; il faut les unir. Ici encore je ne connais aucune mesure qui permette de fixer le degré d'union en deçà ou au delà duquel on sera ou l'on ne sera pas panthéiste. La distinction des deux sujets est le seul point fondamental; quant à la *participation* de l'un et de l'autre (selon l'expression de Platon), vous pouvez la supposer aussi intime qu'il vous plaira, pourvu qu'elle n'aille pas jusqu'à l'absorption. Et comment pourrions-nous savoir, à moins d'être Dieu lui-même, jusqu'à quel point le sujet fini et le sujet infini peuvent se pénétrer sans se confondre? Le faible du déisme philosophique, c'est de concevoir Dieu comme une chose séparée, en dehors du moi, en dehors du monde. Le fort du panthéisme est de concevoir Dieu comme en dedans du monde. *Deus est in nobis; in Deo vivimus.* Dieu est en nous, et nous sommes en Dieu. C'est cette intériorité de Dieu dans le moi qui fait la force du panthéisme, et c'est là l'essence de toute religion. Le rite par excellence, c'est la communion, l'eucharistie; c'est le symbole le plus pur de l'intériorité divine mêlée à l'intériorité de l'esprit. Le dogme chrétien de l'incarnation est encore un admirable symbole de l'union du fini et de l'infini : c'est le divin mariage des deux personnalités. « Le procès de la transcendance et de l'immanence touche à la fin, » dit M. Littré. Il a raison; l'une et l'autre sont la vérité : Dieu est à la fois et en nous et hors de nous.

Quoi qu'il en soit de ces vues théoriques, revendiquons pour Maine de Biran et pour le spiritualisme français de notre siècle l'honneur d'avoir apporté à la philosophie une idée vivante et nouvelle, l'idée de la personnalité humaine. Cette idée, il faut en convenir, n'était pas une des idées dominantes de la philosophie du xvii° siècle. Elle est dans Descartes, je le reconnais, mais à quel faible degré ! Comme il oublie vite le sujet pensant pour l'être absolu et la psychologie pour la physique ! Combien l'homme occupe peu de place dans sa philosophie! C'est surtout par sa méthode hardie et libre, par son principe de l'examen et du doute, que Descartes a bien mérité de la personne humaine; mais ce n'est là pour lui qu'un moyen de recherche, ce n'est pas sa philosophie même. Il ne voit pas que cette liberté de penser n'est qu'une des formes de la responsabilité personnelle, l'une des preuves les plus évidentes de notre libre individualité. Dans la philosophie de Malebranche et de Spinoza, on sait ce que devient la personnalité; elle y est ou singulièrement déprimée ou tout à fait anéantie. Dans Leibniz, elle se relève; mais, même chez lui, ce qui domine encore, c'est plutôt l'idée métaphysique de l'individualité des substances que l'idée psychologique de la personnalité humaine.

Pour être vrai, il faut reconnaître que ce n'est point par la métaphysique, c'est par la philosophie sociale et politique que le principe de la personnalité est entré dans la pensée moderne. Ce principe est la gloire du XVIIIe siècle. Ce n'est pas que je veuille dire qu'avant cette grande époque on n'ait eu à aucun degré l'idée de la personne humaine. Partout où il y a une législation, on distingue à quelque degré la personne et la chose. Le christianisme ne doit pas être suspect d'amoindrir la personne humaine, puisqu'il l'a jugée digne d'être rachetée par le sang d'un Dieu. Toutefois il est certain qu'avant le XVIIIe siècle ni les jurisconsultes ni les théologiens n'avaient vu clairement tout ce que contenait ce principe de la personnalité : droits de la conscience, droits de la pensée, droits du travail, droits de la propriété, toutes ces formes légitimes de la personne humaine étaient méconnues, altérées ou opprimées. Toutes les inégalités qui pesaient sur les hommes prouvent bien à quel point il est difficile à l'esprit humain de distinguer la personne de la chose. Cette distinction fut la conquête de la philosophie sociale du XVIIIe siècle, de Locke, de Voltaire, de Montesquieu, de Rousseau et de Turgot. Le spiritualisme français se fait honneur de descendre de la libre philosophie du XVIIIe siècle plus directement encore que de l'idéalisme cartésien.

Il fallait donc trouver un fondement métaphysique à cette personnalité dont on proclamait si éloquemment les titres et les droits. C'est ce que firent à la fois en Allemagne et en France deux grands penseurs, Fichte et Biran, le premier plus porté au spéculatif suivant le goût et le génie de sa nation, le second plus psychologue, plus observateur, — le premier liant la métaphysique à la politique, passionné pour les idées du xviii° siècle et de la révolution, le second royaliste dans la pratique, assez indifférent pour ces sortes de recherches et occupé d'une manière tout abstraite à l'étude de la vie intérieure, — tous deux enfin, par une rencontre singulière et selon toute apparence par des raisons analogues, ayant terminé leur carrière par le mysticisme, mais le premier par un mysticisme inclinant au panthéisme, le second par le mysticisme chrétien.

Le spiritualisme français, sans méconnaître le génie de Fichte et les éclatants services que cet éloquent et profond philosophe a rendus à la cause de la personnalité humaine, se rattache plutôt par un lien historique naturel à Maine de Biran. Avec lui, il enseigne que l'âme est, non un *objet*, mais un *sujet*, non un *substratum* mystérieux, mais une force libre, ayant conscience de soi, puisant dans le sentiment antérieur de sa causalité propre la conviction de son individualité, d'une unité effective et non nominale, identique d'une identité non pas apparente, mais essentielle, inexplicable enfin par toute hypothèse de collection, collection de modes ou de parties. Hors de là il nous paraît impossible de fonder une vraie morale et une vraie politique, car si la personne n'est, comme la chose elle-même, qu'une collection d'atomes, comment lui attribuez-vous d'autres titres et d'autres droits qu'à la chose? Si l'homme n'est qu'une combinaison chimique, comme la pierre, pourquoi ne pourrions-nous pas le briser comme la pierre elle-même, suivant nos besoins? pourquoi ne peut-il pas être pour nous un moyen, au même titre que les choses extérieures? pourquoi y a-t-il quelque chose en moi d'inviolable et de sacré? pourquoi suis-je tenu à être pour moi-même et pour les autres un objet de respect? On n'a jamais pu tirer du matérialisme d'autre morale ni d'autre droit que la loi du plus fort. Aujourd'hui une jeunesse passionnée et ardente croit trouver la liberté par la voie du matérialisme, comme si l'essence même du despotisme n'était pas de se servir de la matière pour opprimer l'esprit! Ces conséquences irrécusables du matérialisme, la logique de l'histoire les a mille fois démontrées. Un triste aveuglement les méconnaît aujourd'hui et croit travailler à la cause du droit en combattant la cause de l'esprit. Notre philosophie, que l'on essaye de discréditer en la représentant comme liée à l'orthodoxie religieuse du xviiᵉ siècle, est la vraie fille de la philosophie du xviiiᵉ. Ni Voltaire, ni Rousseau, ni Montesquieu, ni Turgot en France, ni Locke, ni Adam Smith, ni Ferguson en Angleterre et en Écosse, ni Lessing, ni Kant, ni Jacobi en Allemagne, ni Haller, ni Réaumur, ni Bonnet en Suisse, aucun de ces grands libérateurs de la raison humaine au xviiiᵉ siècle n'a été matérialiste. Comme eux, nous croyons que le droit est inséparable d'un ordre intelligible et moral dont nous sommes les citoyens, et dont le souverain, c'est-à-dire Dieu, est le type absolu de la sainteté et de la justice.

CHAPITRE III

LE PRÉSENT ET L'AVENIR DU SPIRITUALISME

Tels sont, sommairement résumés et librement développés, les principaux points de la philosophie spiritualiste, telle du moins que nous l'entendons. Aujourd'hui que les grands fondateurs et organisateurs de cette philosophie ont disparu, que de nombreuses écoles se sont élevées en dehors d'elle, que l'opinion est partagée à son égard, il n'est pas sans opportunité de s'interroger sur son état présent et sa destinée dans l'avenir. On nous permettra à ce sujet quelques considérations en terminant.

Il se passe en ce moment quelque chose d'analogue dans toutes les grandes doctrines : toutes sont partagées et tiraillées, pour ainsi dire, en deux sens opposés, tantôt du côté du dogme, tantôt du côté de la liberté. D'un côté, le besoin de trouver un point fixe dans la fluctuation universelle des croyances et des consciences rattache les esprits droits à une doctrine déterminée et fixe : d'un autre côté, le besoin de voir de plus en plus clair dans ses pensées, la passion du progrès, à laquelle personne de notre temps ne peut échapper absolument, entraîne plus ou moins les hommes sincères hors des voies réglementaires et consacrées. Est-il permis, est-il possible de concilier ces deux tendances contraires? Est-il possible de croire à quelque chose sans se refuser à toute objection, à tout examen, à tout progrès? Est-il possible, au contraire, de s'affranchir, de s'émanciper, d'ouvrir son intelligence à de nouvelles lumières, de transformer et de développer ses idées et ses opinions, sans paraître mettre en question le fond des croyances que l'on soumet ainsi à un examen sans cesse renaissant? car, si ce sont des vérités absolues, comment seraient-elles susceptibles d'être modifiées, et si elles se modifient, comment seraient-elles des vérités absolues?

Ce problème se produit d'une manière différente suivant la nature des doctrines; mais il existe dans toutes sous une forme ou sous une autre. Dans le catholicisme, par exemple, il est évident que la discussion ne peut pas porter sur le dogme lui-même, car celui qui mettrait en doute une seule lettre du symbole, qui voudrait modifier le dogme en quoi que ce soit, cesserait par là même d'être catholique. Le dogme paraît donc accepté par tous sans examen et sans discussion ; mais le débat s'engage lorsqu'il s'agit d'appliquer le dogme à la société. Il y a des catholiques pour qui toutes les grandes conquêtes modernes, liberté de conscience, liberté de pensée, liberté de la presse, liberté politique, ne sont que de grandes et funestes erreurs : c'est la liberté du mal. Ils n'entendent, ne comprennent et ne veulent appliquer que la liberté du bien, c'est-à-dire leur propre domination et le gouvernement de la société tout entière par l'Église catholique. D'autres, plus éclairés, ayant eux-mêmes reçu plus ou moins le souffle de cet esprit moderne si détesté, voudraient que le catholicisme s'alliât à cet esprit pour le diriger, en adoptât hautement les maximes, et revendiquât pour l'Évangile même l'honneur de ces principes que l'on dirige faussement contre lui. D'un côté est le catholicisme ultramontain, de l'autre le catholicisme libéral. Sans doute cette lutte, si vive et si profonde qu'elle soit dans le fond des consciences, éclate rarement au dehors [1], car il est de l'essence du

---

1. Cette opposition a éclaté vivement lors des débats relatifs à l'infaillibilité pontificale ; et malgré l'accord survenu en appa-

catholicisme de couvrir les dissidences réelles par l'apparence de l'unanimité. Cependant tout le monde sait que cette lutte existe : un acte célèbre, il y a quelques années, en a donné le secret au public indiscret. Les uns ont approuvé avec enthousiasme cet acte de réaction extravagant ; les autres l'ont désavoué en l'expliquant, et se sont habilement servis de leur science théologique pour embrouiller la matière.

On pourrait nous dire que cette dissidence, en supposant qu'elle existât (et l'on cherche autant qu'il est possible à nous la dissimuler), ne porte après tout que sur des questions libres, des questions sociales et politiques, mais que l'Église catholique nous offre au moins un point fixe et un asile sûr dans un dogme incontesté, formulé par une autorité infaillible. Outre que c'est déjà un problème de savoir quelle est cette autorité infaillible [1], je fais remarquer que cette autorité suprême, quelle qu'elle soit, ne nous assure la sécurité que dans un domaine qui nous touche de très-loin, et nous laisse dans le trouble là où nous aurions le

---

rence au moins en France, on sait que la division est plus profonde que jamais.

1. Ce n'est plus un problème.

plus besoin de lumières. Je ne suis certainement pas juge de l'importance que peut avoir en théologie dogmatique la croyance à l'Immaculée conception; cependant il faut avouer que les hommes de nos jours étaient peu troublés par cette question, et qu'ils eussent volontiers attendu l'autre monde pour savoir à quoi s'en tenir à ce sujet; mais leur conscience d'hommes et de citoyens est tous les jours déchirée par le conflit des anciennes doctrines et des nouvelles, et c'est là-dessus qu'on les laisserait libres, à ce que l'on dit. Au fond, n'en doutons pas, on ne les laisse libres que provisoirement et dans la mesure où l'on a besoin d'eux. Le dogme est impitoyable, et ne permet rien en dehors de lui. On peut donc affirmer qu'en dépit des apparences le conflit est entre le dogme et la liberté.

Dans le protestantisme, la même crise éclate sous une autre forme et dans d'autres conditions. Dans le protestantisme traditionnel en effet, il y a bien un dogme, il n'y a pas d'autorité, ou du moins la seule autorité est l'Écriture sainte; mais comme l'Écriture a besoin d'être expliquée, et que le dogme n'y a jamais été systématiquement exposé, et canoniquement défini, il y a là un champ vaste abandonné à la latitude des interprétations. Comme il n'y a pas de juges, chacun est juge. « Nous sommes tous prêtres, » disait Luther : c'était dire qu'il n'y a pas d'intermédiaires entre l'homme et Dieu pour l'administration des sacrements; de même aussi dans le vrai protestantisme tout fidèle est pape, en d'autres termes il n'y a point d'intermédiaires entre l'homme et Dieu pour l'interprétation de la doctrine. Bien souvent, dans l'Église protestante, on a essayé de constituer une autorité; les synodes ont voulu jouer le rôle des conciles; les confessions de foi ont essayé de se donner pour des *credo;* mais la radicale contradiction qui éclatait dans ces tentatives d'organisation doctrinale devait les faire échouer infailliblement; et malgré les résistances des dogmatiques, malgré les anathèmes de Bossuet, le protestantisme continua de donner l'exemple, si nouveau en Europe, d'une religion mobile et incessamment transformée. Néanmoins, tant que ces variations et oppositions ne se manifestaient que dans les limites du dogme lui-même, c'est-à-dire sans mettre en question le fondement surnaturel du christianisme, il y avait dans l'Église protestante un fonds commun, une unité de foi, et en quelque sorte, un point fixe : la divinité du Christ, et la croyance à une révélation spéciale de Dieu;

mais le moment est arrivé où, la liberté d'examen venant à s'étendre jusqu'aux bases mêmes de la théologie dogmatique, s'est élevée la question de savoir si le christianisme est absolument lié à tel ou tel dogme, s'il lui est interdit de s'ouvrir aux lumières de la critique et de la philosophie moderne, et si rejeter le surnaturel, c'est abdiquer l'esprit chrétien. Les uns pensent qu'il n'y a pas de christianisme sans un dogme chrétien : c'est ce qu'on appelle le protestantisme orthodoxe ; les autres pensent que le christianisme consiste dans l'esprit et dans le sentiment chrétien et non dans un dogme déterminé : c'est le protestantisme libéral. Là est aujourd'hui le débat entre les deux Églises[1].

Une crise analogue à celle que nous venons de décrire pourrait bien se manifester dans le sein du spiritualisme philosophique, si certaines tendances contraires, enveloppées jusqu'ici dans une apparente unanimité, venaient à se manifester un peu plus énergiquement. Tous les spiritualistes sans exception croient à la fois à la nécessité de l'esprit d'examen ; mais il semble que les uns attachent

---

1. Sur le fond de ce débat, voir le dernier chapitre de cet ouvrage : le *problème religieux*.

plus d'importance à la doctrine qu'à la liberté, aux conclusions déjà trouvées qu'à la recherche de vérités nouvelles, à la défense qu'à la découverte, à l'intérêt moral et pratique qu'à la pure science et à la libre spéculation, au repos qu'au mouvement, à la tranquillité d'une conviction satisfaite qu'aux ardeurs toujours anxieuses et dangereuses d'une pensée en travail. Les autres ne sont pas disposés à se contenter aussi facilement; l'immobilité d'une doctrine une fois faite ne leur paraît guère conforme à la nature de l'esprit humain, surtout dans l'ordre purement philosophique; avec le besoin de croire, ils éprouvent en même temps le besoin de penser; la fermeté de leurs convictions ne tarit pas chez eux l'activité de l'investigation scientifique. Ils voudraient ne rien sacrifier de ce qu'ils ont pensé jusqu'ici et y ajouter quelque chose; ils cherchent à résoudre le problème que la société elle-même poursuit depuis quatre-vingts ans, perfectionner sans détruire, conserver en transformant.

De ce double esprit naissent deux sortes de dispositions, non pas contraires, mais différentes, soit à l'égard des croyances traditionnelles, soit à l'égard des doctrines nouvelles. Les spiritualistes que j'appellerai orthodoxes, qui tendent de plus en plus à faire de leur philosophie un dogme, se trouvent par là même rapprochés de la théologie orthodoxe. Plus préoccupés des conclusions que de la liberté philosophique, ils attachent peu d'importance à la différence de méthode, et, reconnaissant dans la théologie, sous des formes plus ou moins symboliques, les vérités dont se compose leur *credo* philosophique, ils sont disposés à une alliance avec les religions positives contre ce qu'ils appellent les mauvaises doctrines. Les spiritualistes que j'appellerai libéraux sont loin d'être animés de mauvais sentiments à l'égard des religions positives : ils respectent et ils aiment la conviction partout où ils la trouvent, et ils sont loin de renier ce qu'il y a de commun dans leurs croyances personnelles et dans les croyances chrétiennes. Peut-être même seraient-ils encore plus disposés que les autres à emprunter quelque chose, mais librement, à la métaphysique chrétienne. Enfin, nés et élevés dans le christianisme, ils conservent et conserveront toujours pour cette grande religion des sentiments filiaux; mais ils ont aussi pour la philosophie des sentiments filiaux, et ils ne sont pas disposés autant que leurs amis à mettre au service d'une puissance rivale leur liberté intellectuelle. Ils n'oublient pas que le spiritualisme philosophique a été considéré, lui aussi, par la théologie comme une mauvaise doctrine, qu'il fut un temps, encore peu éloigné de nous, où tout ce qu'on appelle rationalisme était condamné sans examen et sans distinction sous l'accusation commune de panthéisme, d'athéisme, de scepticisme et même de socialisme, où les libres penseurs, même spiritualistes, étaient livrés au mépris par une plume grossièrement éloquente, et l'on sait assez que cette même plume a toujours son encre toute prête pour recommencer à nous flétrir. Sans doute la théologie est devenue plus conciliante et plus condescendante lorsqu'elle a vu qu'elle pouvait utiliser nos services et que nous étions une bonne avant-garde contre des doctrines bien autrement menaçantes. Néanmoins nous ne pouvons oublier que, si nous avons avec les théologiens des croyances communes, nous avons aussi des principes absolument différents. Comme eux, nous croyons à Dieu et à l'âme; mais pour eux la liberté de penser est un crime, pour nous c'est le droit et la vie, et nous aimons mieux l'erreur librement cherchée que la vérité servilement adoptée. En un mot, nous n'entendons pas qu'entre nos mains la philosophie redevienne ce qu'elle a cessé d'être depuis longtemps, la servante de la théologie.

Il résulte encore de tout ce qui précède que les spiritualistes libéraux ne sont pas tout à fait placés au même point de vue que leurs amis par rapport aux doctrines nouvelles. Pour les spiritualistes orthodoxes, toutes ces doctrines, quelles qu'elles soient, ne sont autre chose que de mauvaises doctrines, des doctrines basses, odieuses, désespérantes. Dans cette proscription générale, on enveloppe et on condamne sans distinction tout ce qui n'est pas le spiritualisme pur et doctrinal dont on a fait un *credo*. Le panthéisme allemand, le scepticisme anglais, le positivisme, le matérialisme, tout est confondu dans une réprobation sans réserve. La philosophie n'a autre chose à faire qu'à combattre ces mauvaises doctrines, à les refouler, et c'est surtout pour cette entreprise, si nécessaire à l'ordre social, qu'il faut s'unir à la religion, plus puissante encore et plus efficace que la philosophie dans cette lutte sociale du bien contre le mal. Les spiritualistes libéraux, je le répète, ne considèrent pas tout à fait les choses de la même manière. Ils sont tout aussi ennemis que qui que ce soit des doctrines basses et avilissantes; ils sont surtout révoltés de l'espèce de fanatisme en sens inverse qui éclate aujourd'hui dans les jeunes écoles matérialistes. L'intolérance athée est la plus absurde de toutes, et il est évident que nous y marchons. Nous sommes donc aussi peu disposés que personne à transiger avec ces folies, et nous ne pensons pas que la philosophie se soit affranchie de la Sorbonne pour se soumettre au joug de telle ou telle école. Nous protestons contre l'orthodoxie aveugle de la négation, autant et plus que contre l'aveugle orthodoxie de la croyance. L'esprit de secte nous est intolérable partout.

Cependant, tout en faisant la part d'ignorance et d'aveuglement fanatique qui se rencontre dans les bas-fonds des écoles nouvelles, il faut reconnaître que tout grand mouvement philosophique a sa raison d'être et sa légitimité. C'est un principe qui a été suffisamment démontré par l'histoire de la philosophie, et nous ne voyons pas pourquoi on ne l'appliquerait pas au temps présent comme on l'applique généralement au passé. Ce grand mouvement critique auquel nous assistons ne prouve certainement pas que le spiritualisme ait tort; mais il prouve, à n'en pas douter, que nos moyens de démonstration sont insuffisants, qu'il y a des lacunes dans nos doctrines, qu'elles ne sont pas complétement appropriées aux lumières de notre temps, qu'elles laissent en dehors d'elles un trop grand nombre de faits inexpliqués, qu'elles se sont montrées trop indifférentes à l'égard des sciences physiques et naturelles, qu'elles ont trop abandonné la nature aux savants, enfin qu'elles ont trop préféré en général l'analyse à la synthèse.

Il y a deux sortes de problèmes en philosophie : le problème de la distinction, et le problème de l'union. Ce n'est pas tout de séparer, il faut réunir. Ce n'est pas tout de dire : L'âme n'est pas le corps, Dieu n'est pas le monde; il faut encore rattacher l'âme au corps et Dieu au monde. La distinction exagérée n'a pas moins de périls que la confusion. Si l'âme et le corps n'ont rien de commun ni même d'analogue, comment peuvent-ils coexister et former un seul et même être? Si Dieu et le monde sont hors l'un de l'autre, comme une chose est en dehors d'une autre chose, comment Dieu peut-il agir sur le monde et le gouverner? Les métaphysiciens qui ne sont préoccupés que de la distinction des choses sont semblables aux politiques qui ne pensent qu'à la séparation des pouvoirs. Il faut sans doute que les pouvoirs soient séparés, c'est la condition de la liberté; mais il faut qu'ils marchent d'accord, c'est la condition de la vie et du mouvement. Or il me semble que le spiritualisme du XIXᵉ siècle a été trop préoccupé de l'un des deux termes du problème, de la distinction, qu'il a négligé le point de vue de l'union. Il a distingué la psychologie de la physiologie, et cela était excellent. Il faut en même temps les rapprocher, c'est ce qu'il n'a pas assez fait. Il a distingué les unes des autres, mais il n'a pas assez montré leur action commune. Il a montré Dieu hors du monde et le monde hors de Dieu; il n'a pas assez montré Dieu dans le monde et le monde en Dieu.

Il n'est pas dans la nature des choses qu'une doctrine philosophique reste immobile et stagnante comme un dogme théologique. La philosophie, de même que toutes les sciences, ne prouve sa vitalité que par le développement et le progrès. L'expérience historique nous prouve que l'idée spiritualiste est susceptible de prendre les formes les plus différentes, de se concilier avec les points de vue les plus variés. L'idée spiritualiste a pu se concilier avec l'idéalisme de Platon et avec le naturalisme d'Aristote, avec le mécanisme de Descartes et le dynamisme de Leibnitz, avec l'animalisme de Stahl et le vitalisme de Montpellier, avec le mysticisme de Malebranche et l'empirisme de Locke. L'idée spiritualiste, n'ayant point exclu la variété et le mouvement dans le passé, ne l'exclut pas davantage dans l'avenir. On conçoit donc aisément que, sans rien abandonner de fondamental, la pensée spiritualiste puisse se transformer et se renouveler, comme elle l'a fait déjà si souvent. On nous le demande de tous les côtés; les théologiens libéraux, tels que le P. Gratry, trouvent notre philosophie sèche et étroite, tout aussi bien que les métaphysiciens novateurs, comme M. Vacherot. Il faut bien qu'il y ait quelque chose de vrai dans des reproches qui nous viennent de côtés si différents. On accuse notre philosophie d'être à la fois froide et timide, de ne donner complétement satisfaction ni à l'esprit religieux ni à l'esprit scientifique. Elle a craint le mysticisme, elle a craint la métaphysique, elle a craint la science, et, pour échapper à tous ces écueils, elle a trop aimé à se reposer dans l'érudition. Pour reprendre sa marche ascendante, il faut qu'elle ose, il faut qu'elle travaille à s'enrichir et à se compléter, il faut qu'elle s'assimile ce qu'il y a de bon dans les écoles adverses, il faut qu'elle ne craigne pas trop une certaine division dans son propre sein, car la diversité des points de vue semble être un des caractères essentiels de l'esprit philosophique ; il faut enfin qu'elle prépare des matériaux à la reconstruction d'une philosophie nouvelle.

En parlant ainsi, je n'indique pas seulement ce qui doit se faire, j'indique ce qui se fait. Il est évident, pour tous ceux qui savent ce qui se passe, qu'un travail de rajeunissement et de rénovation s'opère dans le sein de la philosophie spiritualiste. Elle se rapproche des sciences, dont elle fait une étude de plus en plus attentive et sérieuse, elle réconcilie la psychologie et la physiologie. Elle s'informe de toutes les idées nouvelles, et elle cherche librement à s'en rendre compte. Elle étudie scrupuleusement les monuments de la philosophie allemande. De jeunes métaphysiciens pleins de sève et de prudente audace mûrissent dans la solitude les fruits d'une pensée inquiète et pénétrante qui ne se contente plus de lieux communs. Elle se complète par de fortes études sociales, politiques et esthétiques [1]. S'il était possible de rallier ces

---

1. M. Caro (*le Matérialisme et la Science*), M. Magy (*la Science et la Nature*), ont commencé à jeter les bases d'une philosophie naturelle. M. Fr. Bouillier (*l'Ame pensante et le Prin-*

éléments divers, on verrait que, malgré le préjugé contraire, l'école spiritualiste est encore la plus active, la plus féconde, et je dirai même la plus progressive des écoles contemporaines. Tandis que nous marchons et que nous nous renouvelons, les autres se figent et se cristallisent. Nous sommes passés du dogme à la liberté; elles passent au contraire de la liberté au dogme. Tel sceptique doute de tout avec l'âpreté d'un docteur de Sorbonne. Le positivisme, le matérialisme, se forment en églises, et hors de ces églises il n'y a plus de salut. L'esprit de secte les asservit; l'esprit d'examen nous affranchit. Nous ouvrons nos rangs tandis qu'ils ferment

cipe vital), M. Albert Lemoine (*le Sommeil, l'Aliéné, l'Ame et le Corps*), ont rattaché la psychologie à la physiologie. M. Ad. Franck (*Philosophie du droit pénal et du droit ecclésiastique*), M. Beaussire (*la Liberté dans l'ordre intellectuel et moral*), et surtout M. Jules Simon, dans ses nombreux ouvrages devenus si populaires, ont constitué une vraie philosophie politique. M. Ch. Lévêque (*la Science du beau*) nous a donné un bel essai d'esthétique. M. Ern. Bersot (*Libre philosophie, morale et politique*) associe la philosophie aux libres mouvements de la philosophie du dehors. Mentionnons aussi quelques noms qui ne sont pas encore connus du public, mais qui ne tarderont pas à l'être : M. Lachelier, qui professe avec succès à l'École normale; M. Fouillée, dont l'Académie des sciences morales vient de couronner un mémoire sur la philosophie de Platon, aussi remarquable par la pensée que par la science. Nous nous permettons enfin de faire allusion plus haut au cours que nous venons d'inaugurer à la Sorbonne sur la philosophie allemande.

les leurs. Où est le mouvement? où est le progrès? où est la vie?

Telle est aussi la conclusion à laquelle arrive un savant et profond penseur qui vient de nous donner l'intéressant tableau des études philosophiques en France au XIXᵉ siècle[1]. M. Félix Ravaisson, l'éminent historien d'Aristote, n'a pas reculé devant cette proposition, paradoxale en apparence, que c'est aujourd'hui l'idée spiritualiste qui est en progrès. Le bruit qui se fait à la surface de notre société agitée ne lui est pas la vraie mesure de ce qui se passe véritablement au fond des esprits. En reconnaissant avec une haute impartialité les services rendus par les nouvelles écoles, il montre que toutes, même les plus hostiles, quand elles sortent de la critique, en reviennent toujours à des principes qui ne sont sous d'autres noms que les principes mêmes qu'elles avaient combattus. Matière et force, disent les uns; tout n'est donc pas matière. Idéal, disent les autres; tout n'est donc pas positif. Axiome éternel, dit celui-ci; tout n'est donc pas phénomène. Ressort, tendance instinc-

---

[1]. *La Philosophie en France au dix-neuvième siècle*, par M. F. Ravaisson, de l'Institut. — Rapport publié sous les auspices du ministère de l'instruction publique.

tive vers le mieux, dit un dernier; tout n'est donc pas combinaison fortuite. Ainsi, du sein même de la critique, mais d'une critique se rendant de plus en plus compte d'elle-même, reverdiront, refleuriront les principes si décriés. L'esprit public, aveuglé et enivré par l'entraînement des réactions, les adoptera sans les reconnaître sous des noms différents; puis viendra sans doute quelque esprit vigoureux qui, rassemblant ces éléments épars dans une synthèse nouvelle, rendra à la pensée spiritualiste sa puissance et son éclat. Peut-être périrons-nous dans cette révolution dont nous n'aurons été que les obscurs préparateurs, simples chaînons entre ce qui tombe et ce qui s'élève; mais qu'importe qu'une école périsse, si l'idée qui repose en elle renaît plus vivante et plus jeune, revêtue de son immortel éclat!

II

L'HISTOIRE DE LA PHILOSOPHIE
AU XIXᵉ SIÈCLE

CHAPITRE PREMIER

RAPPORTS DE CETTE SCIENCE AVEC L'HISTOIRE

Les sciences, comme les mœurs, sont soumises aux vicissitudes de la mode et du caprice. Telle science obtient tout à coup la faveur publique : on s'en occupe avec enthousiasme et ferveur, le public s'y met de moitié avec les savants, et sa sympathie est une sorte de collaboration; mais bientôt il se refroidit et il se lasse : de nouveaux objets l'attirent, de nouveaux talents sollicitent son attention, et il va porter ailleurs le bruyant tribut de son admiration superficielle. La science courtisée naguère se voit oubliée et dédaignée pour des rivales plus jeunes et plus brillantes; elle est renvoyée aux écoles et abandonnée aux savants. Tel a été le sort de l'histoire de la philosophie, si populaire il y a trente ans, un peu oubliée aujourd'hui, et qui a vu l'archéologie, l'histoire des langues ou la critique religieuse prendre sa place dans l'opinion. Après tout, comme les sciences valent par elles-mêmes et non par le bruit qu'elles font, cette sorte de discrédit ne serait qu'un très-petit mal, ce serait peut-être même un bien (au point de vue de la vraie science), si beaucoup de bons esprits ne se joignaient à la foule en cette circonstance, et si des objections dignes d'un examen sérieux n'étaient mêlées à des entraînements peu éclairés. Une réponse à ces objections sera donc utile en faisant connaître le vrai rôle de la science historique appliquée à la philosophie, ses droits légitimes, son incontestable autorité. L'histoire de la philosophie peut être considérée à un double point de vue, au point de vue de l'histoire, et au point de vue de la philosophie : nous étudierons successivement ce double objet.

L'objection la plus répandue contre l'histoire de la philosophie est celle-ci : les philosophes, dit-on, feraient beaucoup mieux de nous apprendre ce qu'il faut penser que de nous apprendre ce que les autres ont pensé. Que nous importent les opinions? Ce qu'il nous faut, c'est la vérité. Cette objection repose sur une confusion qu'il importe d'éclaircir, sur la confusion de la philosophie et de son histoire.

Prise dans son idée exacte et précise, l'histoire de la philosophie n'est pas la philosophie, et même à la rigueur ne fait point partie de la philosophie, pas plus que l'histoire de la physique ne fait partie de la physique, si ce n'est à titre d'annexe ou d'appendice. Est-ce une chose bien hardie que d'avancer que l'histoire de la philosophie est une partie de l'histoire, et non de la philosophie même? Elle est un chapitre des sciences historiques, comme l'histoire littéraire, l'histoire des beaux-arts, l'histoire des religions. L'historien des religions n'est pas tenu de nous donner une religion nouvelle, ni celui des beaux-arts de faire un chef-d'œuvre en peinture, ni celui de la guerre d'être un grand capitaine : ainsi l'historien de la philosophie n'est pas nécessairement un grand philosophe, ce n'est pas son objet. Sans doute il ne lui suffit pas de raconter, il faut encore qu'il interprète et qu'il juge, et le critique doit s'unir en lui à l'érudit;

mais c'est là le propre de tout historien en tout genre. L'historien politique juge les hommes et les événements, l'historien des lettres ou des arts juge les œuvres, l'historien de la philosophie juge les systèmes. Or celui qui juge n'est pas tenu de remplacer ce qu'il juge, il use de son droit en approuvant ou en désapprouvant; mais son but n'est pas d'ajouter à la somme des vérités nouvelles et de resoudre les problèmes inexplorés.

Il ne faut pas oublier d'ailleurs que toutes les sciences, quelque effort que l'on fasse pour les séparer en théorie, s'unissent toujours plus ou moins dans la pratique. Le chimiste ne peut pas se passer de physique, le physiologiste ne peut pas se passer de chimie, et cependant la chimie n'est pas la physique, ni la physiologie la chimie. De même l'historien de nos jours doit être nécessairement plus ou moins économiste; le juriste doit être plus ou moins historien, et cependant l'histoire n'est pas l'économie politique, et le droit n'est pas l'histoire. Il n'y a point de règle pour mesurer ou limiter les emprunts qu'une science peut faire à une autre : cela dépend du tact et du génie des écrivains; mais il est facile de comprendre qu'un certain excès changerait le caractère d'une science.

Par exemple, s'il plaisait à un écrivain qui nous raconte l'histoire de Rome et qui analyse son gouvernement de s'arrêter tout à coup et d'introduire dans son ouvrage un traité approfondi sur les gouvernements mixtes, il cesserait d'être historien pour devenir publiciste. Il en est de même de l'historien de la philosophie. Son principal objet est d'exposer et de faire connaître les différents systèmes philosophiques, de les interpréter avec toute l'exactitude désirable, d'en rechercher les origines, les conséquences, d'en découvrir les lois; en un mot, il se propose, non pas de découvrir la vérité en soi, mais de chercher ce que les hommes, et les plus grands hommes, ont pensé de la vérité. On ne peut lui interdire de juger ; mais si d'un jugement rapide et concis il passe à la discussion, et si de la discussion elle-même il tire une conclusion sur le fond des choses, il cesse d'être historien et devient philosophe.

Il est de toute évidence que la philosophie est nécessaire à l'historien de la philosophie, car, pour comprendre les systèmes, il faut avoir approndi la science elle-même, et l'érudition ne suffit pas; mais une intervention indiscrète et exagérée de la philosophie dans l'histoire elle-même a un double inconvénient : le premier, c'est de fausser les systèmes, le second, c'est de rendre l'histoire inutile. Le philosophe qui étudie les idées des autres est trop enclin à les voir à travers les siennes : il se retrouve lui-même partout, il impose aux écrivains du passé les cadres artificiels de son propre système, comme a fait Hegel dans son *Histoire de la philosophie*, ouvrage éminent, mais d'un philosophe plus que d'un historien; ou bien il les juge avec une sévérité excessive, leur demandant ce qui est de son temps et non du leur, exigeant des réponses à des questions qu'ils n'ont point connues, ce qui a été quelquefois le tort de l'école française. Le second défaut de cette méthode, avons-nous dit, est de rendre l'histoire inutile. En effet, si par exemple lorsque je rencontre dans Platon la distinction de l'âme et du corps, je développe ses arguments au point d'en tirer tout ce qu'ils peuvent contenir, et si je traite à fond cette question, je n'ai plus aucune curiosité de savoir ce qu'en ont pensé Descartes et les modernes. Si je prends occasion de la polémique entre Zénon et Épicure pour traiter à fond la question du souverain bien, les débats du XVIIIe siècle sur la même question me deviendront parfaitement indifférents. En un mot, un ou deux philosophes me suffiront pour épuiser toute la philosophie, car tout est dans tout.

Il est très-important, je crois, de maintenir à l'histoire de la philosophie son caractère historique. Ce qui l'a rendue impopulaire en grande partie, c'est qu'on a cru qu'elle voulait se substituer à la philosophie elle-même, qu'elle était un moyen de contrarier et d'éteindre la liberté et le progrès de l'esprit humain. Il faut protester contre ce point de vue et nous dégager de ce soupçon. La philosophie ne doit pas être absorbée par l'histoire. Elle ne doit point se borner à des conclusions rapides et générales sur les principaux systèmes. Elle est une science de recherches nouvelles (autant qu'il est possible) et non pas un dogme fondé sur la tradition. En distinguant comme il convient la philosophie et l'histoire, on rend à chacune d'elles son indépendance et sa fécondité. L'histoire, plus libre, moins préoccupée d'arriver à une conclusion dogmatique, sera moins tentée d'altérer le caractère des doctrines; et la philosophie, moins subordonnée à l'histoire, sera plus portée à des recherches nouvelles et approfondies.

On en veut à l'histoire de la philosophie de ce que la philosophie dogmatique est depuis longtemps assez stérile. On confond peut-être ici la cause avec l'effet. L'épuisement des grandes conceptions peut avoir jeté les esprits dans l'histoire; mais ce n'est pas la passion de l'histoire qui appauvrit la puissance de l'invention. Quoi qu'il en soit, je maintiens qu'il y a place pour les deux, et pour la philosophie et pour l'histoire de la philosophie. L'esprit humain ne doit pas sans doute renoncer à faire des progrès dans la philosophie spéculative; il ne doit pas renoncer non plus à connaître l'histoire de son passé. Après tout, c'est un grand mal sans doute si dans un temps donné il n'y a pas de grand philosophe; mais ce n'est pas une raison pour qu'il n'y ait point d'historien de la philosophie, de même que, s'il n'y a pas de grand peintre, ce n'est pas une raison pour ne pas faire l'histoire de la peinture. Il faut donc ne renoncer à rien de ce qui est utile, et faire de son mieux pour son propre compte sans jeter des pierres dans le jardin d'autrui.

Que me font, dites-vous, les opinions des philosophes? Ce que je veux, c'est de savoir ce que je dois moi-même penser. N'est-ce pas comme si l'on disait: Que m'importe la manière dont Rome a été gouvernée? Je veux savoir comment nous devons nous gouverner aujourd'hui; ou bien encore : Que m'importent les lois des Romains ou celles du moyen âge? Ce que je veux connaître, ce sont les lois qui nous régissent aujourd'hui. Et enfin que m'importe l'histoire? que m'importe le passé? Je ne m'intéresse qu'au présent ou à l'avenir. On le voit, le fond de toutes ces objections consiste à écarter le passé comme indigne d'être l'objet de la science, ou du moins comme un objet inutile ou spéculatif, bon pour les érudits, non pour les hommes. Pour couper cette objection dans sa racine, il est nécessaire de creuser un peu loin.

Distinguons d'abord en toute science la théorie et la pratique. On peut étudier une science pour s'en servir, pour en tirer parti; mais on peut en outre l'étudier pour elle-même. Aux yeux du plus grand nombre, la science ne vaut que par son utilité; mais il n'en est pas ainsi du vrai savant : son seul objet est de connaître pour connaître; la science a une valeur intrinsèque, indépendante de ses résultats. Connaître les lois du système du monde est par soi-même une chose noble, excellente, et c'est là le véritable but de la curiosité scientifique. Ce n'est point à dire que la science ne puisse pas être utile aussi bien que belle; mais elle est belle avant d'être utile, ou même sans être utile. Il n'y a donc point à s'occuper ici de ceux qui ne mesurent la valeur des sciences que par l'utilité : c'est là sans doute un élément dont il faut tenir compte, mais il n'est pas le premier à considérer. Lors même que l'histoire de la philosophie ne servirait à rien en général, et même ne servirait pas à la philosophie proprement dite (ce qui est manifestement faux), on ne pourrait pas en conclure néanmoins qu'elle ne fût point par elle-même l'objet légitime de la curiosité, de l'examen.

L'objet de la science étant, non pas l'utilité, mais la vérité, il me semble que la vérité doit embrasser tous les faits, de quelque nature qu'ils soient, tout aussi bien les faits passés que les faits actuels, car, je le demande, de quel droit exclurait-on le passé de la recherche scientifique, et sur quoi s'appuierait-on pour établir que le présent seul peut être l'objet de la science? Ce qui nous trompe ici, c'est que les sciences les plus autorisées, les sciences physiques et chimiques (je laisse les mathématiques, qui ont pour objet l'absolu), ne s'occupent que du présent de l'univers; elles dirigent leurs recherches sur les propriétés que manifeste actuellement la matière, et on est porté à croire, sans y avoir beaucoup réfléchi, que ces propriétés ont toujours existé et sont inhérentes à la substance où nous les découvrons, quoique cela ne soit pas évident, puisqu'il pourrait se faire qu'elles ne fussent que des états acquis à une époque inconnue. Cependant rien non plus ne paraît autoriser une telle hypothèse, et on n'y songerait même pas, si d'autres faits empruntés à d'autres sciences ne donnaient à penser que la nature n'a pas toujours été dans un même état, et qu'elle a eu aussi ses vicissitudes et ses évolutions.

Jusqu'à l'époque où la géologie positive a été fondée, l'idée d'un passé de la nature, d'une évolution dans son développement, était reléguée parmi les hypothèses philosophiques. Il n'y avait aucune transition entre les sciences naturelles et les sciences historiques : d'un côté la permanence et l'immobilité, de l'autre le changement et la diversité. La géologie devint bientôt le lien de ces deux classes de sciences. Il fut démontré que la terre n'avait pas toujours été dans l'état actuel, et soit que l'on admette avec les uns la théorie des cataclysmes, avec les autres la théorie des actions lentes, on est forcé de reconnaître que la nature a eu son histoire. Non-seulement la géologie, mais la zoologie et la botanique entrèrent dans cette voie; il fut établi que les habitants de la terre, comme la terre elle-même, avaient changé. On essaya de trouver un certain ordre entre ces empires successifs contemporains des diverses couches géologiques, et l'expression d'histoire naturelle, qui n'avait signifié d'abord que science de la nature, se retrouva justifiée dans son acception nouvelle. Enfin, tandis que la géologie et la zoologie entraient dans cette voie historique, l'astronomie elle-même les suivait de loin, et au moins par hypothèse elle nous faisait assister à l'éclosion des mondes et au développement du système planétaire. Ainsi le passé est entré comme objet dans les sciences de la nature, et elles sont devenues historiques sans cesser d'être des sciences.

Mais s'il a fallu beaucoup de temps et une attention très-particulière pour s'apercevoir que la nature a changé, il est au contraire une classe d'êtres où le changement est si visible et où le passé joue un rôle si considérable, que l'on a dû être de très-bonne heure frappé d'un fait si éclatant. Je veux parler de l'espèce humaine. Dans cette espèce, l'extrême complexité des individus et les rencontres innombrables où ils se trouvent avec les circonstances extérieures donnent lieu à des phénomènes bien plus variés que dans les autres classes, même chez les animaux les plus élevés. De très-bonne heure l'homme a dû être attentif à ces phénomènes si frappants et qui l'intéressaient de si près; il a dû en garder le souvenir : de là les contes, les traditions, les fables, qui sont les origines de l'histoire; de là l'histoire elle-même, qui a pour objet l'étude du passé de l'humanité.

Maintenant, en laissant même de côté le haut intérêt qui s'attache à l'homme, d'abord parce que nous sommes des hommes, et ensuite à cause de l'excellence et de la dignité de la nature humaine, en laissant de côté les questions morales et religieuses qui font de l'homme l'objet le plus élevé de la spéculation humaine, je le demande, quelle raison y aurait-il pour que les phénomènes par lesquels se manifeste l'humanité fussent moins dignes d'étude que ceux de la nature? Et si le passé de notre globe est pour le géologue un légitime objet de recherches, pourquoi le passé de notre espèce ne le serait-il pas également? Sans doute les changements sont beaucoup plus rapides, plus éclatants, plus nombreux, et il est bien plus difficile de les ramener à des lois. L'individu, étant presque à lui seul un petit monde, surtout quand il est grand, prend une place et joue un rôle qu'aucun individu n'occupe dans la nature extérieure. En un mot, l'accidentel, qu'Aristote rejetait de la science, est bien près d'en devenir au contraire ici le principal objet; mais pour quelle raison? C'est que l'accident prend ici la valeur d'un fait général. En effet, tout événement n'est pas historique, tout homme n'est pas historique. L'histoire ne choisit que les événements et les lieux qui ont un certain caractère de généralité. Un roi n'est pas seulement un individu, c'est un homme général qui résume toute une société. Une bataille n'est pas seulement un accident, c'est la destinée de tout un peuple. C'est par là que l'histoire elle-même peut se plier à cette loi d'Aristote : « la science ne s'occupe que du général. »

Il est arrivé pour l'histoire ce qui est arrivé pour la science : elle s'est démembrée, elle s'est divisée en chapitres particuliers, qui sont devenus des sciences distinctes. Tout le monde sait quelle révolution s'est opérée en histoire pendant les deux derniers siècles. A la sèche histoire du moyen âge, à la chronique conteuse et naïve de Joinville et de Froissart ont succédé d'abord les grandes imitations de l'antiquité, à savoir les récits oratoires et politiques; puis on est arrivé à penser que les événements intérieurs de la vie d'un peuple ont un intérêt non moins grand que les événements plus palpables de la politique et de la guerre. Ainsi se sont développées, d'abord sous forme de chapitres, par exemple dans les écrits de Voltaire, puis comme œuvres distinctes et séparées, l'histoire des institutions, l'histoire des mœurs, des controverses religieuses, des lettres, des arts, des sciences, enfin des systèmes de philosophie. Ce qui n'était d'abord qu'un chapitre ou à peine un chapitre est devenu par son importance une science tout entière, et cette science elle-même a des chapitres qui sont presque des sciences, car l'infini est partout.

L'histoire de la philosophie, considérée ainsi comme une partie de l'histoire en général, est donc une science incontestable et d'un intérêt universel. S'il est intéressant de savoir ce qu'a fait Alexandre, qui oserait dire qu'il est insignifiant de savoir ce qu'Aristote a pensé? Sans doute les événements extérieurs ont un éclat qui frappe tous les yeux; mais pour ceux qui aiment la pensée, quel plus grand événement qu'une grande idée, une vue originale sur la nature des choses? Et si les causes de la grandeur et de la chute d'un peuple méritent l'étude attentive des plus grands esprits, que dira-t-on du règne d'une philosophie, de son origine, de ses progrès, de sa chute? Remarquez d'ailleurs que les peuples périssent, et que les philosophies ne périssent pas.

On dit que les choses sont plus intéressantes que les livres; mais qui ne voit que les livres sont eux-mêmes des choses, et la plus noble des choses, le vêtement visible de l'incorporel et de l'impalpable, c'est-à-dire de la pensée? On dit encore que la nature est le livre de Dieu; mais la pensée humaine n'est-elle pas aussi le livre de Dieu, et en quelque sorte son verbe mortel? On est bien aise de savoir quelles sont les fonctions de l'estomac ou du foie; mais les opérations de la pensée, étudiées dans les plus grands de ses représentants, ont une bien autre valeur. Ainsi, à aucun point de vue, les livres ne sont inférieurs aux choses; je parle des grands livres, qui ne sont pas de purs accidents, mais qui sous une forme particulière expriment quelques-unes des lois générales de la pensée.

L'histoire de la philosophie est une sorte de contre-épreuve de la psychologie : celle-ci étudie subjectivement les lois de l'esprit, que celle-là nous présente en quelque sorte objectivement. C'est l'esprit humain qui de part et d'autre est l'objet de notre étude. Les conceptions des philosophes peuvent être plus ou moins arbitraires quant à leur objet : elles ne le sont pas quant à leur origine et à leurs causes, lesquelles sont dans les lois de l'esprit. Jusqu'à quel point les systèmes sont-ils vrais ou faux ? C'est à la philosophie de le décider ; mais, cette question mise à part, les systèmes subsistent à titre de faits où se manifestent bien plus que dans l'histoire extérieure, et même que dans l'histoire des lettres et des arts, les lois du développement intellectuel de l'humanité.

Sans doute les systèmes philosophiques ont en grande partie leurs causes dans l'état général de la civilisation et des mœurs. Quelquefois ils naissent d'une protestation de la conscience contre les mœurs et les institutions d'un temps, et par là ils ont encore leurs raisons d'être dans le temps lui-même : par exemple, la révolution de Socrate ou celle de Rousseau ; mais il ne faut pas exagérer le point de vue des origines extérieures des systèmes philosophiques. Ils ont surtout une filiation interne et toute subjective. Il y a des lois d'action et de réaction, des lois d'oscillation et de progrès, qui sont dignes du plus haut intérêt, et ainsi l'histoire de la philosophie jette une grande lumière sur les lois mêmes de l'esprit humain.

D'un autre côté, par ses relations avec les autres phénomènes de la civilisation, les lois, les cultes, les beaux-arts, l'histoire de la philosophie se rattache étroitement aux autres branches de l'histoire. Par ses doctrines morales et politiques, la philosophie est ou l'expression ou quelquefois l'anticipation et le pressentiment des grandes époques historiques; elle résume ou prépare les révolutions. Par les doctrines métaphysiques, elle nous sert à comprendre l'histoire des religions. Aujourd'hui la critique religieuse a pris un intérêt supérieur et jouit d'une très-grande faveur; mais l'histoire religieuse a été préparée et facilitée par l'histoire de la philosophie. Sans doute les développements de la philologie et de la critique ont grandement contribué à éclaircir les textes et à jeter du jour sur l'origine des grands événements religieux; mais après tout, ce qu'il y a de plus important et de plus intéressant dans les religions, c'est l'histoire des dogmes : or une telle histoire est-elle possible sans une étude très-approfondie de la philosophie? Sans ce secours indispensable, on prendra les religions par le dehors, on n'en comprendra ni le sens ni les développements. Il y a là, je le reconnais, des services réciproques : les religions agissent sur la métaphysique, surtout à l'origine; mais plus tard la métaphysique agit sur la religion. Qui pourrait méconnaître par exemple l'influence de la métaphysique allemande sur la crise que traverse aujourd'hui le protestantisme? Et dans le passé qui peut nier l'action du platonisme sur le christianisme? Ainsi les deux histoires sont intimement liées, et il n'y a pas de raison pour que l'intérêt qui se porte vers l'une se détache de l'autre.

J'ajouterai cette considération : c'est que l'histoire de la philosophie est une science sur le terrain de laquelle toutes opinions peuvent se rencontrer. Quelque opinion qu'on professe sur la philosophie en elle-même, qu'on la croie, avec les positivistes, condamnée à périr ou à s'absorber dans les sciences exactes et positives, ou qu'avec les spéculatifs on la considère comme la première des sciences, résumant et dominant toutes les autres; que l'on soit spiritualiste, matérialiste ou panthéiste, toujours est-il que la philosophie doit être étudiée comme un des aspects, une des formes de l'esprit humain. En outre, si l'on a soin de distinguer d'une part l'exposition et l'interprétation des doctrines, de l'autre la discussion et la critique, toutes les écoles pourraient à la rigueur avoir une même histoire de la philosophie. Cela, je l'accorde, est très-difficile, mais non impossible. Ce que l'on ne peut contester, c'est que par les nombreux travaux critiques qui ont été faits en ce siècle, soit en Allemagne, soit en France, l'histoire de la philosophie est de plus en plus en voie de devenir une science positive. L'établissement, l'interprétation, la coordination des textes, la détermination précise des vrais caractères de chaque école, une intelligence de plus en plus exacte des théories les plus éloignées en apparence de nos idées actuelles, le sens du passé, le discernement des vrais rapports entre les systèmes ainsi que de leurs oppositions, tels sont les gains que l'histoire de la philosophie a faits de nos jours, et qui lui assurent une place durable parmi les sciences historiques.

Un illustre érudit du xviiie siècle, le chef de l'école de Leyde, Tibère Hemsterhuys, se plaignait que de son temps « l'histoire de la philosophie, cette matière si riche des recherches savantes, n'eût pas encore attiré les études de la critique, qu'elle fût livrée à des compilateurs sans génie et sans lettres, qui ne connaissaient les philosophes anciens que par de vicieuses traductions, et qui tiraient d'une lecture superficielle un résumé aride et sans intelligence (1). » Il y a un siècle à peine que ces paroles ont été prononcées. Combien tout est changé aujourd'hui ! L'Allemagne sans doute a le premier rang dans cette révolution. Les Tennemann, les Schleiermacher, les Brandis, les Ritter, les Zeller, les Trendelenbourg, ont mis l'histoire de la philosophie, surtout de la philosophie ancienne, au niveau des parties les plus avancées des sciences historiques et philologiques ; mais la France a eu aussi sa gloire dans ce grand mouvement : elle a fait aussi des efforts pour rivaliser avec l'Allemagne, ou pour lui disputer le premier rang. Si elle ne l'égale pas pour ces grandes et vastes compositions qui embrassent l'histoire tout entière, en revanche nous avons sur presque toutes les grandes écoles philosophiques des travaux étendus et approfondis où la force de la pensée s'unit souvent à la solidité de l'érudition et à la sagacité de la critique.

1. *Eloge de Tib. Hemsterhuys*, par Ruhnken.

M. Cousin a été, à n'en pas douter, l'initiateur et le guide de ce mouvement de recherches, et c'est la partie la moins contestable de sa gloire philosophique. Par sa traduction et surtout par ses Arguments de Platon, M. Cousin, émule de Schleiermacher, voulut faire pour notre pays ce que celui-ci avait fait pour le sien, nous retremper à la grande source de la philosophie antique et nous rendre l'intelligence du passé en nous mettant en commerce intime avec le plus illustre de ses représentants. Par ses travaux sur Proclus et sur Olympiodore, il a révélé l'école presque inconnue du néoplatonisme d'Alexandrie; par ses travaux sur Abélard, il nous a ouvert le moyen âge; par ses travaux d'éditeur, qu'il poursuit encore, il nous a particulièrement appris à recourir aux textes et aux sources, et il a discrédité à jamais les travaux de seconde main. Dans son *Histoire générale de la Philosophie*, il a donné les grandes lignes, les grands cadres, les grandes directions. Je néglige tout ce qu'il a écrit sur la philosophie moderne, ses livres sur Locke, sur Kant, sur l'école écossaise, qui sont des travaux de controverse philosophique plutôt que de critique historique, mais qui n'en ont pas moins contribué à répandre parmi nous la connaissance des écoles modernes. Pour achever de rappeler tout ce que M. Cousin a fait pour l'histoire de la philosophie, disons que depuis trente ans, à l'Académie des sciences morales, il suscite les recherches de la science et les fait porter successivement sur tous les points encore inexplorés par les concours d'où sont sortis tant d'ouvrages éminents. Le dernier témoignage de cette infatigable sollicitude a été la fondation récente d'un prix qui porte son nom, et qui sera consacré exclusivement à l'histoire de la philosophie ancienne.

Si l'on se demande maintenant quels sont les travaux qui se sont produits sous cette vigoureuse impulsion, nous serions embarrassé par le nombre même. Qu'il nous suffise de rappeler l'*Essai sur la Métaphysique d'Aristote*, de M. Ravaisson; l'*Histoire de l'Ecole d'Alexandrie*, de M. Vacherot; la *Kabbale*, de M. Franck; les *Etudes de philosophie grecque*, de M. Ch. Lévêque; l'*Histoire des idées morales dans l'antiquité*, de M. J. Denis; l'*Abélard et le saint Anselme*, de M. de Rémusat; la *Philosophie scolastique*, de M. Hauréau; le *Roger Bacon*, de M. Charles; l'*Histoire de la Philosophie cartésienne*, de M. F. Bouillier; l'*Introduction* aux œuvres de Spinoza, d'Émile Saisset; le *Leibniz*, de

M. Nourrisson; l'*Histoire de la Philosophie allemande*, de M. Willm (1), et tant d'autres œuvres importantes que je ne puis citer, sans parler des traductions, des commentaires, des monographies surtout, dont la gloire revient à la Faculté des lettres de Paris, à laquelle on a reproché quelquefois de rester attardée dans les voies d'une érudition surannée, tandis qu'il n'est pas une des branches nouvelles de la critique qu'elle n'ait encouragée et récompensée dans les travaux du doctorat. Sans doute tout n'est pas fait encore : le monde oriental, malgré les beaux travaux de MM. Émile Burnouf, Franck, Barthélemy Saint-Hilaire, Munck, Renan, etc., est un champ à peine défriché où la philosophie est obligée d'attendre les travaux préliminaires de la philologie. Il en est à peu près de même du moyen âge : nous commençons à l'épeler; mais ce que nous savons n'est rien à côté de ce qu'il nous reste à savoir. En outre la philosophie de la renaissance attend encore son historien. D'intéressantes monographies, par exemple le *Jordano Bruno* de M. Bartholmess, le *Ramus*

1. A tous ces ouvrages, il convient d'ajouter aujourd'hui un livre récemment publié : la *Philosophie de Platon*, par M. Fouillée, ouvrage déjà cité plus haut.

de M. Waddington, n'ont fait qu'exciter notre curiosité sans la satisfaire. Indépendamment de ces parties encore incomplètes, ce qui manque surtout à la France, c'est une histoire générale de la philosophie comme il y en a plusieurs en Allemagne. C'est là, nous le reconnaissons, le travail de toute une vie; mais maintenant que les sources sont connues, que les grandes écoles ont été approfondies, une multitude de points particuliers éclaircis, le moment serait venu peut-être d'entreprendre une vaste synthèse qui embrasserait l'histoire générale des systèmes non-seulement en eux-mêmes, mais dans leurs rapports avec l'histoire religieuse, politique et scientifique en général. Cette œuvre n'est pas impossible, puisqu'elle a été réalisée chez nos voisins. Espérons qu'elle tentera quelque penseur qui ne croira pas s'abaisser et descendre en se faisant l'historien de l'esprit humain !

CHAPITRE II

RAPPORTS DE L'HISTOIRE DE LA PHILOSOPHIE AVEC LA PHILOSOPHIE MÊME

Après avoir considéré l'histoire de la philosophie dans ses rapports avec l'histoire, il faut maintenant l'observer dans ses rapports avec la philosophie elle-même : c'est le second point de cette étude.

Quand on compare la philosophie aux autres sciences, on est frappé tout d'abord d'une différence éclatante. Dans toutes les sciences en général, le progrès a lieu d'une manière continue et en quelque sorte insensible, par additions ou réformes successives. Dans la philosophie au contraire, les grands changements sont presque toujours des révolutions. Lorsqu'un penseur nouveau se présente, il cherche d'abord à détruire entièrement l'œuvre de ses prédécesseurs, et la raison en est assez facile à comprendre. Dans une science qui a pour objet l'absolu, il n'y a pas de milieu, à ce qu'il semble, entre la vérité et l'erreur : dans cette science, on ne prétend pas seulement découvrir des vérités, mais on croit atteindre et posséder la vérité. Les sciences qui étudient les choses diverses et particulières peuvent accepter tout ce qui est acquis sans renoncer à y ajouter; mais la science qui prétend atteindre au fond des choses ne peut pas admettre qu'il y ait deux manières de concevoir le fond des choses. De là une intolérance naturelle qui fait que chaque nouvelle école, se croyant en possession de la vérité absolue, chasse et extermine autant qu'il est en elle les écoles antérieures, excommunie même les écoles rivales : chacune recommence éternellement la philosophie, comme si rien n'existait avant elle, comme si rien ne devait la suivre. Dans une telle science, il n'y a point de tradition ni d'héritage, il y a des établissements successifs de conquérants chassés et remplacés les uns par les autres, comme dans les anciens empires de l'Asie, sans qu'aucun d'eux réussisse à fonder un empire définitif. Ainsi Descartes semble vouloir oublier qu'aucun philosophe l'ait précédé; il ne tient aucun compte de Platon, ni d'Aristote, ni du moyen âge. Locke, Condillac et toute la philosophie sensualiste du xviiie siècle ne se montrent pas moins exclusifs à l'égard du cartésianisme que celui-ci ne l'avait été à l'égard de la philosophie ancienne. La timide et modeste école écossaise elle-même manifeste un égal dédain à l'endroit du passé, et croit qu'avant elle on a complétement ignoré l'existence de l'esprit humain.

Cette méthode barbare, qui a jusqu'ici régné dans l'établissement des systèmes philosophiques, outre qu'elle est très-injuste, a un grand inconvénient : c'est que chaque nouveau philosophe, en détrônant son prédécesseur, étouffe en même temps les vérités particlles que celui-ci peut avoir découvertes. Il y a en effet dans tout système des vues qui ne sont pas liées avec l'ensemble du système, et qui par elles-mêmes sont vraies, solides, intéressantes, dignes d'être conservées par la science ; même parmi les vues systématiques, on peut trouver des faits, des données qui resteraient encore vrais, le système disparaissant. Ces vérités partielles sont le gain le plus solide et le meilleur héritage des écoles et des systèmes. Le doute méthodique de Descartes est une bonne chose pour tout le monde ; l'analyse des erreurs des sens et de l'imagination est aussi vraie pour Helvétius qu'elle l'est pour Malebranche ; les sentiments moraux ont été analysés par les Écossais d'une manière que toute école peut admettre ; ainsi de la méthode inductive dans Bacon, de la théorie du langage dans Locke et Condillac, de la théorie de l'habitude dans Maine de Biran, etc. Mais, je le répète, par suite de cet esprit d'intolérance que la philosophie (surtout dans les temps modernes) a toujours pratiqué à l'égard d'elle-même, bien des choses excellentes sont toujours menacées par les révolutions des systèmes, de même que les bonnes lois, indépendantes des systèmes politiques, sont cependant entraînées souvent par les révolutions des États.

Eh bien ! l'histoire de la philosophie est le remède à ce grand mal, c'est à elle de réparer nos pertes, de recueillir dans le passé tout ce qui est perdu et bon néamoins à reprendre, à conserver. Elle établit une tradition en philosophie : à travers tant de systèmes changeants, elle retrouve et essaye de dégager ce que Leibniz appelait la philosophie perpétuelle, *perennis philosophia*. Elle démontre que dans toutes les écoles, même les moins bonnes, il y a quelque chose à emprunter, car il est difficile d'admettre que des écoles sérieuses puissent avoir eu des sectateurs et duré un certain temps, si elles n'eussent été autre chose qu'un tissu d'erreurs.

Au reste, ce travail de restauration, qui consiste à retrouver et à préserver la tradition philosophique, à sauver cet héritage successivement accru par les âges, mais trop souvent renversé et détruit par les révolutions et les réactions, les révoltes et les coups d'État, les anarchies et les dictatures (car les écoles passent par les mêmes crises que les États), ce travail conservateur et réparateur ne doit pas être confondu avec ce que l'on a de nos jours appelé l'éclectisme. Je ne parle en ce moment que de ce travail conciliateur qui recueille dans les systèmes les vérités indépendantes du système lui-même, et qui sont bonnes pour toutes les écoles : ces vérités courent plus risque de se perdre en philosophie que dans les autres sciences. L'histoire de la philosophie les retrouve et les transmet à la philosophie elle-même, qui les classe et les emploie.

L'éclectisme est tout autre chose, mais il est encore un effet bienfaisant de l'histoire de la philosophie. Il consiste, ou plutôt il consisterait, s'il était appliqué et applicable, à recueillir tous les points de vue systématiques qui ont été proposés, à leur faire leur part et à les concilier dans un point de vue synthétique plus élevé et plus général. Le moment est venu peut-être d'apprécier librement cette conception, qui déjà appartient à l'histoire, et que l'on a trop abaissée, après en avoir trop espéré. En définitive, l'éclectisme est une idée grande et sage, très-appropriée à l'esprit de notre temps et à la nature des choses; mais cette idée elle-même a ses limites, et il importe, tout en en appréciant la valeur, d'en mesurer la portée. L'éclectisme repose sur un principe très-vrai et très-équitable, c'est qu'il n'y a pas d'erreur absolue, que toute erreur n'est que l'exagération d'un point de vue partiel qui a sa vérité, mais qui n'est pas toute la vérité. Sans doute cette théorie est elle-même un peu excessive, car il y a des erreurs où la part de la vérité est si minime, et la part du faux si considérable, que le plus équitable des éclectismes serait embarrassé d'y prendre quelque chose. Néanmoins, en se bornant aux grandes idées, on peut affirmer que toutes celles qui se sont reproduites à toutes les époques ont leur part de vérité, et qu'il est sage et opportun de les recueillir, et, autant que possible, de les réconcilier.

Tout esprit quelque peu réfléchi aura été frappé

de ce fait, qu'un certain nombre d'hypothèses ou conceptions systématiques se sont produites de très-bonne heure relativement à l'origine et à la fin des choses, à la nature et à la destinée de l'homme, que ces conceptions, toujours à peu près les mêmes, quoique chacune avec de notables développements, se sont reproduites aux époques les plus diverses, et qu'elles paraissent toutes à peu près aussi durables et aussi nécessaires les unes que les autres. C'est là le fait le plus général et le plus éclatant qui résulte de l'histoire de la philosophie, et plusieurs fois on a essayé de classer, de caractériser ces types primitifs et élémentaires auxquels se ramènent toutes les formes systématiques de la pensée humaine. Il y a là certainement un sujet d'étude qui mérite de provoquer la réflexion.

Selon les uns, les systèmes sont des opinions arbitraires et de fantaisie, nées dans l'imagination des philosophes, comme les épopées et les drames dans l'imagination des poëtes : ils n'ont aucune valeur objective. L'histoire des systèmes n'est qu'une partie de la littérature. C'est là évidemment une théorie très-superficielle et qui efface tous les caractères principaux des faits qu'il s'agit d'expliquer. Il y a une très-grande différence entre les systèmes des métaphysiciens et les œuvres des poëtes. Je ne parle pas seulement de la différence de forme, qui est déjà quelque chose de considérable. Il y en a une bien plus importante, et qui est dans la conscience même des uns et des autres. Le poëte veut créer, le métaphysicien veut expliquer. Le poëte n'a pas besoin que son œuvre ait un objet en dehors de lui : c'est un monde qu'il ajoute au monde, c'est une création dans la création. Le métaphysicien au contraire prétend représenter la nature des choses. Si son œuvre n'a pas d'objet, elle périt par cela même. Or d'où vient cette croyance du métaphysicien, et comment une si grande illusion serait-elle possible, s'il n'y avait en dehors de nous aucune donnée qui justifiât cette supposition fondamentale de toute construction systématique? D'ailleurs soutenir que toutes ces explications prétendues ne sont que des créations arbitraires, est-ce autre chose que le point de vue sceptique, c'est-à-dire précisément un des systèmes qu'il s'agit d'expliquer? Admettre cette explication, ne serait-ce pas absorber tous les autres systèmes au profit d'un seul?

On peut donner de l'existence des systèmes en philosophie une explication plus scientifique et plus profonde en disant qu'ils ne sont que des hypothèses provisoires destinées à lier les phénomènes connus, à en rendre compte dans la mesure de notre expérience et de notre science, à susciter même la recherche de faits nouveaux et inconnus qui viennent soit vérifier, soit renverser l'hypothèse reçue. A mesure que les sciences font plus de progrès, il faut avoir recours à des hypothèses de plus en plus vastes qui sont renversées par d'autres, et ainsi de suite à l'infini. Selon cette vue, les systèmes ne sont que des machines destinées à rassembler les richesses acquises et à en susciter de nouvelles. Ils n'ont point de valeur en eux-mêmes, et représentent seulement les divers degrés de notre science de la nature. Cependant ce ne sont pas de pures conceptions arbitraires, comme dans le cas précédent : ce sont des points de vue relativement vrais, mais dont la vérité s'évanouit dans une synthèse plus large, qui n'a elle-même qu'une part de vérité relative. Cette seconde explication des systèmes, beaucoup plus satisfaisante que la première, n'en vient pas moins échouer devant deux faits. D'abord les hypothèses les plus vastes sont précisément celles qui se sont présentées les premières. En second lieu, le progrès philosophique ne va pas jusqu'à détruire toutes les hypothèses précédentes au profit de l'hypothèse nouvelle; mais l'on voit presque toujours tous les grands systèmes se reproduire ensemble ou du moins se succéder dans une série d'oscillations à peu près les mêmes. Ce n'est pas seulement l'évolution d'une idée qui se développe, c'est le conflit de plusieurs idées coexistantes qui se balancent et se tiennent perpétuellement en échec.

Un autre genre d'explication très répandu (et c'est de tous le plus contraire à l'éclectisme) consiste à supposer que parmi les systèmes il y en a un qui est vrai, et que tous les autres sont faux. Par exemple, s'il y a quatre systèmes fondamentaux, comme on l'a dit, — le mysticisme, le scepticisme, le sensualisme, l'idéalisme, — on exclura les trois premiers comme faux, le quatrième seul étant le vrai; mais l'idéalisme lui-même étant une expression vague qui réunit les systèmes les plus contraires, à savoir l'idéalisme de Plotin et celui de Hegel, celui de Platon et celui de Descartes, on fera encore un choix entre toutes ces formes de l'idéalisme, et on finira par se limiter au pur spiritualisme, entendu dans le sens le plus précis, mais aussi le plus étroit. Or il résulte de cette manière d'entendre les choses un très-grand inconvénient, c'est qu'un très-petit nombre de philosophes seulement est resté dans le vrai et que le plus grand nombre s'est trompé : conclusion beaucoup trop favorable au scepticisme, car si tant de philosophes se sont trompés, de quel droit supposerais-je qu'un si petit nombre a été hors d'erreur, et que j'ai précisément la chance de me trouver parmi ceux-là? Et si ces philosophes privilégiés me paraissent échapper à mes critiques, ne serait-ce point parce que je ne veux pas leur en faire et que je les dispense du sévère examen que j'inflige aux autres? Par exemple, j'admirerai et défendrai sans réserves la théorie des idées de Platon, les preuves de l'existence de Dieu données par Descartes, etc.; mais si j'appliquais à ces principes le même genre de critique impitoyable que je dirige contre la sensation transformée ou l'impersonnalité de Dieu, qui me prouve que même ces grands principes resteraient encore debout?

Il y a d'ailleurs dans ce système quelque chose qui n'est pas expliqué : il reste toujours à savoir pourquoi certains hommes sont dans l'erreur. On a dit souvent que la cause des erreurs philosophiques est dans nos passions, et que si les vérités géométriques étaient aussi contraires à nos passions que le sont les vérités morales et religieuses, il y aurait autant d'hommes qui nieraient la géométrie qu'il y en a pour nier Dieu et la vie future. On oublie que, si ces grandes vérités sont contraires à quelques-unes de nos passions, elles en favorisent d'autres : elles sont conformes à nos désirs et à nos espérances, de telle sorte que l'argument peut être rétorqué par les athées et l'a été plus d'une fois. La distinction des bonnes et des mauvaises passions n'est pas ici applicable, car les bonnes passions ne sont pas plus aptes que les mauvaises à juger du vrai et du faux.

Cette explication est démentie en outre par la plus forte de toutes les raisons, par l'expérience, car on ne voit pas qu'il y ait une liaison nécessaire entre les doctrines et les mœurs, et l'on a vu trop souvent en philosophie de graves erreurs soutenues par des hommes d'une conduite irréprochable. Épicure, Spinoza, Condillac, Helvétius, Kant, étaient les plus honnêtes gens du monde. Cependant l'un était athée, l'autre panthéiste, l'autre sensualiste et le dernier sceptique. Aujourd'hui encore nous voyons l'exemple des plus austères vertus donné par quelques-uns des hommes dont les doctrines sont le plus justement contredites. A la vérité, parmi les passions, il en est une surtout que l'on a rendue responsable de toutes les erreurs et qui n'est pas inconciliable avec la noblesse du caractère : c'est l'orgueil. L'orgueil, dit-on, est la cause de toutes les mauvaises doctrines : c'est pour se distinguer des autres hommes que l'on se fait incrédule et libre penseur; on est bien aise d'avoir montré ainsi qu'on a secoué le joug. Il y a bien là, si l'on veut, quelque chose de vrai, et cela peut s'appliquer à quelque jeune téméraire sorti des bancs de l'école; mais j'avoue que j'ai bien de la peine à expliquer par des motifs aussi pauvres les profondes pensées d'un Spinoza ou d'un Kant. A dire vrai, je ne vois pas qu'il y ait sous ce rapport grande différence entre les bonnes et les mauvaises philosophies. Je ne vois pas moins d'orgueil dans Descartes que dans Condillac, dans Malebranche que dans Spinoza. Les meilleurs philosophes sont très-piqués quand on touche à leurs idées; et le prédicateur qui vient de faire un sermon éloquent contre l'orgueil des philosophes serait de très-mauvaise humeur, si on lui disait que son sermon est mauvais. Il n'y a donc pas là un critérium suffisant pour distinguer le vrai du faux.

On dira encore que tels auteurs que nous désapprouvons sont des esprits faux; mais il y a encore là bien des difficultés. Nous sommes tentés trop souvent d'appeler esprit faux quiconque ne pense pas comme nous : or c'est là un cercle vicieux. Sans doute, si un tel a tort, c'est un esprit faux; mais la question est de savoir s'il a tort, et vous ne pouvez pas en préjuger la solution par une qualification qui la suppose. Je ne méconnais pas d'ailleurs la distinction établie entre les esprits justes et les esprits faux (quoique cette distinction soit assez difficile à expliquer psychologiquement); mais elle me paraît indépendante de la qualité des systèmes.

C'est en raison de toutes ces difficultés et impossibilités que l'éclectisme a été conduit à donner une théorie nouvelle de l'existence des systèmes, ou du moins une théorie renouvelée de Leibniz, et à laquelle on n'avait pas accordé assez d'attention : tous les systèmes sont vrais par certains côtés, tous représentent un aspect de la vérité. De même que l'on peut faire beaucoup de portraits différents d'une même personne et tous ressemblants (aucun d'eux n'étant un portrait absolu, ce qui est contradictoire), de même les divers systèmes sont les expressions diverses, les interprétations variées d'un même objet. Ce que Leibniz disait de ses nomades, que chacune d'elles est un miroir de l'univers, est vrai des systèmes. Chacun d'eux est comme un microcosme où tout vient se réfléchir sous un angle particulier qui altère et restreint les proportions de l'ensemble.

Quoi de plus vraisemblable que cette manière de voir? Supposer, encore une fois, que parmi tous ces systèmes un seul est vrai et que tous les autres sont faux, c'est, nous venons de le voir, une hypothèse remplie de difficultés. Supposer, d'un autre côté, que tous sont faux et ne sont que des conceptions absolument chimériques est également un fait bien difficile à comprendre, car prétendre que l'homme cherche le secret des choses, mais qu'il ne peut le trouver en aucune façon, c'est presque, si je ne me trompe, une contradiction. S'il cherche le secret des choses, c'est qu'il croit qu'il y en a un; c'est donc qu'il ne se contente pas du pur phénomène, et qu'il saute par-delà. L'animal ne cherche pas le secret des choses. La question même implique déjà une solution anticipée, qui est la loi primitive et fondamentale de la raison.

On dira peut-être que les systèmes ne correspondent pas aux choses telles qu'elles sont en soi, mais qu'ils ne sont que les divers points de vue que la raison humaine découvre ou plutôt met elle-même dans les choses. Les systèmes ne représenteraient donc plus l'univers : ils représenteraient l'esprit lui-même, ils ne seraient plus que le miroir de la raison. Lors même qu'il en serait ainsi, l'éclectisme serait encore justifié ; il le serait même davantage, car aucun système dans cette hypothèse n'aurait plus le droit de se substituer aux autres, et la philosophie, n'étant plus l'expression de la vérité objective, serait engagée plus que jamais à épuiser tous les systèmes, c'est-à-dire toutes les idées fondamentales de l'esprit humain, pour reproduire dans un tableau complet l'image fidèle de la raison tout entière. Dans une théorie où l'on prétendrait qu'il n'y a pas de choses en soi, les systèmes eux-mêmes deviennent les choses en soi, la raison étant alors ce qu'il y a de plus réel, et même la seule chose réelle. Dans ce système, l'histoire de la philosophie prend une importance beaucoup plus grande encore que dans tout autre, et l'éclectisme n'y est pas seulement une convenance, il y est une nécessité.

Une des objections les plus répandues autrefois contre l'éclectisme, c'est qu'il conduit à l'indifférence et au sceptiscisme. Lorsque l'on croit qu'il y a de la vérité partout, on est bien près de croire qu'il n'y en a nulle part. Si tout le monde a raison, tout le monde a tort, puisque tous se contredisent : ou plutôt on n'a ni tort ni raison, et le vrai et le faux vont se perdre dans l'abîme de l'absolue indifférence. Cette objection, tant répétée il y a trente ans, a été bien démentie par l'expérience, car ce que l'on reproche présisement aujourd'hui, avec la même violence, à l'ancienne école éclectique, devenue l'école spiritualiste, c'est au contraire un certain excès de dogmatisme et une sorte d'intolérance. Au reste, que l'indifférence, la neutralité et le scepticisme puissent être souvent la fâcheuse conséquence d'une trop large manière de concevoir les choses, c'est ce qu'il serait difficile de nier. C'est là un des dangers les plus manifestes des époques très-éclairées, qui connaissent trop le fort et le faible de toutes les thèses, le pour et le contre de toutes les questions. Elles savent trop pour conserver des passions et des croyances, et l'énergie des convictions se concilie difficilement avec l'étendue des lumières.

Tout cela peut être vrai; mais il ne faut pas confondre l'un des abus possibles d'une méthode avec cette méthode elle-même. La méthode est incontestable. Après tout, le premier devoir est d'être juste. Même dans le désir si louable de me conserver de fortes croyances, je ne dois pas imputer une erreur à mes semblables, si ce n'est point une erreur, ni même me fermer les yeux sur la part de vérité que cette erreur peut contenir. Je dois à mon esprit la vérité, toute la vérité, et j'ai le droit et le devoir de la recueillir partout où j'ai l'espoir de la trouver. Si Lucrèce exprime avec force l'influence du physique sur le moral, je ne dois point me fermer les yeux pour ne pas voir la vérité qu'il me présente, parce qu'un matérialiste et un athée peuvent en abuser. Je ne dois pas le peindre comme un sophiste coupable, lorsque son seul tort est d'être frappé d'un point de vue vrai, mais de négliger les autres, tort dans lequel je tombe tous les jours moi-même. C'est se mentir à soi-même et mentir aux autres que de croire que tout est faux dans un système faux. Que ce soit maintenant une grande difficulté de réunir toutes ces parcelles de vérité, d'en faire un faisceau, de les lier, et de se donner ainsi un *credo* absolu avec tous ses avantages et tous ses inconvénients, je le reconnais; mais en revanche n'est-ce donc rien que cet amour de la vérité qui ne nous permet pas de la méconnaître partout où elle se manifeste à quelque degré? N'est-ce pas quelque chose que cet amour de la liberté qui permet à chacun d'exposer son propre point de vue, parce que dans tout point de vue il y a quelque chose de bon? N'est-ce rien enfin que cet amour de l'humanité, cette fraternité en esprit qui nous inspire cette croyance que nul homme ne se trompe d'une manière absolue? Au lieu de deux classes d'hommes, les réprouvés et les élus, les uns dignes du salut éternel, les autres condamnés au feu dans ce monde et à l'enfer dans l'autre, nous ne voyons dans tous les philosophes de bonne foi, quels que soient leurs principes, que des frères en esprit. Tel est le véritable éclectisme, qui n'est autre chose que le plus large libéralisme.

Il n'y a donc qu'une seule manière d'expliquer la diversité des systèmes sans tomber dans la déclamation et dans l'intolérance : c'est de supposer que chacun de ces systèmes représente un des aspects, une des formes de la vérité. Cet aspect des choses, saisi par un esprit supérieur, est devenu pour lui l'univers tout entier. Il a tout ramené à un principe unique, il en a fait tout découler par une déduction arbitraire. On sait à quel prix les esprits systématiques obtiennent ces belles unités, dont la logique est irréprochable : c'est tantôt par des mutilations de la réalité, tantôt par des hypothèses nouvelles venant étayer et compliquer l'hypothèse fondamentale. Souvent aussi la réalité est plus forte que le système et s'y fait sa place. De là des incohérences, des contradictions que l'on dissimule comme on peut, et par de nouvelles machines.

Que doit donc faire l'historien de la philosophie? Il doit recueillir tous ces points de vue, vrais par un certain côté, et les transmettre à la philosophie, qui se charge de les concilier. On doit reconnaître que, malgré les critiques dont l'éclectisme a été l'objet, cette partie de cette méthode a définitivement triomphé. Rien de plus ordinaire aujourd'hui, rien de plus généralement admis (excepté dans les plus bas degrés de la controverse) que ce procédé qui consiste tout d'abord à faire la part du vrai chez ses adversaires, et en général chez tous les penseurs. La part faite au passé est également plus grande qu'elle ne l'était autrefois. Il n'est personne de nos jours qui se résignerait à juger Platon et Aristote comme on les jugeait au xviiie siècle. On trouve même de l'or, suivant l'expression de Leibniz, dans le fumier de la scolastique.

Ainsi la méthode éclectique est entrée aujourd'hui dans la philosophie et n'en sortira plus. C'est là un des gains les plus solides et les moins contestables dus à l'étude de l'histoire de la philosophie ; mais si la méthode éclectique est hors de toute contestation sérieuse, en est-il de même de l'éclectisme considéré comme système de philosophie? C'est la dernière question que nous voudrions examiner.

Rien de plus simple, pour peu qu'on ait l'esprit droit, le caractère bien fait et une solide éducation philosophique, que de reconnaitre la vérité partout où elle se présente, que de rendre justice successivement à Descartes et à Locke, à Spinoza et à Kant. Cependant, lorsque l'on a ainsi dégagé de chaque philosophie la part de vérité que l'on a cru y découvrir, on a devant soi un travail bien autrement difficile : c'est de concilier, de joindre ensemble toutes ces parcelles de vérité, d'en faire un tout systématique et régulier. C'est là surtout que la faiblesse de la raison humaine se fait sentir : on voudrait pouvoir en quelque sorte faire tenir tous les principes dans un même sac; mais quand on presse d'un côté, ils ressortent de l'autre, comme lorsqu'on veut faire entrer trop de choses dans une boîte trop étroite. Si tel point de vue est vrai, comment tel autre peut-il l'être également? Par quel moyen les mettre d'accord? Quand on lit Kant, on en retire cette impression, que la raison est trop ambitieuse dans ses théories métaphysiques; mais si cela est vrai, comment la métaphysique elle-même est-elle possible? Jusqu'où l'est-elle, et dans quelle mesure? Quelle est la vraie limite de ce que nous pouvons et de ce que nous ne pouvons pas savoir? Admet-on que la raison atteint l'absolu, si peu que ce soit, c'est Kant qui a tort. Admet-on au contraire qu'elle ne l'atteint pas, c'est Kant qui a raison, et tous les autres ont tort. Que devient l'éclectisme? Je prends un autre exemple. Incontestablement il y a du vrai dans le panthéisme. Personne ne peut nier que Dieu ne soit en toutes choses d'une certaine manière. Des choses qui seraient absolument hors de Dieu seraient sans Dieu. Ainsi Dieu est partout, Dieu est en tout, *est Deus in nobis*. Voilà le vrai du panthéisme. D'un autre côté pourtant, il y a des créatures, il y a des individus, il y a des forces indépendantes. Si l'on n'admet pas cela, Dieu est tout; si Dieu est tout, tout est Dieu; si tout est Dieu, il n'y a pas de Dieu. Maintenant comment ces deux vérités peuvent-elles se concilier? comment, si Dieu est en tout et partout, peut-il y avoir quelque chose qui ne soit pas lui? Et, s'il y a quelque chose qui n'est pas lui, comment est-il en tout et partout? comment concilier enfin l'infinité du Créateur avec l'indépendance des créatures? On essaye de remplir l'abîme par la création continuée, les causes occasionnelles, la promotion physique; on invente les émanations alexandrines, le *process* hégélien, etc. Toutes ces hypothèses renferment cependant la même difficulté fondamentale; on ne fait que tourner sur soi-même et revenir au point d'où l'on est parti. En poursuivant une recherche semblable sur tous les problèmes de la philosophie, on voit combien la conciliation des systèmes est une œuvre difficile; en réalité, cette conciliation ne consiste presque jamais qu'à juxtaposer des principes, à peu près comme en politique on fait des ministères de transaction en réunissant les hommes les plus voisins des partis contraires; mais autre est la théorie, autre est la pratique. La pratique vit de transactions; il ne peut y avoir de transaction dans le domaine de la vérité. En politique, on fait comme on peut; en philosophie, on ne devrait concilier qu'en expliquant, c'est-à-dire en liant les vérités l'une à l'autre par degrés intermédiaires.

Quelques esprits ont clairement aperçu ces difficultés, et ils ont dit que l'éclectisme est un degré nécessaire de la philosophie, mais que ce n'est pas encore la vraie philosophie elle-même. La vraie philosophie consisterait, non pas à ajouter bout à bout les principes des divers systèmes, mais à les lier ensemble à l'aide d'un principe nouveau ; à l'*éclectisme*, en un mot, on propose de substituer la *synthèse*. De cette manière, on pourrait concilier le respect du passé avec les besoins de l'avenir, tenir compte de ce qui a précédé sans s'y asservir, ne pas sacrifier la philosophie à son histoire, et tout en absorbant les systèmes passés créer cependant des systèmes nouveaux.

Rien de plus juste, je dirai même rien de plus évident qu'une telle opinion ; mais ce que l'on appelle synthèse n'est précisément que cet éclectisme idéal dont nous parlons, et dont nous venons de faire voir les difficultés. Sans doute l'éclectisme bien compris, celui d'un Platon ou d'un Plotin n'exclut pas, bien loin de là, implique un principe de conciliation qui se distingue de tous les points de vue précédents : mais on sait que rien n'est plus rare en philosophie que la découverte d'une idée absolument nouvelle; et cependant, en attendant, il faut philosopher. Rien de plus facile que de dire : « Il nous faut un principe nouveau, ayons des idées nouvelles, découvrons quelque chose ; » mais, si cela est facile à dire, cela est très-difficile à faire, et la plupart du temps on se contente de le dire.

Sans doute nous ne devons pas oublier que notre siècle a vu un grand système dont l'ambition a été précisément de réconcilier et d'absorber tous les systèmes passés dans une synthèse supérieure : c'est l'idéalisme hégélien. Sans aborder ni même effleurer ici l'examen de ce grand système, contentons-nous de faire remarquer qu'il n'est encore lui-même, comme tous ceux qui l'ont précédé, qu'un point de vue pris dans la nature des choses ; et ce point de vue, si large qu'on veuille le supposer, n'est lui-même qu'un côté de la réalité, qu'un éclectisme supérieur doit corriger et compenser par d'autres points de vue que l'hégélianisme a trop sacrifiés. Par exemple, il n'est personne aujourd'hui qui ne reconnaisse que Hegel a trop sacrifié l'expérience, qu'il a trop exagéré la puissance de la méthode *a priori*. On essaye maintenant de le réconcilier avec l'empirisme ; or cela même, c'est le détruire. On peut donc affirmer qu'à l'heure qu'il est le système hégélien ne subsiste déjà plus à titre de système, et qu'il n'en reste que des débris épars et un certain esprit. Je dis bien plus : l'hypothèse que le système de Hegel serait absolument vrai est en contradiction avec les principes mêmes de son système. S'il est vrai en effet que l'univers ne soit que le développement, l'évolution de l'idée, si l'idée, en sortant d'elle-même, devient la nature, et en revenant à elle-même devient l'esprit, si la plus haute forme de l'esprit est la philosophie, et si la plus haute forme de la philosophie est la doctrine hégélienne, on ne voit pas du tout pourquoi l'idée s'arrêterait là, et pourquoi on lui interdirait tout développement ultérieur. Par la même raison qu'elle s'est développée dans le passé, elle doit se développer encore dans l'avenir. La philosophie de Hegel n'est qu'un moment de l'idée, tout aussi bien que la philosophie de Platon. Par conséquent, son système n'est qu'une forme transitoire qui doit périr comme toutes les autres. La conscience que l'idée prend d'elle-même par la philosophie peut s'éclaircir de plus en plus et lui révéler beaucoup de choses que Hegel n'a pas aperçues. Qui sait même si l'idée ne découvrira pas un jour qu'elle n'avait pas besoin de Hegel, ni même d'aucun esprit humain, pour prendre conscience d'elle-même, et que cette conscience lui est coéternelle, coessentielle, consubstantielle? Ainsi le système de Hegel, pas plus qu'aucun autre système, ne peut enchaîner à jamais dans une forme déterminée le mouvement et l'essor de la pensée.

Je n'hésite point à le dire, tout système est une erreur, et l'éclectisme lui-même, en tant que système est une erreur. Pour tout concilier, il faut tout savoir : pour enchaîner toutes les vérités, il faudrait être au centre de la vérité même. Le philosophe, qui mesure ses forces à son ambition et à son désir, voudrait tout embrasser, tout observer, tout dévorer d'un seul coup; mais, comme dit le spirituel Emerson, « la bouchée est trop grosse. » Il faut se résigner à en laisser. Nous ne pouvons connaître que des parcelles de vérité, nous ne pouvons former que des synthèses partielles; lors même que nous nous élevons jusqu'au premier principe, nous ne saisissons pas le lien qui l'unit à tout le reste. Sans doute ces synthèses partielles peuvent être de plus en plus larges, les intermédiaires entre l'absolu et le relatif peuvent être plus ou moins bien connus; mais l'éclectisme absolu, comme la science absolue (et ce serait la même chose), n'est qu'en Dieu et n'est pas en nous.

Ce n'est pas là du scepticisme, car je crois que ces vérités partielles sont des vérités; je crois qu'il y a un principe suprême et premier auquel se rattachent et la raison et l'univers; mais quant à la mesure, à la limite, à la détermination précise des rapports entre le tout et les parties, entre l'un et le plusieurs, ce sont là autant de conceptions relatives et provisoires comme disent les positivistes, qui eux-mêmes ont raison dans une certaine mesure. Cette manière d'envisager la philosophie peut paraître assez peu satisfaisante, et j'avoue qu'elle me laisse moi-même fort peu satisfait; qu'y faire cependant? On ne peut échapper à cette vérité évidente, que « tout système est étroit et erroné, » ni à cette autre non moins évidente, « que la raison ne peut comprendre le tout des choses sans être elle-même ce tout. » Et cependant que deviendrait la philosophie, s'il n'y avait plus de système? Le système est le ferment de la philosophie : c'est lui qui pousse, qui excite à la découverte, et il est lui-même un résultat nécessaire des découvertes déjà faites.

On peut philosopher de deux manières, soit avec du génie, soit avec du bon sens. Le génie découvre et crée, il fait faire un pas en avant; mais en même temps, par une illusion que je croirais volontiers providentielle, le génie se persuade toujours qu'il a trouvé le dernier mot de tout. Le point de vue qui l'a frappé lui paraît la vérité absolue : il coordonne tout autour de ce point de vue unique; par là, il creuse plus avant, il développe et enrichit la science par des faits nouveaux et des analyses nouvelles. Le bon sens se contente de comprendre et de recueillir, sans en faire un système, les vérités découvertes par les hommes de génie : il fait la part à chaque système, à chaque point de vue, il les concilie comme il peut; souvent même il renonce à les concilier, parce qu'il reconnaît que cela lui est impossible; il ne sacrifie point pour cela une vérité à une autre, car il sait que ce qui ne se concilie pas pour nous peut se concilier dans la nature des choses. Il est donc ouvert à toutes les vérités, de quelque part qu'elles viennent, comme un peuple éclairé qui juge sagement dans ses comices les systèmes politiques qu'on lui propose, et qu'il n'eût pas trouvés tout seul. Le bon sens aspire à comprendre le plus de choses possible et à se tromper le moins possible. Le bon sens, ainsi entendu, ne se confondra pas avec les opinions vulgaires ; il pénétrera même aussi avant que possible dans les profondeurs de la pensée, pourvu qu'il soit guidé par les hommes de génie, supérieur à eux en ce qu'il les comprend tous, tandis qu'ils ne se comprennent pas entre eux. Son signe principal est de ne point inventer : il recueille, choisit et transmet. L'invention et la découverte, mais au prix de l'erreur, voilà le don du génie : c'est un rayon sacré, c'est une grâce divine. Heureux ceux qui ont reçu cette grâce, quelle que soit la rançon qui la paye ! Malheureux ceux qui ne l'ont pas reçue, mais qui croient l'avoir, et qui se tourmentent pour faire croire aux autres qu'ils l'ont ! Heureux encore ceux qui, ne l'ayant pas reçue, ne cherchent ni à se tromper eux-mêmes, ni à tromper les autres en se faisant passer pour inspirés ! Ceux-là sont les socratiques, les platoniciens ; ils ont pratiqué le précepte : connais-toi-toi-même. Ils ne croient pas savoir ce qu'ils ignorent ; ils n'affectent pas non plus, par un autre genre d'orgueil, d'ignorer ce qu'ils savent ; ils s'instruisent à toutes les écoles, demandent des lumières à leurs adversaires autant qu'à leurs amis. Les philosophes de génie sont les maîtres du monde qui font payer leurs bienfaits et leur gloire par le despotisme. Les philosophes de bon sens sont les magistrats d'un État libre qui font le bien sans éclat, mais sans tempêtes, et qui, respectant tous les intérêts et tous les droits, sont par là même obligés de s'abstenir de grandes aventures.

Quelques grands hommes ont su joindre les deux philosophies, et à la gloire d'inventer et de créer ils ont ajouté celle de comprendre, de recueillir, de concilier. Sous ce rapport, les anciens sont supérieurs aux modernes; ils ne sont point, comme ceux-ci, esclaves du systématique. Ils ont une théorie; mais ils ont plus d'idées que leur théorie n'en peut embrasser, et ils ne les rejettent pas pour cela. Socrate, Platon, Aristote sont les plus larges, les plus libéraux de tous les philosophes. Ils sont à la fois hardis et sages, et descendent avec aisance des plus grandes hardiesses de la pensée aux plus aimables familiarités du sens commun. Quelquefois ils défient l'intelligence la plus pénétrante par la profondeur et la subtilité de leurs spéculations; ailleurs ils peuvent être lus même par des enfants. Ils ne dédaignent rien, ni la sagesse de leurs prédécesseurs, ni celle des poëtes, ni celle du peuple. Ils connaissent tous les degrés du vrai, et n'en dédaignent aucun, aussi éloignés d'un pédant scepticisme que d'un dogmatisme outré. Tantôt ils affirment et tantôt ils doutent, mais toujours avec innocence et candeur, n'obéissant qu'aux lumières de leur raison, et jamais à un parti pris : vrais et inimitables philosophes, que Voltaire et Montaigne rappellent quelquefois par la sincérité du doute et l'absence d'esprit de système, mais sans les égaler jamais par la forme, la richesse et la grandeur de la pensée. Dans l'ordre de la pure philosophie, Leibniz, de tous les modernes est le plus près des anciens pour avoir uni le génie dans les systèmes à l'ouverture de l'esprit, et avoir recueilli le plus d'idées possible, sans les violenter pour les faire entrer de force dans un cadre artificiel et fermé : s'il n'a pas la grâce des Grecs, il en a la liberté. Kant lui-même, malgré son affreux pédantisme, est encore un penseur assez large et assez libre, et il est très-abondant en vues particulières, plus ou moins liées avec le tout. Il n'en est pas de même de Descartes : c'est un despote. Il vous force à penser librement, comme certains démocrates qui veulent vous contraindre à être libre : c'est un fanatique de système, aussi bien que Spinoza ou Condillac. Malebranche n'a de commun avec Platon qu'une certaine beauté d'imagination et l'enthousiasme du monde idéal : autrement, il est sec comme un géomètre et étroit comme un moine. Locke, moins profond ou moins sublime que les cartésiens, a plus de bonhomie, et par là même plus de largeur ; il s'est plus rapproché de la pratique de la vie, ce qui ouvre toujours l'esprit et le rend moins intolérant. Les Allemands qui ont suivi Kant se sont tenus sur les pics aigus de la spéculation la plus abstraite. Leurs systèmes sont théoriquement compréhensifs ; mais ils ne sont larges que par esprit de système, au lieu de l'être par nature et avec ingénuité ; ils touchent à tout, mais ils enchaînent tout. Ils embrassent tout l'univers, mais chacun avec une formule différente, et il faut que l'univers leur obéisse. Ils ne savent parler de rien *vraisemblablement*, ce qui est le charme de Socrate et de Platon. De ce défaut fondamental, commun à presque tous les philosophes modernes, naît une sécheresse et une sorte de pauvreté relative, lorsqu'on compare leurs œuvres à celles des anciens. Plus scientifique quant à la forme, la philosophie moderne est moins vraie que la philosophie antique : car la vérité ne se mesure pas à la rigueur apparente de la méthode, mais au don naturel qui nous la fait sentir et goûter. Sans doute, nous ne pouvons nous donner la jeunesse qui nous manque; mais nous pouvons au moins nous affranchir de l'esprit de secte et recueillir toutes les vérités de quelque part qu'elles viennent, sans leur imposer telle estampille ou telle étiquette. Ayons des systèmes, mais pour nous aider, non pour nous lier. La vérité est une sphère infinie dont le centre est partout, et la circonférence nulle part. En la réduisant à l'horizon de notre vue, sachons que cet horizon n'est une limite que pour nous, et non pas pour elle.

LIVRE
LA RELIGION

L'APOLOGIE CHRÉTIENNE AU XIXᵉ SIÈCLE

CHAPITRE PREMIER

PHILOSOPHIE RELIGIEUSE DE M. GUIZOT

L'un des plus nobles spectacles que présente notre temps si décrié est celui de l'indomptable vitalité de quelques hommes illustres qui, sur des théâtres et à des titres divers, occupent encore le premier rang, quoique par leur âge ils semblent appartenir à une autre époque.

Sans citer tant d'exemples présents à tous les esprits, voici un écrivain qui a débuté dans la carrière des lettres il n'y a pas loin de soixante ans, qui a reçu les encouragements de Mme de Staël, qui déjà joua un rôle politique important sous la première restauration, qui pendant les quinze années du gouvernement des Bourbons fut à la fois un publiciste populaire et un professeur de premier ordre, déployant avec une égale énergie son activité dans les luttes de la politique et dans les recherches ardues de la science, qui plus tard, après 1830, passant de l'opposition au pouvoir, se révélait comme le plus grand orateur politique de son temps, dépensait chaque jour pendant une lutte de dix-huit ans toutes les forces réunies de l'éloquence et du caractère contre le flot toujours montant de la révolution, et qui enfin un jour était emporté par elle! Qui n'aurait cru que cette âme, haute et passionnée, minée par le travail et vaincue par les événements, allait plier sous la défaite et s'éteindre dans le désespoir? Non, il n'en fut rien. Personne ne sait sans doute ce que dans la crise a pu penser et souffrir cette nature d'airain; mais le flot passé, nous l'avons vu reparaître avec la même sérénité, la même inflexibilité, le même ressort qu'auparavant. Une existence patriarcale, la vie domestique la plus noble, des amis fidèles, un corps merveilleusement sain qui semble ne rien connaître des infirmités humaines, surtout l'étude, le travail, une ardeur inépuisable pour les grandes choses, ont fait à cet homme illustre une vieillesse respectée et presque enviée de ceux qui l'ont vaincu.

Comme on ne peut se mêler à la vie sans en affronter les combats, M. Guizot, en revenant prendre part aux luttes contemporaines, a retrouvé dans ses vieux jours, comme au temps de sa maturité, des adversaires passionnés, et l'on ne se tromperait pas beaucoup en supposant que ce vieil athlète n'en a pas été trop fâché. Les hommes faits aux champs de bataille ne peuvent plus se plaire aux plates et modestes jouissances de la vie contemplative : il leur faut l'odeur de la poudre et le fracas des glaives. Ainsi M. Guizot, après avoir tant souffert des luttes politiques, n'aurait pu cependant revenir paisiblement aux froides contemplations de la science qui avaient charmé sa jeunesse. Il avait pour soutenir sa vie nouvelle deux sentiments énergiques et également puissants, le souvenir du passé et le besoin d'action. L'un lui dicta ses mémoires, l'autre l'engagea dans la lutte religieuse, si ardente aujourd'hui, et où il s'est placé au premier rang. Il a eu le bonheur de pouvoir achever ces deux grandes entreprises, l'histoire de sa vie et son apologie chrétienne.

Les *Méditations chrétiennes* de M. Guizot ont été à plusieurs reprises l'objet des études de la *Revue*, à mesure que les différents volumes paraissaient; mais aujourd'hui que l'ouvrage peut être considéré comme complet, au moins dans sa partie philosophique[1], il sera intéressant de l'étudier dans son ensemble, et il devient plus facile d'en apprécier la portée. Nous voudrions nous livrer à cet examen avec le respect qui est dû à la haute intelligence de l'auteur, mais aussi avec la liberté qui est le devoir de la science et de la pensée.

On ne peut nier que M. Guizot ne pose la question chrétienne comme elle doit être posée de nos jours. Il demande au christianisme d'accepter les conditions nouvelles dans lesquelles la société est entrée depuis trois siècles, et qui sont la science libre, la conscience libre, la pensée libre. Il demande que le christianisme ne se contente pas seulement de tolérer ces principes, comme Moïse tolérait le divorce chez les juifs, à cause de la dureté de leur cœur; mais il lui conseille au contraire de les proclamer comme un développement

---

[1]. Il y aura un quatrième volume, consacré aux questions de critique et d'exégèse, mais il ne changera rien évidemment à l'ensemble des vues de M. Guizot.

légitime de l'Évangile. Il voit avec raison les plus grands périls dans le défi porté par certains actes, certaines paroles, à la société moderne. Cette société en est arrivée à croire à ses principes comme à des articles de foi, et l'on a bien raison de dire qu'elle a aussi son *Credo*. Liberté de conscience et liberté de pensée, avec leurs conséquences, sont des principes que la société moderne n'examine plus, mais auxquels elle adhère avec une passion incroyable, avec la même passion que les croyants apportent à soutenir leurs symboles. Que l'Église se mette en hostilité ouverte avec ses principes, c'est foi contre foi, et l'on sait ce qui résulte d'une guerre de croyances : le fanatisme s'y met de part et d'autre, et des maux incalculables peuvent être la conséquence d'une lutte si imprudemment engagée. La tentation d'une victoire possible peut entraîner quelques imaginations égarées; mais cette tentation est décevante. La société de la révolution ne sera point vaincue, on peut l'affirmer sans hésiter; il n'y a que les ennemis du christianisme qui puissent souhaiter de le voir se livrer à une aussi chimérique entreprise.

M. Guizot accepte entièrement le principe de la discussion libre et tous les autres principes de la société moderne. Il veut que le christianisme s'arrange pour vivre au sein de cette société, sache s'y faire sa place, qu'il en accepte les conditions décidément et de bon cœur. En revanche, il demande à la société moderne d'accepter le christianisme, non pas comme un joug qui s'impose par l'autorité, mais comme une lumière, comme une force à laquelle l'âme se soumet librement. En un mot, c'est à l'examen qu'il en appelle, et il s'engage, au nom du christianisme, à avoir raison. Il est évident que l'esprit moderne, quand on n'en conteste pas les conditions légitimes, n'a aucun droit de se refuser à l'examen qu'on lui demande. Tant qu'il peut croire que c'est sa ruine que l'on exige, il peut se refuser à tout entendre, comme un peuple ne peut pas consentir à traiter avec qui ne commence point par reconnaître son indépendance; mais dès que l'on accepte de part et d'autre les droits de la discussion et de la pensée, le débat est possible, il est légitime, il est nécessaire. Or M. Guizot croit pouvoir établir démonstrativement ces trois propositions qui composent toute son apologétique chrétienne : 1° Il y a des problèmes naturels et universels qui se posent nécessairement dans toute âme humaine; 2° la science ne résout pas ces problèmes; 3° la religion, c'est-à-dire le christianisme, les résout. Telle est, dans ses traits essentiels, la pensée fondamentale de M. Guizot, et il faut reconnaître qu'elle est conçue avec une vigueur et une précision dignes de cet éminent esprit.

Quels sont ces problèmes, aussi vieux que l'humanité, aussi répandus qu'elle sur la surface du globe, problèmes que se pose inévitablement chacun de nous aussitôt qu'il commence à penser? C'est l'origine et la destinée de l'homme, l'origine et la fin de l'univers; c'est la liberté et la Providence, et leurs rapports; c'est le mal, c'est le salut. Pourquoi la douleur? pourquoi la prière? pourquo tant de misère, pourquoi tant de grandeur? De tels problèmes ont toujours existé jusqu'ici. Existeront-ils toujours? Il est des écoles qui ne le pensent pas. L'école positiviste, par exemple, croit qu'il n'y a pas lieu de les poser, parce que nous n'avons aucun moyen de les résoudre. Il faut déraciner ces problèmes de son cœur pour se borner à l'étude du monde tel qu'il est; mais en même temps qu'on croit écarter ces questions comme insolubles, on les tranche néanmoins dans un sens ou dans l'autre, et l'on prouve par là même qu'elles sont indestructibles.

Il y a donc des problèmes. Qui les résoudra? La science s'y applique, mais sans succès ; ce domaine, quoi qu'elle fasse, est en dehors de ses méthodes et au-dessus de sa portée. M. Guizot s'appuie ici sur l'autorité d'un savant théologien anglais dont il accepte pour son compte la doctrine. Les limites du monde fini, pour l'un et pour l'autre, sont les limites de la science. Le monde fini seul, physique et moral, est à la portée de la méthode scientifique. C'est dans ce monde seulement que l'esprit humain se saisit pleinement des faits, les observe dans toute leur étendue et sous toutes leurs faces, en reconnaît les rapports et les lois, qui sont aussi des faits, et en démontre ainsi le système. C'est le travail et la méthode scientifiques; les sciences humaines en sont les résultats. A la vérité, l'homme porte en lui-même des notions et des ambitions qui s'étendent bien au delà et s'élèvent bien au-dessus du monde fini, les notions et les ambitions de l'infini, de l'idéal, du complet, du parfait, de l'immuable, de l'éternel. Ces notions et ces ambitions sont elles-mêmes des faits que reconnaît l'esprit de l'homme; mais en les reconnaissant, il s'arrête. Elles lui font pressentir, ou, pour parler plus exactement, elles lui révèlent un ordre de choses autre que les faits et les lois du monde fini qu'il observe; mais, s'il a de cet ordre supérieur l'instinct et la perspective, il n'en a pas, il n'en peut pas avoir la science. C'est la sublimité de sa nature que son âme entrevoie l'infini et y aspire; c'est l'infirmité de la condition actuelle que sa science se renferme dans le monde fini où il vit.

M. Guizot, en déclarant la science impuissante en dehors des choses finies, proclame par là même l'impuissance de la philosophie ou de la métaphysique, car la métaphysique est précisément la science qui croit pouvoir résoudre les problèmes du monde invisible. Pour prouver cette impuissance, M. Guizot s'appuie, et c'est de bonne guerre, sur l'aveu des philosophes eux-mêmes, qui reconnaissent que la philosophie est divisée en systèmes éternellement opposés, éternellement les mêmes, qu'elle tourne toujours dans le même cercle, sans jamais avancer, variant les expressions et les formes de ses hypothèses, mais retombant toujours dans les mêmes hypothèses. Ces systèmes fondamentaux et immortels ont été réduits par M. Cousin à quatre, qui sont le sensualisme et l'idéalisme, le scepticisme et le mysticisme. Pourquoi ces systèmes ont-ils apparu dès les temps les plus anciens et se sont-ils depuis reproduits partout et toujours? Pourquoi l'esprit humain a-t-il, sur ces questions suprêmes, atteint de si bonne heure à des essais de solution qui l'ont épuisé sans le satisfaire? Pourquoi la métaphysique est-elle restée stationnaire? Le fait qui soulève ces questions en donne la réponse. « L'homme a reçu sur l'objet fondamental de la métaphysique des lumières primitives, dot de la nature humaine plutôt que conquête de la science humaine : elle a dans l'homme même son point de départ profond et assuré; mais son point de mire est en Dieu, c'est-à-dire au-dessus de sa portée. » Telle est la stérilité de la science philosophique en général. On la prouvera mieux encore en examinant chacun des grands systèmes philosophiques de notre temps en particulier. Ces systèmes sont : le spiritualisme, le rationalisme, le positivisme, le panthéisme, le matérialisme, le scepticisme.

Le spiritualisme du XIXe siècle a naturellement dans M. Guizot un sympathique admirateur. Comment n'aimerait-il pas une philosophie qui a eu pour maître et fondateur son propre maître, Royer-Collard? Il reconnaît donc hautement tous les mérites de l'école spiritualiste. Elle a fondé, dit-il, la psychologie scientifique, ce qui est même, selon nous, beaucoup trop dire, car cette sorte de psychologie avait été fondée par Locke et les Écossais ; l'école française y a peu ajouté. Cette école a défendu l'idée du devoir et l'a fortement séparée de l'intérêt personnel. Elle a défendu la liberté humaine au point de vue philosophique, moral et politique. Tels sont les mérites du spiritualisme contemporain ; mais, forte dans la psychologie et dans la morale, cette école a été faible dans la théodicée, dans la métaphysique, dans la philosophie religieuse en général. Elle a été à la fois timide et orgueilleuse : timide en écartant systématiquement tous les problèmes cosmologiques (origine de l'homme, origine des êtres vivants) ; orgueilleuse, en se refusant à l'idée d'une révélation dont elle trouvait cependant la preuve manifeste chez l'homme lui-même, dans ces principes spontanés et universels appelés principes *à priori*, quelle accepte comme des faits, mais sans en chercher l'origine.

Du spiritualisme, M. Guizot distingue le rationalisme. Le spiritualisme est timide et silencieux à l'égard du surnaturel ; mais il ne le nie pas expressément. Le rationalisme est ouvertement négatif. Ce qui caractérise surtout le rationalisme, selon M. Guizot, c'est de ne voir dans l'esprit humain que la raison, d'exclure le cœur, de mutiler l'homme. Il retranche ainsi de l'homme des faits qui appartiennent à la nature humaine, par exemple le besoin du surnaturel. En outre, il aspire à étendre la science au delà de ses limites légitimes en voulant soumettre à ses prises le monde de l'infini, qui lui échappe nécessairement.

L'une des formes du rationalisme, c'est le positivisme. Pour le positivisme, toute croyance religieuse et toute doctrine spiritualiste sont mises à l'écart comme hypothèses arbitraires et transitoires, qui ont pu servir au développement de l'humanité, mais que la raison humaine doit maintenant rejeter, comme on repousse du pied l'échelle à l'aide de laquelle on a atteint le sommet. Pour appeler les choses par leur nom, le positivisme n'est autre chose que le matérialisme et l'athéisme, acceptés plus ou moins explicitement. Sur quoi maintenant se fondent les positivistes pour établir que la matière et ses forces sont le seul objet du savoir humain? Sur deux arguments, l'un philosophique, l'autre historique. D'une part, ils soutiennent avec Condillac que toutes nos idées viennent des sens, et par là ils sont logiquement conduits à nier tout ce qui est au delà; de l'autre ils invoquent une prétendue loi historique d'après laquelle l'homme passerait de l'état théologique à l'état métaphysique, et de l'état métaphysique à l'état positif. Ces deux arguments succombent, l'un devant la philosophie, qui avec Kant et Leibniz découvre dans l'esprit humain des idées supérieures aux sens, l'autre devant l'histoire qui nous montre les trois états d'Auguste Comte, non pas successifs, mais toujours simultanés. L'esprit humain subsiste toujours tout entier.

Le panthéisme dépasse le cercle étroit où le positivisme veut enchaîner la raison. Il s'élance jusqu'au principe même des choses, et prétend l'atteindre par une méthode absolue. Son rêve, c'est l'unité universelle. De l'unité de la vérité, il conclut à l'unité de l'être; il confond l'idée et la réalité, la science et l'existence, et abolit tous les êtres en les concentrant dans un seul, lequel n'est plus qu'une notion impersonnelle, un nom stérile qui tombe à son tour dans le néant. La conséquence inévitable du panthéisme, c'est l'idolâtrie humaine, l'anéantissement de toute personnalité, de toute individualité, de toute liberté. Fondé sur une méthode arbitraire, niant résolûment l'expérience, le panthéisme vient échouer devant la conscience et les instincts éternels du cœur humain. Telle est du moins cette espèce de panthéisme, que l'on peut appeler idéaliste, où Dieu se réduit à l'idée de l'être universel, c'est-à-dire à une pure abstraction. Une autre forme plus concrète, plus conséquente et plus simple est le panthéisme matérialiste, en d'autres termes l'athéisme, solution claire et commode en apparence, mais qui, au lieu d'expliquer le problème, le supprime. Le problème c'est la complexité, la dualité de l'être humain, physique et moral, âme et corps. Le matérialisme lui-même commence par reconnaître cette distinction. Matière et force, dit-il : donc la force est autre chose que la matière; puis il confond ce qu'il a distingué et croit avoir expliqué le problème, en considérant comme inséparables deux éléments distincts. Au fond, le matérialisme, comme le panthéisme, explique tout par une abstraction.

Il reste encore un grand système : c'est le scepticisme, qui s'attaque à la puissance même de l'esprit humain et le déclare incapable de connaître le fond des choses, la réalité en soi. Suivant M. Jouffroy, l'homme croit par instinct et doute par raison. On serait tenté de penser que M. Guizot adhère à cette parole, qui semble n'être sous une autre forme que sa propre doctrine, lorsqu'il nous dit que l'infini est objet de croyance, non de science; mais il ne consent point à nommer instinct cette intuition de la réalité intérieure et extérieure qui est le fait primitif de la connaissance. Ce fait élémentaire est méconnu par les sceptiques, comme la dualité de l'homme par les matérialistes, comme la personnalité par les panthéistes, comme le cœur et ses instincts spontanés par le rationalisme, comme l'élément surnaturel par le spiritualisme.

Ainsi tous les systèmes de philosophes mutilent la nature humaine, pas un seul ne résout les problèmes posés par le genre humain. Aux obscurités, aux contradictions, aux lacunes des solutions philosophiques, M. Guizot oppose la clarté, la fécondité des solutions chrétiennes. Il n'est pas de ceux qui croient que la religion ne doit satisfaire que le cœur. L'homme demande à la religion autre chose que des jouissances nobles et pures : il lui demande la lumière en même temps que la sympathie. Si elle ne résout pas ces problèmes moraux qui assiégent la pensée de l'homme, elle peut être une poésie; elle n'est pas une religion.

Les solutions chrétiennes des problèmes humains, ce sont les dogmes. M. Guizot ne prétend pas faire un traité de théologie : il n'exposera donc pas tous les dogmes chrétiens. Il reconnaît d'ailleurs qu'une part humaine s'est mêlée à l'élaboration de ceux-ci. Le christianisme a eu ses pharisiens et ses sadducéens. M. Guizot même nous donne à entendre que, si nous n'étions pas dans une période de crise, il pourrait bien, lui aussi, dire ce que dans la théologie chrétienne il ne défend pas, il n'accepte pas; mais il ne convient à aucun chrétien de toucher aux parois extérieures du temple lorsque les fondements mêmes sont ébranlés. Il ne parlera donc que des dogmes essentiels, c'est-à-dire de ceux qui sont communs à tous les chrétiens. Ils sont au nombre de cinq : la création, la Providence, le péché originel, l'incarnation, la rédemption. Ce qui caractérise ces dogmes pour M. Guizot, c'est d'être des explications, des solutions. Le dogme de la création explique l'origine du monde et l'origine de l'homme. La Providence explique l'instinct et le besoin de la prière, cet instinct si universel de l'humanité. Le péché originel explique le mal. L'incarnation et la rédemption expliquent le mystère de notre destinée. Par ces dogmes, l'homme sait d'où il vient, où il va; il sait ce qui le détourne du chemin du salut et ce qui l'y ramène. Le système est grand, complet, bien lié et puissant. Voyons maintenant s'il est vrai.

La création est démontrée, suivant M. Guizot, par ce fait capital que le monde n'a pas toujours été tel qu'il est; la vie a commencé sur la surface du globe; les espèces animales ont aussi commencé; l'homme a commencé également. Or, à moins d'admettre que la vie est le résultat des forces de la matière, et que l'homme, comme toute espèce animale, est le produit d'une lente élaboration des siècles, on est obligé d'avoir recours à la puissance surnaturelle du Créateur; mais d'une part la doctrine de la génération spontanée, de l'autre la doctrine de la transformation des espèces, sont des hypothèses arbitraires, repoussées par la science. Donc la création est nécessaire. Sans vouloir mêler ici prématurément la critique à l'exposition, il est impossible cependant de ne pas être frappé de cette imprudence, au moins apparente, qui fait reposer le dogme fondamental de la religion et l'espoir de l'humanité sur une opinion toute scientifique. Les deux questions dont parle

M. Guizot sont deux questions à l'étude; ce ne sont pas des questions résolues. Il semble fâcheux qu'une doctrine qui doit résoudre tous les problèmes commence par s'appuyer sur des faits contestés, et qu'après avoir d'abord déclaré que la science est ici absolument impuissante, on fasse maintenant reposer tout l'édifice sur ce qu'il y a de plus controversé dans la science.

Quoi qu'il en soit, la création est donc, selon M. Guizot, démontrée par les faits. Il en est de même de la Providence. Ici, le fait, la preuve, c'est la prière. La prière est un fait humain, nécessaire, universel; mais ce fait est inexplicable dans l'hypothèse d'une Providence générale ou abstraite qui se serait contentée de donner des lois générales à l'univers. Non, le besoin de la prière nous prouve une Providence paternelle, accessible, vivante, intervenant dans la vie de l'homme comme le père dans la famille. Sans doute il y a des lois générales, mais ces lois mêmes ne sont elles-mêmes que la volonté toujours agissante du Créateur. Les lois de la nature ne s'imposent pas à la volonté humaine : il y a un domaine où l'homme est maître de ses actes. Dans ce domaine, Dieu agit autrement que dans le monde physique; il agit par une action toute morale, tout individuelle; voilà l'idée de la Providence chrétienne. Le comment de cette action reste un mystère; l'action est certaine et répond au besoin de l'âme. Cependant le mal est sur la terre. Comment l'expliquer sans mettre en péril la bonté et la justice de Dieu? Le chrétien résout ce problème par le dogme du péché originel. M. Guizot ne craint pas de donner à ce dogme son vrai caractère. « C'est, dit-il, l'hérédité de la responsabilité humaine. » Sans doute, c'est la liberté qui fait la responsabilité; sur ce point, pas de débat. La question maintenant est de savoir si la responsabilité est exclusivement personnelle et limitée à l'auteur du péché lui-même, ou si elle peut être contagieuse et héréditaire. Voici les raisons que donne M. Guizot, après bien d'autres théologiens, en faveur du péché originel. Tous les peuples ont eu l'idée d'un âge d'or, d'un état primitif de parfaite paix et de parfaite innocence : n'est-ce point là le sentiment secret et comme le souvenir de l'état dans lequel ont été créés nos premiers parents? La transmission héréditaire des conséquences du péché est un fait qui s'accomplit tous les jours sous nos yeux. Entre l'innocence première et la première faute, il y a un abîme dont nul ne peut sonder la profondeur. Qui peut dire quelle révolution profonde la première faute a apportée dans le monde? On se plaint du péché originel; mais que l'on pousse donc plus loin l'objection, et que l'on se plaigne du mal en général et de la manière inique dont il est réparti parmi les hommes. Voilà ce qui condamnerait la Providence, si la doctrine du péché originel ne nous autorisait à rejeter la responsabilité de Dieu sur l'homme. Le péché originel n'a rien d'étrange ni d'obscur, car c'est un fait d'expérience que tous les jours le péché se transmet par contagion.

Le christianisme explique le mal. Donne-t-il le remède? Ce remède, c'est Dieu fait homme. Les textes théologiques mis à part, voici les raisons de M. Guizot en faveur de l'incarnation. Toutes les religions ont cru à l'incarnation de Dieu dans l'homme [1] : ce n'est pas que toutes ces incarnations soient vraies; mais elles prouvent la tendance de l'humanité à voir et à sentir Dieu en elle. L'homme lui-même n'est-il pas une incarnation divine? L'incarnation est donc possible. Mainte-

1. Il faut en excepter le judaïsme, si je ne me trompe.

nant elle est vraie, car la révolution opérée par Jésus-Crist n'est comparable à aucune révolution humaine. Il a changé le monde; il a régénéré l'âme humaine. En même temps que l'incarnation témoigne de la puissance divine, la rédemption témoigne de la bonté de Dieu. Le péché exige l'expiation; mais est-il nécessaire que l'expiation soit individuelle? Dans tous les temps, on a cru à la réversibilité du dévouement, et souvent des victimes innocentes se sont offertes pour sauver les coupables. Ce sentiment mal entendu a entraîné souvent des conséquences odieuses, les sacrifices humains sont une de ces conséquences; pourquoi cependant le sacrifice volontaire de l'innocent pour le coupable n'aurait-il pas une vertu qui nous échappe? La solidarité humaine a des secrets que nous ignorons. C'est sur ce sentiment universel de l'humanité qu'est fondé le grand mystère de la rédemption, Dieu s'étant payé à lui-même par un sacrifice volontaire la rançon du péché des hommes.

Ainsi l'apparition subite de la vie, des espèces animales, de l'homme sur la terre, prouve la création. L'universalité de la prière prouve la Providence. L'existence du mal, dont Dieu ne peut pas être responsable, prouve le premier péché. La croyance universelle des religions prouve ou du moins confirme le dogme de l'incarnation, suffisamment établi d'ailleurs par le texte sacré. Enfin la croyance aux vertus des dévouements volontaires prouve et justifie la rédemption.

Tous ces dogmes ont un caractère commun; ce sont des vérités surnaturelles, elles sont fondées sur des faits d'un caractère spécial, des faits surnaturels. Le surnaturel est l'intervention immédiate et personnelle de Dieu dans la nature: c'est ce qui excède les forces naturelles. La croyance au surnaturel est universelle: quand on la croit éteinte dans l'esprit des hommes, elle reparaît sous une autre forme. Le surnaturel est l'essence même des religions. Toutes l'invoquent et s'y fondent. On objecte les lois de la nature, qui seraient immuables; mais c'est ce qui est en question: elles sont permanentes, non nécessaires. Dieu, qui les a faites, peut les suspendre. Quiconque admet la liberté humaine, peut et doit admettre au moins la liberté divine. L'athéisme seul et le panthéisme sont conséquents en niant les miracles. Le spiritualisme, admettant la personnalité divine, n'a pas le même droit. S'il admet en outre, comme il le fait en général, la création immédiate de l'homme et des autres êtres vivants, il accepte par là même implicitement le surnaturel. Quant à cette manière de nier les miracles qui consiste à en contester l'authenticité historique, ce n'est qu'une attaque indirecte et détournée qui implique l'autre. En apparence, c'est la preuve testimoniale que l'on demande; en réalité, c'est la possibilité même du surnaturel que l'on nie. Ainsi, selon M. Guizot, nier les miracles historiquement, c'est les nier métaphysiquement. Les nier métaphysiquement, c'est nier la liberté divine et entrer à pleines voiles dans le panthéisme et le fatalisme. On voit à quel dilemme M. Guizot réduit ceux d'entre ses adverversaires qui veulent être conséquents. Il n'y a pas de milieu pour lui entre le christianisme et l'athéisme.

Tel est, en faisant abstraction de beaucoup de développements et, par exemple, du bel épisode qui ouvre le second volume sur le réveil chrétien au XIXᵉ siècle, l'ensemble des idées spéculatives qui composent ce que j'appelle la philosophie chrétienne de M. Guizot. C'est l'objet des deux premiers volumes. Le troisième, dont nous ne dirons que deux mots parce qu'il a été tout récemment l'objet d'une étude dans la *Revue*, comprend surtout les questions pratiques, le christianisme et la liberté, le christianisme et la morale, le christianisme et la science, la vie chrétienne. Dans ce dernier volume [1] M. Guizot revient à son point de départ : le christianisme a besoin de la liberté; la liberté a besoin du christianisme. M. Guizot, qui n'a pas craint de défendre en beaucoup de circonstances la cause de l'Église catholique, se croit aussi le droit de signaler dans la conduite de cette Église ce qu'il appelle « un certain manque de clairvoyance religieuse autant que de prudence politique, » et il reconnaît que, « tant que le gouvernement de l'Église n'aura pas accepté et accompli cette œuvre de conciliation, les amis de la liberté auront sujet et raison de se tenir envers ce gouvernement dans une réserve vigilante, au nom des principes moraux et libéraux qu'il désavoue. » Cette défiance toutefois n'est autorisée qu'envers une seule Église. Depuis longtemps, le protestantisme s'est mis d'accord avec les principes de la société moderne, et d'ailleurs l'Église catholique elle-même, si elle est bien inspirée et si elle suit les

---

1. Voyez, dans la *Revue des Deux-Mondes* du 1ᵉʳ février 1869, *le Christianisme et la Société française*, par M. Albert de Broglie.

conseils de ses vrais amis, de ses plus généreux adhérents, se hâtera de faire disparaître les causes de cette fâcheuse défiance en s'alliant hardiment et librement avec l'esprit nouveau.

CHAPITRE II

EXAMEN CRITIQUE
DES MÉDITATIONS CHRÉTIENNES DE M. GUIZOT

Pour suivre l'ordre même des idées de M. Guizot, et pour commencer par la pensée qui est la première et la dernière de son livre, disons quelques mots de cette réconciliation espérée et désirée par l'auteur entre l'Église et la liberté. On ne peut qu'approuver ce noble désir, et nous ne sommes pas de ceux qui, par haine du christianisme, espèrent et souhaitent qu'il reste en hostilité déclarée avec les principes de la société moderne dans la pensée qu'on en aura plus aisément raison. Notre société est assez large pour tout contenir, et le catholicisme lui-même y pourrait vivre à l'aise, s'il le voulait. Le voudra-t-il? Voilà la question.

Sans doute nous savons que quelques-uns des esprits les plus éclairés de notre temps font tous leurs efforts pour engager l'Église dans cette voie de liberté et de progrès, dans cette voie de réconciliation avec les principes fondamentaux de l'esprit moderne. Nous croyons que des cœurs chauds et purs (car pour nous tous les catholiques ne sont pas des hypocrites ou des inquisiteurs) se consacrent à cette œuvre de salut; mais qu'importe, et quelle valeur peuvent avoir ces efforts purement individuels? Ces hommes, si éminents qu'ils soient par l'esprit et le caractère, que sont-ils dans l'Église? Ils ne sont rien, absolument rien. Ils ne sont pas même ce que sont nos électeurs sous notre régime réglementé de suffrage universel. L'Église catholique n'est point une république où l'on recueille les avis des citoyens, et où l'opinion générale se forme par le débat contradictoire des opinions particulières, où l'on peut arriver à persuader le corps tout entier en persuadant successivement chacun de ses membres. Non, les membres de l'Église ne sont pas des citoyens: ce sont des sujets. On ne leur demande pas leur avis. Ils n'ont qu'une chose à faire, croire et obéir. L'Église catholique est une monarchie, et elle tend de plus en plus à la monarchie absolue[1]. La vérité y vient d'en haut et non d'en bas. Le catholicisme n'est pas à

---

1. Elle l'est aujourd'hui entièrement, et l'œuvre de réconciliation dont nous parlons ici est plus éloignée que jamais.

Paris; il est à Rome. C'est Rome qu'il faut convertir. Or, sur ce terrain, la réconciliation désirée par M. Guizot et par les catholiques les plus clairvoyants, cette réconciliation a-t-elle fait un pas depuis le jour où l'abbé de Lamennais eut cette grande pensée qui pouvait sauver l'Église, et où il fut frappé d'une aussi rude déception? Rome a-t-elle fait un pas, je ne dis pas vers la tolérance, mais vers l'intelligence des conditions sur lesquelles repose la société européenne? L'Église catholique tolère cette société, quand elle y est forcée; mais elle la tolère, selon l'expression de M. Guizot, comme Moïse tolérait le divorce chez les juifs, à cause de la dureté de leur cœur! Or la société moderne prétend ne pas être tolérée ainsi. Elle se croit une société juste et vraie, plus juste et plus vraie que la société artificielle du moyen âge. Elle veut, non être subie comme un mal, mais acceptée comme la meilleure et la plus raisonnable que les hommes aient encore connue. Qu'elle ait tort ou raison en cela, peu importe; seulement, comme on ne risque pas beaucoup de se tromper en prophétisant que cette société ne sera pas vaincue, il semble bien que le plus sage serait d'en accepter de bon cœur les conditions nouvelles, au lieu de l'anathématiser et de ne s'y soumettre que comme à une nécessité douloureuse quand il est tout à fait impossible de faire autrement. Or Rome n'a pas jusqu'ici fait un pas dans cette voie d'accommodement raisonnable, et tant qu'elle n'a point parlé, ou plutôt tant qu'elle parle dans le sens contraire, les plus nobles paroles des plus nobles esprits sont absolument non avenues : aucun d'eux n'a mission pour traiter au nom de l'Église.

Laissons au reste ces questions, qui sont d'intérêt contemporain, pour aller, avec M. Guizot, au fond des choses. Au-dessus des questions de conduite, de sagesse, je dirai même de politique, il y a quelque chose de plus grave et de plus imposant, c'est la vérité elle-même. Tout le livre de M. Guizot, avons-nous dit, peut se ramener à trois propositions. Il y a des problèmes naturels, indestructibles dans toute âme humaine. La philosophie ne résout pas ces problèmes. La religion les résout. L'apologie chrétienne de M. Guizot a donc pour fondement la négation de la philosophie.

Il y a eu en effet, dans tous les temps, deux manières d'entendre les rapports de la philosophie et de la religion : ou bien nier la philosophie, la déclarer radicalement impuissante, c'est ce que font

Tertullien, Luther, Pascal, Lamennais, et en général les croyants absolus et extrêmes; ou bien la considérer comme une préparation à la religion, un premier étage sur lequel s'édifiera plus tard le dogme chrétien : telle est la pensée de saint Clément d'Alexandrie, de saint Augustin, de saint Anselme, de Fénelon, et dans l'Église protestante, de Mélanchton et des esprits tempérés. De ces deux manières d'entendre la philosophie, M. Guizot, nous l'avons vu, préfère la première. Il nie expressément la philosophie, ou du moins la métaphysique, la philosophie première, et par là même la théologie naturelle. Il lui refuse le titre de science, c'est-à-dire toute valeur démonstrative. Il lui oppose ses systèmes éternellement les mêmes, ses dissentiments, ses contradictions; à ses obscurités et à ses doutes, il oppose avec sécurité les certitudes et les lumières du dogme chrétien. Lorsque parut le premier volume des *Méditations* de M. Guizot, je pris la liberté d'adresser à l'illustre écrivain quelques objections : ces objections me procurèrent la bonne fortune d'une réponse des plus intéressantes que nous sommes autorisés à publier, et qui peut servir de commentaire à la pensée de l'auteur sur le rôle et la valeur de la science philosophique.

« Je prendrais un grand plaisir, monsieur et cher confrère, à causer un peu à fond avec vous des questions qui, malgré la diversité de nos occupations habituelles, nous préoccupent également l'un et l'autre. Je suis entré dans la vie de la pensée par l'histoire et la philosophie de l'histoire. J'ai donné mes plus fortes années aux affaires publiques. Ce qui m'est resté appartient aux questions religieuses. Je ne songe plus qu'à recueillir les souvenirs de ma vie politique et les raisons de ma foi. Dans le volume que je vous ai envoyé, il n'y a que des titres de chapitres ; à chacune des quelques idées qu'il contient manque le développement, c'est-à-dire la lumière qui justifie une idée en l'éclairant dans tout son cours, depuis son principe jusqu'à ses dernières conséquences. Je n'ai garde de prétendre y suppléer aujourd'hui et dans une lettre ; mais je tiens à vous dire tout de suite quelques mots sur les deux points auxquels vous avez touché en m'écrivant.

« Je ne veux et ne crois rien accorder à l'école positiviste quand je dis que ce qui dépasse le monde fini dépasse le domaine de la science humaine. Au delà du monde fini, l'école positiviste nie qu'il y ait quelque chose. Ce n'est pas seulement la science, c'est la réalité au delà du monde fini qu'elle conteste; selon elle, ce n'est pas l'inconnu qui est au delà de cette limite, c'est le néant. Quand elle fait à ce néant l'honneur de l'appeler l'inconnu, c'est par complaisance et respect humain. Le matérialisme est le fond des idées de cette école, et quand elle ne se dit pas matérialiste, c'est qu'elle est inconséquente ou pusillanime.

« J'affirme au contraire : 1º que, si les limites du monde fini sont celles de la science humaine, elles ne sont pas celles de la réalité; 2° que l'homme porte en lui-même non-seulement des désirs et des ambitions, mais des instincts et des notions qui lui révèlent des réalités au delà du monde fini, et que, si l'homme ne peut pas avoir la science de ces réalités, il en a la perspective; 3º que, sous l'impulsion et le légitime empire de cette perspective, l'homme poursuit dans sa vie intellectuelle la connaissance de ces réalités, qu'il ne peut que reconnaître, comme il poursuit dans sa vie pratique la perfection morale, qu'il ne peut atteindre.

« Je ne désarme donc point l'école spiritualiste dans ses efforts pour prouver, comme vous le dites, l'existence d'un ordre invisible. Cette noble école poursuit et saisit l'existence du monde invisible;

ce qu'elle ne peut atteindre, bien que ce soit son honneur de le poursuivre, c'est la science de l'ordre invisible.

« N'est-ce pas ce que vous dites vous-même, quand vous dites : « Je ne crois pas ma pensée adéquate à l'essence des choses. » Il n'y a de science que là où la pensée est adéquate à l'objet qu'elle étudie, quand il y a connaissance effectivement et possiblement complète et claire des faits et de leurs lois, de l'enchaînement des causes et des effets ; à ces conditions seulement, la science existe, et l'esprit scientifique est satisfait. Permettez-moi de vous renvoyer la quatrième méditation (*les Limites de la science*, p. 130-140). La notion de science n'y est pas étudiée et définie ; mais le sens que j'y attache est celui que je viens d'indiquer, et qui est, je crois, pour les philosophes comme pour le public, son vrai sens.

« J'ai reproché aux systèmes philosophiques, non leur éternelle opposition, mais leur éternelle similitude. Les quatre grands systèmes dans lesquels se résument tous les autres se rencontrent aux débuts de la philosophie, et se reproduisent dans tout le cours de son histoire, toujours les mêmes au fond, quelle que soit la variété des développements et le plus ou moins de perfection de la forme. Cette immobilité prouve à la fois les lumières primitives que l'esprit humain a reçues et les limites de son travail scientifique.

« Je ne saurais admettre la parité que vous établissez entre l'opposition des systèmes philosophiques et celle des religions. Les systèmes philosophiques sont essentiellement divers et opposés. Toutes les religions ont un fond commun. La plupart, en le mêlant soit aux rêveries et aux passions humaines, soit aux systèmes philosophiques, l'ont prodigieusement altéré et corrompu; deux seulement, la juive et la chrétienne, sont restées fidèles au fond commun religieux primitif, en le développant progressivement selon le plan et l'action de Dieu sur le genre humain. C'est par là que ces deux religions diffèrent essentiellement des autres, et révèlent une origine divine. »

Cette lettre remarquable, d'une si belle clarté et d'un si ferme esprit, commente et développe heureusement quelques-uns des points de la doctrine philosophique de M. Guizot. Elle ne détruit pas, à notre avis du moins, la difficulté que nous avions eu l'honneur de lui proposer. Cette difficulté portait sur le singulier accord que nous avions cru

remarquer entre la pensée de M. Guizot et celle de
l'école positiviste à propos de la nature et des limites de la philosophie. M. Guizot repousse cette
assimilation en affirmant que le positivisme nie
non-seulement la science, mais la réalité même de
tout ce qui est au delà du fini. Les positivistes sont,
nous dit-il, des matérialistes inconséquents. Nous
ne pouvons consentir à accepter cette explication.
Sans doute il arrive dans la pratique que les positivistes s'expriment souvent comme les matérialistes eux-mêmes, souvent aussi ils sont purement
et simplement des matérialistes; mais c'est qu'alors
ils sont, selon nous, des positivistes inconséquents.
Le positivisme, dans son esprit, dans sa vraie idée,
dans la pensée d'Aug. Comte, son fondateur, se
distingue essentiellement du matérialisme. L'idée
mère du positivisme, c'est que la science doit s'abstenir de toutes recherches sur les causes premières et sur l'essence des choses; elle ne connaît que
des enchaînements de phénomènes; tout ce qui est
au delà n'est que conception subjective de l'esprit,
objet de sentiment, de foi personnelle, non de
science. Or, une telle théorie exclut aussi bien le
matérialisme que le spiritualisme. Nous ne connaissons pas plus l'essence de la matière que l'es-

sence de l'esprit, pas plus l'essence de l'esprit que l'essence de la matière. Les origines et les causes nous sont inaccessibles. En dehors de la chaîne et de la série des phénomènes, il n'y a qu'un vaste inconnu que l'on peut appeler comme on veut, selon les tendances de son âme, mais qui est absolument indéterminable par aucun procédé scientifique.

Telle est la vraie idée du positivisme, comme il serait facile de le prouver par un très-grand nombre de passages empruntés aux maîtres de l'école. Je n'en citerai qu'un, qui est explicite et décisif. « Ceux qui croiraient que la philosophie positive nie ou affirme quoi que ce soit là-dessus se tromperaient : elle ne nie rien, elle n'affirme rien, car nier ou affirmer, ce serait déclarer que l'on a une connaissance quelconque de l'origine des êtres et de leur fin. Ce qu'il y a d'établi présentement, c'est que les deux bouts des choses nous sont inaccessibles, et que le milieu seul, ce que l'on appelle en style d'école le *relatif*, nous appartient[1]. » Devant une déclaration aussi expresse, il est impossible d'imputer au positivisme

---

1. Littré, *Paroles de philosophie positive*, p. 52.

une autre doctrine que celle que nous venons d'exposer; mais alors je cherche vainement en quoi cette manière d'entendre la philosophie diffère de la pensée de M. Guizot. Que dit-il en effet? Voici ses propres paroles : « Le docteur Chalmers dit vrai; les limites du monde fini sont celles de la science humaine; jusqu'où elle peut s'étendre dans ces vastes limites, nul ne saurait le dire. Le monde fini seul est à sa portée, et c'est le seul qu'elle puisse sonder... L'homme porte en lui-même des notions et des ambitions qui s'étendent au delà;... mais de cet ordre supérieur il n'a que l'instinct et la perspective, il n'en a pas, il n'en peut pas avoir la science... L'esprit sait qu'il y a des espaces au delà de celui que les yeux parcourent; mais les yeux n'y pénètrent pas. »

Plus je médite ces belles paroles, moins je vois la différence qui les sépare de la pensée de M. Littré. « Ce qui est au delà, dit M. Littré dans un langage qui rappelle même pour la forme la page que nous venons de citer, est absolument inaccessible à l'esprit humain; mais *inaccessible ne veut pas dire nul ou non existant*. L'immensité, tant matérielle qu'intellectuelle, tient par un lien étroit à nos connaissances, et devient par cette alliance une idée positive du même ordre; je veux dire que, en les touchant et en les bordant, cette immensité apparaît sous son double caractère, la réalité et l'inaccessibilité. *C'est un océan qui vient battre notre rive, et pour lequel nous n'avons ni barque ni voiles, mais dont la claire vision est aussi salutaire que formidable!* »

Je l'avoue, je m'étonne que M. Guizot, citant cette belle page, d'un accent presque religieux, saisisse précisément cette occasion de refouler le positivisme dans le matérialisme et dans l'athéisme. J'ai de la peine à me faire à cette méthode qui consiste à toujours précipiter les gens dans l'erreur, et à les y plonger de plus en plus, même quand ils essayent d'en échapper. Est-il donc si avantageux d'exagérer l'erreur, d'élargir l'abîme qui sépare les hommes? Au lieu de chercher par où les autres pensent comme nous, ce qui est une garantie pour notre raison, devons-nous toujours chercher par où ils ne pensent pas comme nous, ce qui est une arme pour le scepticisme, et cela sous prétexte de logique, comme si nous étions toujours sûrs d'être nous-mêmes d'infaillibles logiciens?

Or, quelque effort que je fasse, il m'est impossible ici de ne pas voir une seule et même pensée chez M. Guizot et chez M. Littré. Pour l'un comme pour l'autre, il n'y a de science que du monde fini. Pour l'un comme pour l'autre, il y a quelque chose au delà du fini : c'est l'infini, selon M. Guizot; c'est l'immensité, selon M. Littré. Selon M. Guizot, nous en avons la perspective; selon M. Littré, nous en avons la vision. « C'est un océan où nous n'avons ni barque ni voiles, » dit l'un. « C'est un espace où nos yeux ne pénètrent pas, » dit l'autre. « Nous y croyons, dit encore M. Guizot; mais il ne nous est pas donné de le saisir et de contrôler. » « Elle nous apparaît, dit M. Littré, avec son double caractère, la réalité et l'inaccessibilité. »

Mais, dira-t-on, l'école positiviste rejette Dieu et l'âme comme des hypothèses arbitraires et provisoires. Oui, sans doute; mais en tant que ces hypothèses se présentent comme scientifiques, et à ce point de vue, vous les rejetez vous-même, puisqu'il n'y a de science que du monde fini. L'école positiviste ne rejette pas ou ne peut pas rejeter la *foi* à ces vérités, car la foi est un état subjectif de l'âme, que l'on éprouve ou que l'on n'éprouve pas, et qui ne peut être l'objet ni d'une démonstration ni d'une réfutation. L'infini n'étant pas objet de science, selon M. Guizot, on ne peut le démontrer;

on ne peut donc réfuter ceux qui le nient. D'ailleurs, nous venons de le voir, l'école positive ne nie pas l'infini. M. Littré l'affirme au contraire dans des termes presque magnifiques; elle ne nie ou plutôt elle n'écarte que tel ou tel attribut de l'infini. Or c'est ce que fait également M. Guizot, lorsqu'il affirme qu'il n'y a pas de science de l'infini. Si en effet nous pouvons dire, par exemple, avec certitude, que Dieu est intelligent, qu'il est libre, comment soutiendrait-on que cet objet échappe absolument aux prises de la science humaine?

Si donc, dans le livre de M. Guizot, nous mettons le christianisme à part, il nous est impossible de voir dans sa philosophie autre chose que le positivisme. En d'autres termes, s'il n'était pas chrétien, il serait, il devrait être positiviste. D'où l'on peut conclure encore que quiconque n'est pas chrétien doit être positiviste. Ce n'était donc pas sans raison que nous avions pris la liberté d'objecter à M. Guizot qu'il désarme la philosophie spiritualiste devant ses adversaires. Il nous accorde qu'il y a dans l'homme des ambitions, des instincts, des perspectives d'infini. Soit, mais qu'ajoute la philosophie à ces instincts et à ces perspectives? Rien, absolument rien. Si elle y ajoute quelque chose, elle est donc science, dans la mesure où elle y ajoute. L'objection d'impuissance dirigée contre la philosophie, porte contre le spiritualisme aussi bien que contre les autres doctrines; autrement, s'il y a une doctrine qui ne soit pas impuissante, il y a une science de l'infini. Si au contraire il n'y a pas de science de l'infini, toute doctrine est impuissante, y compris la nôtre. Qu'avons-nous de mieux à faire qu'à laisser là cette science inutile, et à nous rejeter soit dans le positivisme, soit dans la foi?

M. Guizot affectionne un procédé de discussion qui consiste à pousser son adversaire à l'extrême, en lui reprochant d'être trop timide et de ne pas accepter hardiment toutes les conséquences de sa pensée. J'oserais presque lui faire le même reproche, quoique l'on sache que ce ferme esprit ne pèche point par timidité. Ici, il n'a pas osé dire toute sa pensée; c'est que la philosophie spiritualiste est aussi impuissante que les autres. J'aurais voulu, je l'avoue, le voir aller jusque-là; j'aurais voulu le voir réfuter les preuves de l'existence de Dieu données dans les écoles spiritualistes, les preuves de la Providence données par Socrate et

Platon, la justification de la Providence dans Leibniz et dans Malebranche, les raisons en faveur de la vie future développées dans le *Phédon*. Il eût été étrange de voir M. Guizot engager une telle polémique, et jouer, ne fût-ce qu'un moment, le jeu des athées. Cependant, non-seulement cela eût été conséquent, mais c'était même nécessaire pour justifier la thèse générale de l'impuissance scientifique et démonstrative de la philosophie; car s'il y a quelque part de bonnes preuves de Dieu, de la Providence et de la vie future, pourquoi dire qu'il n'y a pas de science de l'infini?

Peut-être en disant que la philosophie n'est pas une science, qu'elle n'est pas adéquate à son objet, M. Guizot n'a-t-il voulu dire que ce que nous avouons nous-mêmes les premiers, à savoir que la métaphysique n'a pas la rigueur démonstrative des mathématiques ou de la physique. Cela n'empêche pas qu'elle ne puisse faire valoir en faveur de telle doctrine des raisons solides et considérables, propres à entraîner la conviction. Quelle est donc alors la différence de la philosophie et de la religion? A quel titre conclure de l'impuissance de la première à la nécessité de la seconde? Est-ce que l'apologie chrétienne de M. Guizot, si forte qu'elle soit, peut avoir la prétention d'une démonstration scientifique? Est-ce qu'elle est fondée sur autre chose que des raisons, des considérations plus ou moins fortes, plus ou moins plausibles, plus ou moins décisives? Et s'il se décide en faveur de ces raisons parce qu'elles lui paraissent bonnes, pourquoi ne pourrions-nous pas, avec un droit équivalent, nous décider pour nos propres raisons parce qu'elles nous paraissent également telles? Que la philosophie soit ou ne soit pas une science, cela ne fait rien à la question, puisque la religion n'en est pas une non plus. Cette objection est bonne pour les positivistes; elle ne l'est pas pour les chrétiens. La philosophie ne résout pas les problèmes, dites-vous; mais par la même raison je dirai que la religion ne les résout pas davantage, car c'est le même esprit humain, usant de part et d'autre des mêmes procédés, qui se résout à lui-même ces problèmes, soit par la religion, soit par la philosophie. Par exemple, les philosophes spiritualistes admettent certains principes nécessaires ou vérités premières, et sur ces principes ils fondent la démonstration de l'existence de Dieu. M. Guizot admet les mêmes principes, les mêmes vérités, et il s'en sert pour prouver la révélation.

Or, si la preuve de l'existence de Dieu par ces principes n'a nulle valeur démonstrative, comment se pourrait-il que la preuve de la révélation par les mêmes principes en eût une? Réciproquement, si l'on est autorisé à se servir de ces principes pour prouver la révélation, comment ne serait-on pas autorisé à s'en servir pour prouver Dieu? En deux mots, comment pourrait-on nous obliger à accepter le plus, c'est-à-dire la révélation, sous prétexte que nous serions impuissants à démontrer le moins, c'est-à-dire l'existence de Dieu? Et si l'on accorde que nous pouvons démontrer l'existence de Dieu, comment ne pas accorder qu'il y a une science de l'infini, au moins dans la mesure où cette démonstration est concluante? Or elle l'est au moins autant que la preuve de la révélation.

Ce qui donne à supposer que la foi résout des questions que la philosophie ne résout pas, c'est que la foi, quand elle est acceptée, a un caractère de confiance absolue qu'une opinion philosophique, quelle qu'elle soit, ne comporte pas. D'un côté c'est Dieu qui parle, et de l'autre c'est l'homme; mais on ne voit pas que la question est précisément de savoir si c'est Dieu qui parle, et, toute grâce surnaturelle mise à part, la croyance que c'est Dieu qui parle est fondée sur des raisons, c'est-à-dire sur des opinions, qui ont exactement le même caractère de certitude relative que les opinions philosophiques. Ces raisons après tout ne sont que des raisons humaines, tirées de la nature de notre intelligence et fondées sur des raisonnements tout humains. Les miracles, dira-t-on, sont divins, soit; mais les raisons de croire aux miracles sont des raisons humaines, du même ordre que celles que l'on donne pour n'y pas croire. Celui qui croit aux miracles, aux prophéties, à l'authenticité des Écritures, ne croit donc en définitive qu'à sa propre raison, et cette raison, en tant qu'elle se prononce pour, n'a pas plus d'autorité qu'en tant qu'elle se prononce contre. Vous n'avez donc pas le droit d'invoquer contre la philosophie sa prétendue impuissance, l'apologétique chrétienne n'ayant aucune prérogative, aucun avantage sur la philosophie, et n'étant elle-même qu'une sorte de philosophie.

Enfin n'oublions pas que cette confiance absolue que donne la foi, elle la donne dans toutes les religions du monde : on sait bien que le mahométan, le brahmaniste, le bouddhiste, l'israélite, sont aussi tranquilles dans leur foi, aussi assurés qu'elle résout tous les problèmes, que le peut être le chrétien. Cette confiance absolue peut donc se rencontrer avec l'erreur, et n'est point par conséquent un signe de vérité. Si maintenant vous affirmez l'incontestable supériorité du christianisme sur toutes les autres religions, vous n'aurez d'abord rien prouvé; supériorité ne signifie pas vérité absolue. La religion des Turcs est supérieure à celle des nègres; ce n'est pas cependant la vraie religion. En outre, cette supériorité ne peut être prouvée que par des arguments historiques et philosophiques, du même ordre que ceux que l'on a déclarés impuissants quand ils sont employés par les philosophes. Enfin, il est vrai, la religion est surnaturelle; mais les preuves de la religion ou, si vous voulez, les preuves de ses preuves n'ont aucun caractère surnaturel, et sont de même ordre que les preuves philosophiques en général.

En un mot, il n'y a que deux états d'esprit qui donnent la certitude absolue : la foi et la science. D'une part, la certitude de la foi n'est pas incompatible avec l'erreur, comme le prouve l'exemple des fausses religions. D'autre part, la science n'est pas plus le caractère de la religion que de la philosophie [1]. Or, entre la science (au sens strict) et la foi, il n'y a que l'opinion. L'apologétique chrétienne ne se fonde donc que sur l'opinion tout aussi bien que l'apologétique philosophique. Entre M. Guizot et les philosophes il n'y a qu'une question d'opinion. Il a ses opinions comme les philosophes ont les leurs. Les doctrines philosophiques ne le satisfont pas; mais les philosophes ne sont pas satisfaits davantage par ses doctrines. Il n'y a donc pas lieu d'argumenter d'une prétendue impuissance de la philosophie, comme si l'on avait un *criterium* qui nous manque. Il n'y a pas lieu à établir entre le philosophe et le croyant une inégalité qui ne se fonde sur aucun titre. L'un et l'autre cherchent, l'un et l'autre se persuadent par des raisons toutes personnelles, l'un et l'autre essayent d'entraîner les hommes en présentant ces raisons sous le meilleur jour possible. Lorsque M. Guizot nous dit : la philosophie ne résout pas les problèmes; la religion les résout, nous pourrions tout aussi bien renverser les termes, car la religion résout les problèmes pour les croyants, et la philosophie les résout pour les philosophes. Si l'on demande : quelle philosophie?

1. La religion, une fois acceptée pour vraie, peut prendre la forme scientifique; mais il en est de même de toute philosophie.

je puis demander aussi : quelle religion? Et l'on verra que tout revient à cette proposition : chaque opinion résout les problèmes pour celui qui l'adopte; en d'autres termes, l'on est toujours de sa propre opinion, car, si on ne pensait pas que cette opinion résout les problèmes, on ne l'aurait pas adoptée. Laissons donc de côté cette accusation générale d'impuissance dirigée contre la philosophie, et voyons s'il est vrai de dire que la théologie chrétienne résout les problèmes que la philosophie ne résoudrait pas.

Je me représente, je l'avoue, un mode d'apologétique chrétienne différent de celui qu'a choisi M. Guizot. Au lieu d'insister sur l'impuissance scientifique de la philosophie et sur la supériorité des explications chrétiennes, je comprendrais que l'on insistât sur l'efficacité pratique du christianisme. C'est par là surtout que le christianisme peut encore trouver un large et sûr accès dans beaucoup d'âmes. En montrant et surtout en faisant sentir que la religion apporte une consolation dans les chagrins, une force dans le combat des passions que la philosophie ne donne qu'à très-peu d'âmes, on se placerait, je crois, sur un terrain inexpugnable, sur le terrain de l'expérience intérieure, où chacun est seul juge de ce qu'il éprouve. Comment contester ses consolations à qui se sent consolé, le sentiment de sa force à celui qui l'a éprouvée? Contre cette expérience, quelle objection peut prévaloir? Le meilleur médecin est celui qui guérit. Ce n'est pas pour des raisons spéculatives et en croyant à la médecine comme science que les hommes s'adressent à elle; c'est par un instinct irrésistible qui, dans les maux de ceux qui nous sont chers et dans les nôtres, nous pousse à chercher des secours. Pourquoi dans les maux de l'âme, dans la douleur, dans la passion, n'aurions-nous pas recours au médecin? La preuve spéculative ne peut pas être donnée, il est vrai; mais elle est inutile. S'il est permis de comparer le sacré au profane, et les mystiques l'ont fait souvent, celui qui croit à la fidélité de la femme aimée n'y croit pas sur un fondement scientifique; non, sans doute : il croit, et tout est dit. Le cœur a des raisons que la raison ne comprend pas. Que faut-il donc pour prouver le christianisme de cette manière? Il faut une âme chrétienne parlant à des âmes chrétiennes. Tant qu'il y aura des âmes chrétiennes, il y aura un christianisme, et les preuves, si faibles qu'elles puissent être, seront toujours assez fortes.

Quand il n'y aura plus d'âmes chrétiennes, il n'y aura plus de christianisme, et les preuves, si fortes qu'elles soient, seront toujours trop faibles. Enfin le christianisme, ainsi compris, inspirera le respect à tous ses adversaires. Qui donc en effet aurait le courage, au nom d'un intérêt abstrait de la raison, d'arracher sciemment à l'un de ses semblables sa consolation dans ses misères, son arme dans les combats de la vie?

Ce n'est point par ce côté que M. Guizot a cru devoir défendre le christianisme. Il ne veut pas seulement que la religion soit une source de satisfactions pour l'âme; il veut aussi qu'elle soit une source de lumière pour la raison. Il veut confondre la philosophie et l'humilier devant la religion. A la pauvreté et à l'obscurité de ses systèmes, il oppose la plénitude, la richesse et la clarté des dogmes chrétiens. Il dit aux philosophes : Vous êtes les ténèbres, et voici la lumière. Cette manière hardie et mâle de poser le problème est bien celle qu'on devait attendre du grand esprit de M. Guizot : il ne se contente pas aisément des situations vagues et banales. Toutefois, précisément parce que cet esprit aime les situations tranchées, il comprendra que les philosophes n'acceptent pas aussi volontiers pour la philosophie l'humiliation qu'il lui impose, et qu'eux-mêmes, à leur tour, avec respect, mais avec fermeté, lui demandent librement : Quelle lumière nous proposez-vous?

C'est ici le lieu d'expliquer par quelles raisons nous prenons la liberté de nous avancer ici sur un terrain sacré, au bord duquel la philosophie spiritualiste s'est généralement arrêtée jusqu'à présent. Nous ne sommes animés d'aucune mauvaise intention contre les croyances d'un si grand nombre de nos semblables; si elles sont la vérité, nous sommes les premiers à désirer qu'elles reconquièrent le domaine des âmes, comme on prétend qu'elles le font en effet. Nous ne demandons pas mieux, et nous sommes tout prêts à dire au Seigneur du fond du cœur : *Adveniat regnum tuum;* mais chacun a ses croyances, et nous demandons que toutes les croyances aient le même droit de s'exprimer hautement et librement. Il importe au succès même de la vérité que chacun dise ce qu'il pense, tout ce qu'il pense. Le mariage équivoque de la philosophie et de la théologie, qui a été recommandé pendant longtemps, n'a servi en rien à la cause de la religion, et il a gravement compromis la cause de la philosophie, surtout de la philosophie spiritualiste. Dès qu'on a été persuadé de l'existence d'un traité secret entre le spiritualisme et l'Église, toutes les objections et toutes les préventions dirigées contre l'une ont en même temps porté sur l'autre. Le spiritualisme est devenu, aux yeux de la plupart de ses adversaires, une opinion théologique, et c'est ainsi que l'athéisme a réussi à faire de sa cause la cause de la libre pensée. Nous croyons que, dans l'état actuel des opinions, le spiritualisme se doit à lui-même de se séparer de la théologie aussi nettement que de l'athéisme.

Lorsque l'on étudie sérieusement l'apologétique de M. Guizot, on est frappé d'une lacune étrange. Il nous parle énergiquement et éloquemment en faveur du christianisme; mais de quel christianisme s'agit-il? Ne sait-on pas qu'il y en a deux essentiellement distincts, et, jusqu'à nos jours du moins, profondément hostiles : l'un qui admet entre Dieu et l'homme des intermédiaires sacrés, représentants immédiats de la Divinité, et qui soumet le sens propre et la conscience religieuse de chacun à une autorité infaillible; l'autre qui supprime de tels intermédiaires, ne reconnaît d'autre autorité que l'Écriture, et donne à chaque individu le droit absolu de décider en matière de foi? On sait de plus qu'indépendamment de cette différence fondamentale il y a des différences de dogme ou de pratique importantes entre les deux églises. Pour n'en citer qu'une seule, ce n'est pas une petite différence que celle qui consiste à admettre ou à rejeter la pratique de la confession.

Lorsque M. Guizot nous parle de la supériorité du christianisme sur la philosophie, on se demande donc naturellement : de quel christianisme est-il question? Il montre en effet une telle impartialité entre les deux églises, il emprunte si souvent ses exemples à l'église catholique, on sait en outre qu'il s'intéresse si vivement à la question la plus pressante de l'église catholique au temps où nous sommes, que l'on ne peut pas considérer son livre comme plus protestant que catholique. D'un autre côté, il est évident que le livre n'a pas un caractère dogmatiquement catholique. Évidemment il veut nous laisser le choix entre les deux églises, et, pourvu que l'on soit chrétien, peu lui importe comment on l'est. Son christianisme est une moyenne entre les diverses églises chrétiennes; c'est un minimum de christianisme dont il se contente pour échapper au rationalisme.

C'est ici qu'on ne peut s'empêcher d'arrêter l'illustre penseur. Quand il s'agit d'opinions humaines, d'écoles philosophiques, de partis politiques, je comprends très-bien que l'on puisse prendre une moyenne entre des doctrines diverses, que l'on puisse s'entendre sur un *minimum* d'opinions dans une profession de foi. Dans le domaine de la vérité relative ou humaine, il y a du plus et du moins, du vrai et du faux, du certain et de l'incertain; il y a à prendre et à laisser. Le domaine de la religion est d'une tout autre nature ; c'est la vérité absolue. Il n'y a qu'une vraie religion, il n'y en a pas deux. On ne peut pas être chrétien en général; il faut être ou catholique ou protestant. Si l'une des églises est dans le vrai, l'autre se trompe, et réciproquement. Dire qu'il faut laisser les querelles dans l'ombre parce que le temps n'est pas opportun, cela peut se comprendre, quand on a fait un choix, et que l'on sait à quoi s'en tenir; mais ceux que l'on veut ramener, car je suppose que l'on n'écrit pas pour les convertis, ceux que l'on appelle de la philosophie au christianisme, ont le droit de dire : A quel christianisme nous appelez-vous? Rester en suspens entre l'un et l'autre, c'est être sceptique et non chrétien.

Il est difficile d'admettre que M. Guizot, malgré

sa sympathie évidente pour l'église romaine, soit le moins du monde disposé à reconnaître la vérité du dogme catholique. Il ne défend le catholicisme qu'au point de vue chrétien. C'est donc, quoiqu'il ne le dise pas expressément, le christianisme réformé qui pour lui est la vérité. Alors pourquoi ne pas résoudre les difficultés qui s'élèvent contre la doctrine réformée? Pourquoi ne pas répondre aux objections catholiques? On défend le dogme orthodoxe contre le rationalisme protestant; mais voilà bien longtemps que les catholiques ont signalé cette conséquence extrême du principe de la libre croyance, du libre examen, appliqué aux matières sacrées. La philosophie, à laquelle on reproche les incertitudes de la science, peut demander, au nom de Bossuet et de Rome, si l'église de Luther et de Calvin offre plus de sécurité, de fixité de doctrine. Si nous n'avons pas d'autorité, vous n'en avez pas davantage, et vous tombez dans une contradiction qui au moins nous fait défaut : c'est qu'il y a un livre sacré et divin, auquel vous devez vous soumettre, et ce livre, c'est vous qui le jugez. Vous appelez Dieu à votre propre tribunal; vous jugez en dernier ressort de la parole sainte!

On accuse, dans le camp des libres penseurs,

M. Guizot d'intolérance dogmatique et d'étroite orthodoxie. On serait plutôt frappé, en lisant son livre, du caractère rationaliste de sa philosophie chrétienne. Il est évident que le protestantisme le plus orthodoxe se dégage de plus en plus des liens dogmatiques. Quelle différence subsiste-t-il aujourd'hui, autre qu'une différence administrative, entre l'église de Luther et celle de Calvin? On sait cependant à quel point ces deux églises ont été ennemies. L'accord où elles sont arrivées ne peut s'expliquer que par un esprit de transaction dogmatique, qui a été la conquête du bon sens sur la théologie. M. Guizot accepte pour son propre compte la célèbre doctrine des dogmes fondamentaux, si souvent et si justement critiquée par l'église catholique. Qui dira en effet ce que c'est qu'un dogme fondamental? Qui est-ce qui distinguera ce qui est fondamental et ce qui ne l'est pas? Là où toute autorité fait défaut, toute déclaration d'articles de foi est arbitraire. M. Guizot, par exemple, admet cinq dogmes fondamentaux dans le christianisme : la création, la providence, le péché originel, l'incarnation, la rédemption. Il suffit de jeter un coup d'œil sur cette table pour voir combien elle est artificielle, arbitraire, insuffisante, à un point de vue rigoureusement chrétien.

On peut être étonné d'abord de voir la providence présentée comme un dogme chrétien. Tout le monde sait en effet que la croyance à la providence est antérieure au christianisme, et qu'elle se trouve exprimée dans les termes les plus précis chez Socrate et Platon. Socrate disait : « Sachez quelle est la nature et la grandeur de la divinité, qui peut à la fois tout voir, tout entendre, être présente partout et prendre soin de tout ce qui existe ! » Et Platon : « Avoue donc que les dieux connaissent, voient, entendent tout, et que rien de ce qui tombe sous les sens et l'intelligence ne peut leur échapper. » La providence n'est donc pas un dogme exclusivement chrétien, ni même exclusivement religieux; c'est en même temps une doctrine philosophique. On pourrait tout aussi bien compter l'existence de Dieu parmi les dogmes chrétiens.

Si l'on s'étonne de voir au nombre des dogmes chrétiens une doctrine toute philosophique, on s'étonne aussi de certaines omissions singulières dans le *credo* dogmatique présenté par M. Guizot. Comprend-on par exemple que le dogme de la trinité n'y soit pas mentionné? Qu'est-ce que le christianisme sans la trinité? Qui est-ce qui distingue le christianisme du judaïsme ou du mahométisme, si ce n'est précisément la trinité? Sans elle, l'incarnation et la rédemption sont impossibles. Voilà bien, il faut l'avouer, un dogme fondamental. Cependant non-seulement M. Guizot l'omet dans la table des cinq dogmes essentiels. Dira-t-on qu'il est implicitement contenu et affirmé dans le dogme de l'incarnation? Soit pour le Père, qui envoie son Fils, soit encore pour le Fils, qui est envoyé par le Père : voilà bien deux personnes de la sainte trinité; mais où est la troisième? Que devient le Saint-Esprit dans cette théologie? Il n'est pas, que je sache, nommé une seule fois. On peut donc s'en passer sans trop d'inconvénients. Où est l'égalité entre ces deux personnes, dont l'une remplit le livre de son nom et de son esprit, et dont l'autre est complétement absente? Et, si l'égalité des trois personnes divines n'est pas un dogme fondamental, pourquoi l'égalité de deux d'entre elles en serait-elle un?

On est encore étonné de voir M. Guizot passer entièrement sous silence le grand débat qui a mis l'Europe en feu au xvi° siècle, pour lequel, dans les deux églises, tant de grands hommes sont morts martyrs de leur foi, le débat sur la présence de

Jésus-Christ dans l'hostie. Eh quoi! au point de vue chrétien, il serait indifférent de croire à la présence corporelle ou à la présence spirituelle de Jésus dans l'eucharistie! Je pourrais être chrétien, non de spéculation, mais de cœur, d'âme et de pratique, et ne pas savoir si, en approchant de la sainte table, c'est Jésus-Christ lui-même, corps et âme, que je vais m'assimiler, ou si au contraire l'hostie n'est qu'un symbole d'une assimilation toute spirituelle! De même n'est-il pas étrange de voir M. Guizot renvoyer aux théologiens le débat de la grâce et du libre arbitre, de la foi et des œuvres. Encore une fois, qu'est-ce que le christianisme, si la doctrine de la grâce, la doctrine de la justification, sont des doctrines lâches et arbitraires dont on prend ce qu'on veut, et que l'on accommode suivant les temps aux exigences profanes du sens commun, abandonnant le dogme lui-même dans sa précision et dans sa rigueur au pédantisme théologique? Qu'est-ce donc qu'une telle foi, sinon une philosophie?

Pour M. Guizot, tout protestant libéral est un rationaliste, tout rationaliste un panthéiste, tout panthéiste un athée. On sait que ce mode de déduction à outrance, que Leibniz appelait l'argument *ad vertiginem* [1], a été inventé par l'abbé de Lamennais dans son *Essai sur l'indifférence*; mais on oublie qu'il le faisait remonter bien plus haut, et qu'il disait du protestantisme lui-même en général ce que M. Guizot dit du protestantisme libéral. Lorsqu'on voit en effet à quel point la théologie de M. Guizot est latitudinaire, avec quelle liberté il fait son choix entre les dogmes, laissant de côté ceux qui peuvent être les plus désagréables à l'imagination de notre siècle (le diable, les peines éternelles, le petit nombre des élus...), pour ne conserver que ce qui lui paraît le strict nécessaire, il est difficile de voir dans cette théologie choisie et triée autre chose qu'un demi-christianisme logiquement entraîné au rationalisme.

Prenons cependant tel qu'on nous le présente ce christianisme rudimentaire, avec ses cinq dogmes fondamentaux : création, providence, péché originel, incarnation et rédemption. De ces cinq dogmes, les deux premiers ne sont pas, à proprement parler, des dogmes chrétiens. Nous n'en voulons d'autre preuve que le témoignage de M. Guizot luimême, pour qui l'on cesse d'être chrétien en niant

---

1. Argument qui consiste à vous pousser à un abîme, en vous faisant voir les conséquences extrêmes de vos idées.

la divinité de Jésus-Christ, lors même qu'on continue de croire à la providence et à la création. Restent donc, pour constituer essentiellement le christianisme, trois dogmes fondamentaux : péché originel, incarnation et rédemption. De ces trois dogmes, les deux derniers sont évidemment les conséquences du premier. En effet, sans péché, point de rédempteur, et sans la rédemption, point d'incarnation. Ainsi le christianisme tout entier est contenu dans le dogme de la chute originelle.

C'est ici qu'il faut admirer avec quelle facilité les esprits les plus vigoureux et les plus solides arrivent à abonder dans leur propre sens, lorsqu'une fois ils ont pris un parti, et combien il est facile en logique, aussi bien qu'en morale, de voir la paille dans l'œil de son voisin sans voir la poutre qui est dans le sien. M. Guizot est on ne peut plus sévère pour la philosophie. Il la déclare impuissante, remplie d'hypothèses chimériques, obscures, contradictoires. Il déclare qu'aucun philosophe ne l'a jamais satisfait sur le problème du mal. Ainsi la doctrine de l'épreuve, la doctrine de l'optimisme, les belles et profondes considérations de Platon, de Lebniz et de Malebranche sur la question du mal, tout cela mérite à peine l'honneur d'une discussion. Prenons au contraire la doctrine du péché originel : quelle clarté ! quelle simplicité ! quelle consolation pour le cœur ! quelle délivrance pour l'esprit ! Comme Dieu est déchargé de la responsabilité du mal ! comme sa bonté et sa justice sont mis à l'abri de toute objection ! En vérité, je comprends que l'on s'écrie avec saint Paul : « Le pot n'a pas le droit de dire au potier, pourquoi m'as-tu fait ? » Je comprends le silence, l'humiliation de l'esprit et de l'âme devant des problèmes insondables. Je comprends l'impérieux besoin d'espérer et de croire dévorant l'impossible, pour ne pas dire plus ; mais nous présenter cet impossible comme la lumière, c'est nous demander plus que ne peut accorder un esprit libre, qui n'a aucun goût malsain pour la révolte, qui ne peut cependant, sans abdiquer, renoncer à tous les droits de la conscience et du bon sens.

On donne le péché originel comme l'explication du mal ; mais lui-même est un mal, le plus grand mal, et il reste toujours à expliquer l'explication. On s'appuie, pour autoriser l'hypothèse du péché originel, sur des analogies empruntées à l'ordre physique ou à l'ordre moral. Voyez, dit-on, dans l'ordre physique, le mal naître du mal, la maladie se transmettre de génération en génération. Voyez, dit-on encore, l'opinion humaine faire descendre la responsabilité, soit en bien, soit en mal, du père aux fils, et l'infamie se perpétuer héréditairement [1]. De ces deux raisons, la première ne ressemble pas mal à ce que nous appelons en logique un cercle vicieux ; la seconde est purement et simplement un préjugé, et même un préjugé odieux. L'hérédité physique des maladies est certainement un fait; mais ce fait est lui-même une partie du problème qu'il s'agit de résoudre, à savoir, le problème du mal. Cette transmission du mal du père aux enfants est précisément un des scandales qui révoltent le plus le cœur humain, l'un de ceux qui suscitent le plus de doutes, et les doutes les plus amers, les plus douloureux. C'est un de ces faits dont vous nous demandez, dont nous vous demandons l'explication. S'en servir pour rendre plausible et vraisemblable l'hypothèse que vous nous proposez, c'est supposer ce qui est en question. Si je demande comment il se fait qu'un enfant innocent hérite des infirmités d'un père coupable,

1. M. Guizot, il faut le dire, a renoncé à ce second argument; mais il continue à être donné dans les écoles catholiques, on l'enseigne même aux petits enfants!

comment croire que l'on répond à cette question en transportant à l'origine de l'humanité ce fait lui-même qui me remplit de pitié et d'horreur? On aura beau établir que le péché originel est un fait, on n'aura pas prouvé par là que c'est un fait juste. Si l'on dit que c'est d'un Dieu bon et parfait tout est bon, je n'en disconviens pas; mais c'est là précisément l'explication philosophique que l'on a déclarée insuffisante, et cette explication, une fois admise, rend inutile toute autre hypothèse, y compris celle du péché originel.

J'ajoute que l'analogie tirée de l'hérédité des maux physiques est très-imparfaite dans le cas qui nous occupe, car la source de ces maux n'est pas toujours coupable. On voit un père aliéné ou phthisique transmettre à ses enfants la phthisie ou l'aliénation, sans qu'on puisse le considérer lui-même comme coupable du mal dont il est la source autrement : il faudrait bientôt transformer toute nos maladies en crimes; mais s'il est des cas où l'hérédité du mal a lieu sans péché, et par une simple loi de la nature, n'est-il pas évident que c'est la même loi qui s'applique dans les autres cas, et que par conséquent il y a là, non un châtiment héréditaire, mais une simple communication du mal suivant des lois données, d'où il n'y a rien à conclure en faveur du dogme en question.

La doctrine de la chute n'explique rien de ce qu'il s'agit d'expliquer ; par exemple, elle n'explique pas une grande partie du mal qui couvre la terre, la douleur chez les animaux, leur appliquera-t-on la doctrine du péché originel, et, pour rappeler le mot de Malebranche, « ont-ils donc mangé du foin défendu ? » Je sais que quelques pères n'ont pas craint de faire rejaillir jusque sur les animaux et même sur la nature matérielle en général les conséquences du péché primordial [1], et les théologiens réformés ont été extrêmement loin dans cette voie. Chez quelques-uns, c'est presque un dogme que le mal chez les animaux est une conséquence du péché de l'homme. Une extension aussi exorbitante de la doctrine du péché ne peut être avancée que par un fanatisme aveugle. Que devient d'ailleurs dans cette hypothèse la doctrine de la contagion héréditaire ? Ce

---

1. Saint Théophile d'Antioche considère comme conséquence du péché la férocité des animaux sauvages, Tatien le poison des plantes vénéneuses, saint Augustin les naissances monstrueuses, saint Isidore l'affaiblissement de la lumière du soleil et de la lune (*Manuel de l'histoire des dogmes chrétiens*, par Henri Klée, traduction française de l'abbé Mabire, t. Ier, p. 423).

n'est point par hérédité en effet que le mal s'est transmis de l'homme aux animaux. De plus, chez les animaux, les conséquences du péché ne pourraient être que des conséquences physiques et non morales : qui oserait en effet les rendre responsables du péché d'Adam ? Dès lors, si le mal dans la nature est le résultat de certaines lois physiques nécessaires, pourquoi n'en serait-il pas de même dans l'humanité, et que devient la responsabilité héréditaire ? M. Guizot porte un défi aux philosophes, c'est d'expliquer l'inégalité et la distribution en apparence capricieuse des maux dans cette vie. Nous ne prétendons pas expliquer ce fait ; mais la doctrine du péché originel ne l'explique pas davantage. Si tous les hommes ont péché en Adam, ils ont péché également ; pourquoi la punition est-elle inégale ? Y aurait-il donc une aristocratie dans le péché ? y a-t-il des souches privilégiées dans le mal et qui se rattacheraient à Adam d'une manière plus directe ? Voilà une noblesse à laquelle personne de nous ne tiendra vraisemblablement ; il y a donc là encore un fait inexpliqué, et sur ce point la solution n'est pas une solution.

Le péché originel n'explique donc pas le mal physique dans le monde ; il n'explique pas davantage le mal moral, car il est lui-même le mal moral dans son essence. On s'étonne qu'il y ait du mal dans le monde, et le premier, le principal de tous ces maux, c'est le vice, c'est le péché. Or comment l'expliquez-vous? Par le péché. N'est-ce pas le sophisme que l'on appelle en logique *idem per idem?* Je demande comment Dieu, dans sa bonté et dans sa justice, a pu permettre que les hommes pèchent. C'est, dites-vous, parce qu'Adam a péché; mais pourquoi Dieu a-t-il permis qu'Adam péchât? Parce qu'il était libre. Si la liberté d'Adam explique le premier péché, pourquoi n'expliquerait-elle pas tous les autres? D'ailleurs ce péché primitif lui-même, comment eût-il été possible sans tentation, sans passions, c'est-à-dire sans vices? C'est l'orgueil, dit-on, c'est la curiosité indiscrète, c'est l'esprit de révolte, c'est la complaisance de l'homme pour la femme. Qu'est-ce tout cela, si ce n'est la concupiscence elle-même? La concupiscence, que l'on considère comme une des conséquences du péché, en est donc en réalité la source; c'est elle qui l'explique au lieu d'être expliquée par lui. Un penseur ingénieux et réfléchi, qui a soutenu récemment à un point de vue tout philosophique la doctrine de la chute, M. Ernest Naville [1], a très-bien vu la portée de cette objection et a essayé de la résoudre. Il y a, dit-il, une première tentation inévitable et inhérente à la liberté elle-même, c'est la tentation d'user de la liberté. Cette explication est ingénieuse ; mais elle ne remédie à rien, car l'homme pouvait user de sa liberté pour le bien comme pour le mal, et il aurait eu également conscience de sa liberté dans les deux cas. Pourquoi s'est-il cru plus libre en faisant le mal? C'est ce qu'il faut expliquer. On ne le peut qu'en supposant déjà une tendance vers le mal ; mais, s'il y avait une tendance innée vers le mal dans le premier homme, pourquoi pas dans le second, dans le troisième, et ainsi de suite? Alors le péché inné rend inutile l'hypothèse du péché transmis.

Ainsi la doctrine de la chute, présentée comme une solution au mystère de notre destinée, n'explique rien, absolument rien. Bien plus, elle multiplie les objections, et devient elle-même un problème beaucoup plus obscur que le problème primitif; c'est un abîme où toute idée de justice et de responsabilité va s'engloutir. M. Guizot établit fortement que cette responsabilité ne peut pas

1. *Le Problème du mal*, par M. Ernest Naville, Genève, 1869.

être héréditaire. Est-ce que ces deux propositions ne sont pas contradictoires? Si la responsabilité dépend de la liberté, comment puis-je être responsable d'une action que non-seulement je n'ai pas faite librement, mais que je n'ai pas même faite du tout?

Comment l'aurais-je fait, si je n'étais pas né?

A moins d'admettre ou la préexistence des âmes, ou une sorte de panthéisme humanitaire, comment comprendre cette expression théologique que tous les hommes ont péché en Adam? Si je puis être responsable d'un péché qui m'est transmis par une action à laquelle je ne puis avoir volontairement contribué, car je n'ai pas contribué à ma naissance, pourquoi ne serais-je pas responsable, selon les matérialistes, des fatalités de mon cerveau et des impulsions maladives de mon organisation? C'est de part et d'autre remplacer la responsabilité morale par la responsabilité physique; c'est de part et d'autre le règne de la fatalité.

Ce qui fait que tant d'esprits, sans aucune prévention hostile contre le christianisme, et même animés pour cette grande religion de cet amour respectueux que l'on a pour la foi de sa famille et la foi de son enfance, résistent cependant, et résistent invinciblement au dogme chrétien, c'est qu'ils croient avoir dans leur âme une idée de justice supérieure à celle qu'on leur propose. Une morale qui rend les enfants responsables des fautes de leur père est une morale que l'on peut appeler barbare ; une théologie qui encore aujourd'hui considère les Juifs comme responsables du péché de leurs ancêtres, une théologie qui enseigne un Dieu poursuivant les enfants jusqu'à la troisième et quatrième génération est une théologie farouche dont l'atrocité primitive est recouverte par les prodiges de charité qui plus tard ont fleuri sur cette racine amère. Le dogme si enivrant pour l'imagination et pour la sensibilité d'un Dieu mort pour les hommes a attiré à lui toute la pensée et toute la foi ; l'on a oublié que ce miracle d'amour n'était possible que par un miracle de cruauté. Si l'on dit qu'il y a une justice pour Dieu autre que pour les hommes, on ruine par la base les principes de toute croyance, soit morale, soit philosophique, car qui m'assurera qu'il n'y a pas aussi une vérité pour Dieu et une vérité pour les hommes ? Là est la racine d'un scepticisme irrémédiable. J'admets une justice surhumaine, c'est-à-dire une justice plus juste que la mienne, et qui pèse dans des balances infiniment délicates ce que je ne puis peser que dans des balances grossières, une justice qui se confond avec la miséricorde, et qui ne fait pas payer aux hommes le péché d'être né; mais quant à cette justice qui punit les innocents pour les coupables et qui déclare coupable celui qui n'a pas encore agi, c'est la vendetta barbare, ce n'est pas la justice des hommes éclairés. Elle n'est pas au-dessus de mon idée de justice, elle est au-dessous. Sur ce point, soyez-en sûrs, nous avons aussi une foi, une foi aussi ferme que la vôtre. Ce n'est pas pour des raisons de critique plus ou moins contestées entre les savants, c'est pour des raisons morales, c'est par respect pour le saint nom de la Divinité que nous nous refusons à cette théologie. Nous aurions honte d'imputer à Dieu ce dont nous aurions des remords nous-mêmes, si comme législateurs humains, nous avions porté une pareille loi.

CHAPITRE III

LE PROBLÈME RELIGIEUX

Le problème religieux est de nos jours obscur et difficile pour tout le monde; mais il l'est particulièrement pour ceux d'entre nous qui croient d'une part que le fond de toutes les religions est vrai, humain, nécessaire à l'humanité, et que les formes en sont toutes plus ou moins arbitraires, fragiles, destinées à périr. Cette manière de concevoir la religion, qui a été celle des esprits les plus éclairés et les plus élevés, Lessing, Schleiermacher, Benjamin Constant, Mme de Staël, ne laisse pas que de soulever des difficultés considérables, lorsqu'au lieu de l'appliquer au passé on l'applique à l'avenir, et qu'on cherche à se faire une idée de la destinée religieuse de l'humanité. Pour les philosophes dont je parle, le problème se pose ainsi : Le fond périra-t-il avec la forme? la forme sera-t-elle sauvée par la vérité éternelle du fond?

A la vérité, une considération importante dimi-

nue beaucoup la portée du problème. On parle sans
cesse de la chute des religions. On nous apprenait
autrefois dans un morceau mémorable « comment
les dogmes finissent. » En définitive, il n'y a pas
beaucoup d'exemples historiques de la chute d'une
religion. Le brahmanisme, qui remonte jusqu'aux
âges les plus anciens de l'humanité, n'a jamais
péri, et il est encore debout en face de la civilisation chrétienne. Il en est de même du judaïsme,
qui a certainement plus d'adhérents aujourd'hui
qu'au temps d'Abraham. Le bouddhisme, beaucoup plus ancien que le christianisme, n'est pas
disposé à périr. Le mazdéisme lui-même, ou religion de Zoroastre, a encore des fidèles; et, s'ils
sont en petit nombre, c'est plutôt la race qui a péri
que la religion. Le seul exemple bien constaté de
la chute d'une religion, c'est la chute du polythéisme antique, vaincu et absorbé par une religion supérieure. C'est ce fait qu'on a toujours eu
devant les yeux quand on s'est représenté le christianisme comme devant céder la place à son tour
soit à une nouvelle religion, soit à la philosophie
elle-même. C'est là un fait en quelque sorte isolé,
et la persistance des grandes religions orientales
prouve avec quelle ténacité l'esprit humain reste

attaché aux formes religieuses qu'il a une fois adoptées. Le problème est donc beaucoup moins redoutable qu'on ne pourrait le croire au premier abord. Il n'y a point à se demander ce que fera l'humanité sans religion, comme si le fait était possible. Les religions positives conserveront, selon toute apparence, pendant un temps indéterminé, leur empire sur une foule d'âmes, avec des vicissitudes de progrès et de décadence, de chute apparente et de résurrection inattendue, et il n'est pas à craindre que d'ici à longtemps l'humanité manque de secours religieux.

Cependant le problème, pour être plus restreint, n'en est pas moins très-grave encore; on ne peut nier que l'esprit d'examen ne détache chaque jour des croyances traditionnelles ceux qui ne rejettent point précisément le fond des religions, mais qui ne peuvent en accepter les formes ; ceux-là ont aussi leurs dogmes fondamentaux, lesquels ne dépassent pas les limites de la religion naturelle. Les penseurs qui séparent la religion et la philosophie comme deux domaines absolument distincts, qui considèrent la philosophie comme le fait d'un petit nombre d'hommes, et la religion comme le fait de la foule, ne réfléchissent pas qu'il ne faut pas beaucoup de philosophie pour cesser de croire, que les hommes les moins éclairés sont tout aussi bien susceptibles d'être incrédules que les plus savants. Si la philosophie, entendue comme science, a certainement un domaine très limité, entendue comme libre pensée, elle est accessible à tous. Les philosophes auront beau mettre tous les ménagements possibles dans leurs rapports avec la religion, ils n'empêcheront pas leurs semblables de se détacher comme ils se sont détachés eux-mêmes : si vous n'avez pas la foi, pourquoi voulez-vous que je l'aie? sans doute les masses ne seront jamais spinozistes, kantiennes, péripatéticiennes, idéalistes, et en ce sens il est vrai de dire que la philosophie ne sera jamais populaire; mais elles peuvent fort bien être voltairiennes, et cela aussi, c'est de la philosophie.

Après avoir dit que la philosophie n'est pas faite pour les masses, on reconnaît cependant que la philosophie peut suffire à quelques-uns, et ce sont les philosophes de profession; or je me retourne de ce côté et je dis qu'elle ne peut pas suffire même à ceux-là. Je n'admets pas sans doute la séparation des deux domaines en ce sens que la philosophie serait faite pour les uns et la religion pour les autres, ni en ce sens qu'elles auraient deux objets différents : l'une les vérités naturelles, l'autre les vérités surnaturelles. Non, mais je pense qu'elles saisissent un seul et même objet, l'infini, de deux manières différentes : l'une par le sentiment, l'autre par le raisonnement. C'est pour cela qu'il est vrai de dire que la philosophie, considérée comme science, ne peut remplacer la religion. Expliquer la religion, ce n'est pas être religieux. La religion est un fait humain, comme la patrie, la famille, la sociabilité. La philosophie explique les faits, elle ne les remplace pas. Un philosophe n'est pas dispensé d'être patriote, citoyen, père ou fils, pourquoi se dispenserait-il d'être religieux? Or, dans la pratique, il faut bien reconnaître que les apologistes chrétiens ont raison de dire que le déisme abstrait n'est pas sensiblement différent de l'athéisme. Le déiste ne ressemble pas mal à un philosophe qui se contenterait de démontrer l'existence du beau, mais qui ne serait jamais sorti de son cabinet pour contempler les beautés de la nature et de l'art. Un Dieu qui n'est qu'un objet de raisonnement et la conclusion d'un syllogisme, un Dieu qui n'est rien dans la vie, et auquel on ne pense que lorsqu'il s'agit de réfuter les athées, un tel

Dieu est une pure abstraction, et je m'étonne quelquefois que l'on mette tant d'ardeur à combattre ceux qui se trompent sur ces questions lorsque dans la vie on fait une part si faible à ces croyances d'où il semble que tout doit dépendre. Si Dieu n'est qu'un objet de pure spéculation, on ne voit pas pourquoi chacun ne pourrait pas penser làdessus ce qui lui conviendrait et pourquoi telle hypothèse ferait plus scandale que telle autre ? Il faut donc l'avouer, la philosophie pure, entendue comme recherche spéculative sur l'origine des choses, ne donne pas à l'âme de satisfaction religieuse, et entendue comme libre pensée, elle n'a qu'une valeur négative et ne satisfait pas davantage le sentiment religieux.

Si pourtant le sentiment religieux, comme la philosophie spiritualiste l'enseigne, n'est pas une chimère ou une illusion, si Dieu n'est pas une pure fiction de l'imagination, si l'âme humaine va naturellement et nécessairement vers l'infini ; si d'un autre côté le sentiment religieux, comme tous les autres sentiments, ne se nourrit que d'actes, si les actes religieux sont nécessairement des actes sociaux, il faut une religion, même aux philosophes. On ne peut nier que l'affaiblissement de la force religieuse dans une société ne soit un affaiblissement pour l'âme humaine. Sans entrer ici dans le débat assez compliqué de la morale dite indépendante, nous nous contenterons de rappeler qu'il y a dans l'homme deux tendances : l'une par laquelle il tend à tomber au-dessous de lui-même, l'autre à s'élever au-dessus. L'objet de la morale consiste à élever l'âme et à l'empêcher de s'abaisser; mais on sait qu'il est plus facile à l'homme de déchoir que de monter. Tout ce qui tend à élever l'âme est donc favorable à la morale; c'est ainsi que les arts, la science, la liberté politique, la philosophie, sont des forces qui tendent à maintenir un niveau élevé dans l'humanité. La religion est l'une de ces forces, une des plus puissantes et des plus efficaces; comme elle est précisément le sens du transcendant, de l'infini, de ce qui est au-dessus de l'homme, elle lui donne, quand elle est sincère et profonde, une secousse admirable vers les choses d'en haut. Même dans sa forme naïve et populaire, elle est le seul chemin par lequel des âmes grossières, courbées vers la terre par les nécessités pratiques, puissent s'élever à l'idéal. Supposez toutes les religions disparaissant tout à coup, il se fera certainement un grand vide dans l'âme humaine, et il y aura, si j'ose le dire, une perte effroyable de force vive dans l'ordre moral; ce que l'on gagnerait en lumière ne compenserait que très-imparfaitement ce que l'on perdrait en énergie et en vitalité morale. Or la philosophie morale ne peut se le dissimuler : en faisant le vide dans les âmes religieuses, elle contribue pour sa part au déchet moral que nous signalons. Elle compense à la vérité ce mal par la hauteur de son enseignement moral; mais cette compensation est insuffisante : c'est du moins notre profonde conviction.

Que faut-il faire cependant? Allons-nous nous mettre à construire une religion nouvelle? Irons-nous, comme Robespierre, faire proclamer l'existence de l'Être suprême par le gouvernement? Reviendrons-nous au culte de la raison, à la théophilanthropie, au culte saint-simonien ou positiviste? Nous convertirons-nous au culte inepte des mormons? Inventerons-nous quelque chose de nouveau? Nous réunirons-nous en conciles pour rédiger les articles de la religion naturelle? Toutes ces entreprises ont été frappées de stérilité, et, quoique dignes d'intérêt précisément parce qu'elles témoignent du besoin énergique que nous signalons, elles ne peuvent inspirer à aucun esprit sensé le désir de les renouveler.

Plus nous avons réfléchi à ces graves problèmes, plus nous sommes resté persuadé que la grande religion qui a nourri l'Europe pendant tant de siècles peut encore et peut seule suffire aux nécessités de la crise que nous traversons. Nous l'avons dit déjà [1], nous le répétons encore, le christianisme, mais le christianisme transformé, peut bien contenir encore en lui le secret du salut religieux de l'humanité. Le christianisme raisonnable de Locke, le christianisme dans les limites de la raison de Kant, le christianisme progressif de Lessing, le christianisme unitaire de Channing, peut encore sauver l'idée religieuse du péril où l'ont jetée parmi nous la science et la philosophie.

Je sais que l'on conteste le titre de chrétien à ceux qui voudraient conserver le christianisme sans dogmes et Jésus-Christ sans miracles. Mais nous comprenons difficilement que l'on refuse le titre de chrétien à celui qui revendique ce titre volontairement et sincèrement. Par cela seul que je me dis chrétien, je le suis, à moins que l'on ne suppose

1. Voyez le chapitre III du liv. IV.

que je mente. Dites que mon christianisme est erroné, si vous voulez, c'est précisément ce que les catholiques disent du vôtre ; mais ne dites pas que mon christianisme ne mérite pas un tel nom. Par cela seul que je reste attaché à cette forme religieuse, c'est que j'y trouve quelque chose que je ne trouverais ni dans une autre religion ni dans une école de philosophie, par exemple un type vivant de piété, de pureté, de charité, qui me sert de modèle pour me conduire ici-bas et d'intermédiaire pour m'élever jusqu'à Dieu. Si le Christ reste pour moi le sauveur des hommes, je suis chrétien, lors même que je ne verrais aucun phénomène surnaturel dans sa mission et dans celle de ses apôtres. Vous dites qu'il ne peut y avoir de religion sans surnaturel, c'est ce qui est en question. Le miracle écarté, il reste encore l'idée de la Divinité et de son action incessante sur l'univers ; il reste le sentiment religieux qui unit l'homme à Dieu. Or il y a dans l'histoire certains hommes qui ont éprouvé au plus haut degré le sentiment de l'union de l'homme et de Dieu ; ceux-là sont les initiateurs religieux, ce sont des médiateurs. Jésus est un de ceux-là. C'est lui qui, dans notre Occident, a consommé dans son cœur de la manière la plus intime l'union du fini et de l'infini. C'est à ce titre que nous le considérons nous-mêmes comme le sauveur, et que nous sommes de sa religion. Peu importe d'ailleurs le nom que l'on donnerait à une telle religion, pourvu que l'on reconnaisse que c'est une religion?

Mais, dira-t-on, en quoi une telle religion se distinguera-t-elle de ce qu'on appelle la religion naturelle, ou du déisme philosophique? Et ne sait-on pas par l'expérience que la religion naturelle n'a jamais pu s'établir parmi les hommes, que le déisme est une opinion de cabinet, une doctrine d'école et non pas une religion? Bien plus, ajoutera-t-on, cette sorte de déisme est si vague qu'il peut envelopper toute autre chose que le déisme même, à savoir le panthéisme et jusqu'à cette forme d'athéisme poétique et sentimental qui est propre à notre temps. Je ne suis pas frappé pour ma part de la solidité de ces objections. Sans doute personne ne peut répondre de l'avenir : il pourrait se faire que la crise protestante à laquelle nous assistons ne soit qu'un des symptômes de la dissolution des croyances, un acheminement au scepticisme, au positivisme, à l'athéisme ; mais il me semble que cela ne peut être solidement soutenu que par ceux qui nient la vérité intrinsèque de toute religion. D'ailleurs on a souvent prédit au protestantisme depuis son origine sa prochaine dissolution, tandis qu'au contraire les faits et l'expérience ont constaté ses progrès et les progrès des sociétés animées de sa foi ; l'on doit se défier d'une prophétie si souvent répétée et si peu vérifiée, au moins jusqu'ici. Le christianisme a justement prouvé sa supériorité sur toutes les religions de l'univers par sa facilité à s'assouplir à tous les états d'esprit, à tous les états de sociétés. Le catholicisme lui-même, quoi qu'en disent ses adversaires prévenus, a montré dans l'histoire une assez grande flexibilité, car il a pu s'accommoder en même temps au moyen âge et au xviie siècle, à la foi naïve d'une société ignorante et à la foi savante de la société la plus raffinée. Le christianisme a prouvé la même souplesse en devenant protestantisme. Qui sait s'il n'est pas appelé encore à prendre une troisième forme, et à résoudre le problème religieux de l'avenir par une dernière métamorphose ?

On objecte contre une religion sans surnaturel qu'elle n'est autre chose qu'une philosophie, et que la philosophie est hors d'état de fonder une religion ; mais on confond ici bien des choses distinctes. La philosophie considérée à un certain point de vue, est une science qui, comme toute science, procède par analyse, raisonnement, démonstration, dont les conclusions sont toujours subordonnées à la solidité de la méthode qui nous les fournit, qui est obligée de donner beaucoup à la dialectique, c'est-à-dire à la discussion du pour ou du contre, qui est en un mot essentiellement rationnelle. Que la philosophie, considérée ainsi, soit hors d'état de fonder une religion et n'ait rien d'analogue à la religion, nous l'accordons sans hésiter. La religion est un fait humain, un acte primitif de la raison et du cœur, qui naît spontanément et qui s'organise spontanément, tout comme la société, la famille, l'art, le langage. Vouloir créer artificiellement une religion est aussi impossible que de créer artificiellement une langue, une société, une épopée. L'erreur des philosophes modernes, théophilanthropes, saint-simoniens, positivistes, qui ont tous voulu soit organiser la religion naturelle, soit organiser des religions panthéistes et humanitaires sur le type du catholicisme, est tout à fait semblable à l'illusion des utopistes qui voudraient créer *a priori* une société absolument nouvelle, ou à l'illusion des savants qui veulent inventer une langue universelle. Voilà ce qu'il y a de vrai dans l'opinion généralement reçue, que la philosophie ne peut pas fonder une religion.

Si la philosophie ne peut devenir une religion, il n'est nullement contraire à la nature des choses qu'une religion devienne une philosophie. Il n'y a rien d'absurde à ce qu'une religion déjà existante, ayant une tradition historique, associée aux habitudes et aux mœurs d'une société, continue à vivre en se dépouillant successivement de toute superstition. De même que les philosophes ne peuvent pas fonder une société, mais peuvent rendre de plus en plus philosophiques les sociétés existantes, de même qu'ils ne peuvent créer des langues (au moins en dehors de la science), mais qu'ils peuvent rendre les langues usuelles de plus en plus claires, logiques, analytiques, en un mot philosophiques, de même ils ne peuvent créer des religions, mais ils peuvent transformer les religions historiques. Ce qu'il y a de fécond et de vivant dans le christianisme progressif de la nouvelle église, c'est précisément d'avoir résolu le problème religieux d'une manière toute différente de celle que l'on proposait il y a une trentaine d'années. Alors on proposait de créer un dogme, une église, des cérémonies, tout à nouveau. Les chrétiens libéraux trouvent beaucoup plus simple, et ils ont raison, de prendre pour point de départ le christianisme lui-même en le dépouillant de tout ce qui lui aliène les esprits indépendants. Ne lui enlève-t-on point par là, dira-t-on, sa séve et sa vitalité? C'est ce que l'avenir nous apprendra. En attendant, c'était une tentative à faire. Sur ce terrain élargi, les chrétiens pouvaient donner la main aux philosophes, et ceux-ci de leur côté n'ont pas de raison pour s'y refuser.

Ainsi, au lieu de ce qu'on appelait autrefois la religion naturelle, nous demanderions simplement un christianisme naturel [1]. Au fond, c'est une seule et même chose; mais la différence est que la religion naturelle est une création *a priori*, sans racines dans les habitudes des hommes, tandis que le christianisme est un fait historique dans lequel presque tous nous avons été élevés. Or, autant il est difficile de créer dans une société des habitudes nouvelles sans aucune relation avec celles qui existent, autant il est facile de transformer des ha-

1. La même transformation pourrait se faire évidemment et plus facilement encore dans le judaïsme, et par là pourrait se concevoir dans l'avenir la réunion de la synagogue et du temps chrétien.

bitudes existantes, car cette transformation se fait d'elle-même par la force des choses. Une religion naturelle peut paraître impossible, un christianisme naturel ne l'est pas. Malheureusement, il faut le reconnaître, cette forme de christianisme qu'ont admise et rêvée les plus grands esprits, a peu de chances de succès dans notre pays. Entre l'orthodoxie catholique et l'incrédulité voltairienne, nous ne connaissons guère de milieu. Cette souplesse merveilleuse du protestantisme s'accommodant aux divers états des esprits et aux différents degrés de lumières, au lieu de nous paraître, comme elle l'est, un signe de vitalité et une garantie de durée, nous est, sur l'autorité de Bossuet, un témoignage évident d'erreur et d'hérésie. Peu importe cependant qu'une révolution religieuse se fasse dans tel pays ou dans tel autre, pourvu qu'elle ait lieu.

Lorsque l'on considère notre société sans cet esprit de pessimisme qui est aussi dangereux que l'esprit contraire, on remarque qu'entre les deux termes extrêmes du matérialisme brutal et de l'orthodoxie dogmatique il y a un nombre considérable et de plus en plus grand d'esprits qui d'une part répugnent à un dogme précis, et qui de l'autre répugnent à l'abaissement de l'esprit devant la matière. Sans renoncer aux différences propres qui caractérisent chaque école et même chaque nuance d'école, ne serait-il pas possible de chercher à s'entendre, à se comprendre, à s'associer, au lieu de se perdre dans une multitude de petites hérésies, impuissantes dans leur isolement? De même que Luther et Calvin se sont aujourd'hui réconciliés, au point qu'on voit journellement les pasteurs d'une Église passer dans l'autre et y exercer leur ministère, pourquoi, sans aucun sacrifice d'opinion propre, ne verrait-on pas une réconciliation s'opérer entre des opinions qui la plupart du temps ne se combattent que dans leurs excès? Si le spiritualisme, par exemple, consentait à sacrifier quelque chose de ses tendances anthropomorphiques, si le panthéisme consentait à introduire l'élément moral et spirituel dans le principe absolu de l'univers, peut-être y aurait-il lieu à un rapprochement entre des opinions qui se discréditent réciproquement par leurs polémiques perpétuelles? Qui pourrait se plaindre d'un tel rapprochement, sinon ceux qui ont intérêt à séparer les hommes en deux camps, celui des athées et celui des croyants, afin que l'horreur que l'on a pour le premier nous précipite dans le second?

Une fois cette grande Église philosophique constituée, qui l'empêcherait de prendre pour temple la vieille Église chrétienne, rajeunie, émancipée, animée du vrai souffle des temps modernes, entraînée par l'esprit nouveau, mais le purifiant, le pacifiant par cet esprit d'amour dont l'Évangile, plus qu'aucun livre religieux, a eu le secret? Quel centre plus naturel d'union que cette antique Église dont nous sommes sortis, et qu'aiment toujours du fond du cœur ceux qui en sont le plus séparés? C'est une utopie, dira-t-on. Soit; mais si l'idée de Dieu est trop pauvre et trop froide pour réunir les hommes en un sentiment commun, avouez alors que c'est une idée vaine, et rendez les armes aux athées. Pour nous, qui repoussons de toutes nos forces cette conclusion, nous ne pouvons nous empêcher de croire qu'il viendra un jour où la vraie religion brisera le moule étroit où de part et d'autre on prétend l'enfermer, et qu'elle aura, elle aussi, ses temples, ses conciles et ses fidèles.

FIN

TABLE

	Pages
INTRODUCTION. — La liberté de penser.	1

LIVRE PREMIER.
LA POLITIQUE.

Chapitre Ier.	— La science politique au xixe siècle.	57
— II.	— Philosophie politique de Tocqueville.	38
— III.	— Examen de la doctrine de Tocqueville.	88

LIVRE II.
LA LITTÉRATURE.
LA CRITIQUE CLASSIQUE AU XIXe SIÈCLE.

Chapitre Ier.	— Une doctrine littéraire.	131
— II.	— La littérature du xviie siècle.	151
— III.	— La littérature du xviiie et du xixe siècle.	184

LIVRE III.
LA SCIENCE.

Chapitre Ier.	— De la méthode en général.	213
— II.	— De la méthode expérimentale en physiologie.	241

LIVRE IV.
LA PHILOSOPHIE.

I
LA MÉTAPHYSIQUE SPIRITUALISTE AU XIX° SIÈCLE.

Chapitre Ier. — Principe de la métaphysique spiritualiste. 281
— II. — Partie critique du spiritualisme.. 308
— III. — Le présent et l'avenir du spiritualisme.. 331

II
L'HISTOIRE DE LA PHILOSOPHIE AU XIX° SIÈCLE.

Chapitre Ier. — Rapports de cette science avec l'histoire. 351
— II. — Rapports de cette science avec la philosophie. 376

LIVRE V.
LA RELIGION.
L'APOLOGIE CHRÉTIENNE AU XIX° SIÈCLE.

Chapitre Ier. — Philosophie religieuse de M. Guizot.. 411
— II. — Examen critique des méditations chrétiennes de M. Guizot.. 456
— III. — Le problème religieux. 482

---

870 — Paris. — Imprimerie Cosses et Ce, rue Racine, 26.

www.ingramcontent.com/pod-product-compliance
Lightning Source LLC
Chambersburg PA
CBHW071715230426
43670CB00008B/1011